国家级一流本科专业建设点（小学教育）相关建设成果

绵阳师范学院2020年校级教材建设项目（编号：Mnu–20ZBJC01）立项资助

小学语文课程与教材论

赵海红　著

四川大学出版社

SICHUAN UNIVERSITY PRESS

图书在版编目（CIP）数据

小学语文课程与教材论 / 赵海红著 . — 成都：四
川大学出版社，2023.8
ISBN 978-7-5690-5978-6

Ⅰ. ①小… Ⅱ. ①赵… Ⅲ. ①小学语文课—教学研究
Ⅳ. ① G623.202

中国国家版本馆 CIP 数据核字 (2023) 第 016972 号

书　　名：小学语文课程与教材论
　　　　　Xiaoxue Yuwen Kecheng yu Jiaocai Lun
著　　者：赵海红

选题策划：敬铃凌
责任编辑：敬铃凌
责任校对：周　洁
装帧设计：墨创文化
责任印制：王　炜

出版发行：四川大学出版社有限责任公司
　　　　　地址：成都市一环路南一段 24 号（610065）
　　　　　电话：(028) 85408311（发行部）、85400276（总编室）
　　　　　电子邮箱：scupress@vip.163.com
　　　　　网址：https://press.scu.edu.cn
印前制作：四川胜翔数码印务设计有限公司
印刷装订：四川盛图彩色印刷有限公司

成品尺寸：170mm×240mm
印　　张：15
字　　数：287 千字

版　　次：2023 年 8 月　第 1 版
印　　次：2023 年 8 月　第 1 次印刷
定　　价：48.00 元

扫码获取数字资源

四川大学出版社
微信公众号

　　本著作的作者赵海红女士一直致力小学语文教育教学的探索与研究，最近拟将这些研究成果结集出版，这对她个人的专业成长是件好事，也有助于丰富小学语文课程与教材的研究。我个人认为这本即将出版的著作至少有如下三个方面值得重视。

　　一是对部编版小学语文教材进行了较为全面的梳理，为师范生较直接地了解和学习部编版小学语文教材提供了方便。部编版小学语文教材指由教育部组织编写、温儒敏主编的《义务教育教科书　语文》（一至六年级），2016 年至2019 年陆续出版并投入使用，是目前义务教育阶段使用范围最广的教材。这就使得高等师范院校"小学语文课程与教学论"课程的相关教材也需要同步更新。赵海红女士即将出版的《小学语文课程与教材论》，就是以部编版小学语文教材为研究对象，可以作为该方面内容的补充参考。

　　本著作在部编版小学语文教材研究部分分别梳理了小学语文"识字与写字""阅读""写作"① "口语交际""语文综合性学习"的编排情况及特点。作者发现，识字与写字的编排落实了课程标准所提出的基本要求和目标，尽量遵循汉字的构字规律、汉字的教学规律以及汉字与书面语相结合的规律，提高了识字与写字编排的科学性。阅读的编排遵循单元主题和语文要素两条线索组织单元的基本思路，在单元主题和语文要素两者的共同作用下精选阅读文本、处理阅读文本，并通过单元导语、课后习题、语文园地等相关栏目加强语文要素的设计，重视读写听说相互照应，形成语文综合学习体，整体提升学生的语文能力和语文素养。写话与习作的编排努力达到书面语"表达自我和与人交流"的目的，题材选择重视学生的生活体验和感知，习作指导更具可操作性。

————————————
　　① 第一学段为"写话"，第二、第三学段为"习作"。

口语交际的编排以口语交际能力发展和素养养成为主线，话题选择紧扣口语交际的基本类型展开，贴近学生日常生活和能力训练的需求。语文综合性学习的编排真正以综合性学习为核心进行设计，呈现出活动主题灵活多样、活动指导具体可操作、活动过程坚守语文本位等特点，充分发挥了语文综合性学习实践性、综合性、语文性等方面的价值与功能。本著作对部编版小学语文教材这些编排情况和特点的梳理，对广大师生更好地理解部编版小学语文教材具有一定的参考价值。

二是对小学语文课程原理、课程理论及课程资源开发进行了梳理和探索。在小学语文课程原理部分，重点介绍了课程性质及目标。从小学语文课程名称的界定到语文课程性质的不同认知，既点明了语文课程以语言为核心对象，又突显了语文课程以语言运用为基本导向。语文课程性质的基本定位是工具性和人文性的统一，将语言运用的技能技巧与语言中育人的价值观念紧密结合。小学语文课程的基本目标是培养学生的语言文字运用能力，在言语作品的学习和语言文字的具体运用中提升学生的文化品位、思维品质、审美能力，最终全面提高学生的语文素养。作者提出语文母语教育中的"成人"指向、文学中的"心灵"指向以及写作中的"思维"指向，都是语文学科培养学生核心素养的优势所在，语文教育应发挥这些优势，积极探索和构建以主辅课程形式为依托、整合性为引领、专业性为基石、多元评价为保障的语文课程，这些观点有一定的新意。

在小学语文课程理论上，作者从"文字感""语用感""文体感"三个方面梳理了语感理论。培养对汉字灵敏的感觉，应着重把握汉字的音韵和谐、因义赋形、表义准确的特点；培养对语言文字运用的灵敏感觉，应重点把握语言文字、标点符号、语法等方面运用上的精确妥帖；培养对文体的灵敏感觉，应自觉关注各种文体的特征：记叙性文体以"叙事贵曲"为主要特征，说明性文体以"清楚明白"为主要特征，议论性文体以"阐述观点"为主要特征，应用性文体以"解决问题"为主要特征。这些论述简明扼要又深入浅出，值得研读。

在小学语文课程资源开发方面，作者没有从课程资源开发的价值、意义、开发原则等角度展开，而是另辟蹊径，结合具体作品论述小学语文课程资源的开发。例如，以《会跳的图画词典》的编撰特点为切入点，探究小学语文汉字图画词典的编撰与开发；以"金色童书"系列为切入点，探究儿童文学类课程资源的开发；以经典的《从百草园到三味书屋》的教学实例为切入点，探究小学语文阅读教学资源的开发。这些具体入微的探讨，有助于人们进一步探究小学语文课程资源的开发与建设问题。

三是对小学语文课程的五大学习领域进行了较为详细的学理梳理，为师范生了解和学习相关理论提供了便利。作者对小学语文课程的"识字与写字""阅读""写话与习作""口语交际""语文综合性学习"的概念、特点、价值等进行了深入浅出的阐释，具有较高的参考价值。本著作还结合《全日制义务教育小学语文课程标准》（2011 版），具体分析了小学语文教学五大学习领域的目标及要求，并通过具体的教学案例及评析，更直观地呈现了各个领域的教学要求。这些论述言简意赅，为师范生理解和掌握小学语文教育教学的相关理论提供了帮助。

《小学语文课程与教材论》为师范生和小学语文教师学习、了解小学语文课程与教材的相关理论和要求，提供了新的视角，相信会受到读者的欢迎。

是为序。

王尚文

2022·9·18

目 录

上篇 小学语文课程论

下篇 小学语文教材论

上篇

小学语文课程论

第一节　小学语文课程性质

阅读提要

对语文课程定位的不同，直接影响我们对语文课程性质的认知。关于语文课程性质，有工具性、人文性、工具性和人文性的统一、实践性、言语性等不同的观点。课程标准提出，语文课程是工具性和人文性的统一，既包含语言技能、技巧的教育，又体现人的价值和观念的教育。

语文作为基础教育的一门核心课程，如何定义和界定它，一直以来学术界都有不同见解。对语文课程界定的差异，直接影响对课程性质的认知与定位。

一、语文课程的界定

（一）从训诂学的视角解读语文

从训诂学的视角解读语文，常见的有以下五种解读方法：语言＋文字，语言＋文章，语言＋文学，语言＋文化，语言文字文章文学文化大综合。每种解读都有一定的学理性。

1. 语言＋文字

语言包括文字，但将文字独立提出来，不仅可突出汉字所具有的特殊重要性，还强调了书面语教学的重要性。这主要是考虑到语文教育是母语教育，学生已经有口语的基础，教学中就只需要着重落实书面语教学。

2．语言＋文章

虽然文章就是语言的成文作品，但毕竟文章自成系统，具有相对的独立性和特殊性。这种观点就使语文教学中特别注重对"字、词、句、语、修、逻"篇章知识的教学，还非常注重对文章的结构、层次、章法和中心思想的教学。

3．语言＋文学

文学是最高级的语言形态，文学学习可以提高学生的语言能力，还可以提升学生的审美能力，丰富学生的情感体验，提升学生的人格品位。结合文学教育的价值和功能，不少学者提出应加强文学教育在基础教育中的分量。

4．语言＋文化

语文教学离不开语言的教学，而语言本身不仅仅是一种工具，更是民族文化的承载者。学习语言的同时也是在学习民族文化，传承和弘扬民族文化。

5．语言文字文章文学文化大综合

有学者综合各家之言，认为语文是语言文字文章文学文化的大综合，认为语文教学具有综合性、广泛性和多样性。

尽管学界对语文的解释众说纷纭，但从本质上看，这些解释却有两个共同之处：第一，语文课程首先是语言的学习；第二，文字、文章、文学、文化这些内容都和语言有着千丝万缕的关系，都是语言的产物或附属，从属于语言或者内在地包含于语言之中，并不是以独立的形式出现在小学语文课程之中。

（二）从课程名称的演变看语文

我国古代的语文教育没有分科教学的传统，而是融语文与文史哲于一体的综合教育。1902 年始，基础教育才单独设置语文课程。"语文"这一门课程名称的演变大致如下：1902 年，读经，字课，习字；1903 年，中国文字，中国文学；1912 年，国文；1923 年，国语；1932 年，小学为"国语"，中学为"国文"；1949 年，语文；1956—1958 年，语文分为"汉语"和"文学"两门课程（江平，2017：4 - 5）。从这些课程名称的演变不难发现，不同时期人们对语文的认知虽有所变化，但所包括的语言、文字、文学、文章等基本内容一直没变。

二、语文课程性质

语文课程的性质是语文教育界一个持久的论题，分别有工具性、思想性、人文性、工具性和人文性的统一、综合性、实践性、基础性、言语性等不同的观点。下面将重点介绍语文课程的工具性、人文性、人文性与工具性的统一、实践性、言语性。

（一）语文课程的工具性

语文课程的内涵与定义，明确了语文课程是一门以学习语言为起点的课程，这种对语言属性的认知直接影响对语文课程性质的定位。人们普遍认为，语言是人类最重要的交际工具，是人类表达和交流的工具，因此语文课程也具有工具性。学界还从语言是思维和开发智力的工具、语言是学习其他课程的工具、语言是中国文化的承载工具等角度来论述语文课程的工具性。

从语文课程工具性的角度出发，语文知识、语文技能技巧得到相应的重视，教学中更侧重以语言知识为纲要、以语言训练为主体的教学模式。语文课程的工具性，是语文教学对语文知识的知性回归，但将语文课程定位为工具学科，容易忽略语文课程对学生主体精神的培养。有这样的习作案例，写的是父子俩一起抓一只老鼠，老鼠无路可逃，窜上桌子，然后从桌子上摔了下来。学生写道："这只老鼠摔了个不省鼠事。"老师评判："应是'不省人事'，生造词语不妥。"此情此景，应是学生在特定语境下对语词的创造性运用，是学生灵气的表现，本应该得到称赞，但是在语文工具性的思想之下，这个例子中的老师更倾向固守知识本位，忽略了对学生个性的培养。

（二）语文课程的人文性

关于语文课程的人文性，可以从如下三个方面来认知。

第一，就语言的属性而言，语言本身具有人文性。语文是一门学习语言的学科，但是语言实际上不仅仅是交际工具，更是人的生命活动、精神活动。在交际过程中，语言不止于交际信息的传递，更涉及交际目的和交际意图。正如常言所说的"言为心声"，语言中总是传递着语言表达者的主观意图和思想情感，直观地反映语言表达者的知觉、直觉和认知模式。人们对语言的理解和运用，天然地附着着人自身的认知、意图、观点、思想、情感，这就决定了语言不可能只有纯粹的工具属性，而是粘着人类认知、思想、情感、意图、观点，具有深刻的人文性。

语言除了是个人的生命活动，还是民族文化的重要组成部分，是人类宝贵的精神文化遗产和智慧结晶。语文课程中的言语作品和言语活动，注入的是不同作者的认知、思想、情感，烙印的是民族性格、民族情感和民族精神，因此，语文课程具有鲜明而深刻的人文性。

第二，学生学习语言的同时也在构建自己的人文精神。学生在学习语言的过程中，除了在日常的会话中习得日常用语，更多是通过言语作品来习得语言。优秀的言语作品中天然地蕴涵着丰富、深刻的人文精神。以语言为基础的言语作品，即使是应用类作品，也包含作者对外界事物的认知、理解和感情；更不用说文学类作品，其本身就在传递作者的思想、情感和观点，勾勒出作者的人文世界和精神世界。学生对言语作品的学习过程，正是自我成长的过程，是个体生命社会化的过程，也是接受本民族的认知模式、思维模式、审美模式的过程，学生在言语习得的过程中自然而然地传承了本民族的人文精神，体验到了民族情感，形成了本民族的基本价值观。可见，语文课程中学生收获的不仅仅是语言技能的习得，更是自我精神世界的构建。从这个角度而言，语文课程的人文性，更强调了语文课程应该站在培养人的高度来培养学生的语言能力，熏陶学生的人文情怀，丰盈学生的人文世界。

第三，人文性在语文课程中的渗透。人文性渗透在语文课程的方方面面，集中表现在言语作品的言语内容、言语动机和言语形式上。以《慈母情深》一文为例。从言语内容上看，文本的主题具有人文性，表达的是亲情，关涉的是自我与社会的主题。从言语动机上看，作者传递的是对母亲的赞美和感激之情。在言语形式中，作者将母子之间的深情传递得淋漓尽致。原文有一处出色的描写："背直起来了，我的母亲。转过身来了，我的母亲。褐色的口罩上方，一对眼神疲惫的眼睛吃惊地望着我，我的母亲……"（温儒敏，2019c：76）此句采用倒装句，正常的语序应该是"我的母亲，背直起来了。我的母亲，转过身来了。我的母亲，褐色的口罩上方，一对眼神疲惫的眼睛吃惊地望着我。"这样正常语序的表达侧重母亲动作和神态的描写，在叙述上反而显得语义不够简洁，有重复之嫌。作者采用倒装，突出强调了这个弯着背、疲惫劳作的人，是"我"的母亲，是和"我"血脉相连的人，儿子对母亲的心疼跃然纸上。此处描写也极好地展示了作者真实的情感，也是最能打动读者的地方。这样的言语形式充分地体现了语文课程的人文性。

语文课程人文性的提出，加强了语文课程对"人"的自觉关注，加强了语文课程站在培养人的高度来设计和规划的自觉意识。语文课程在充分尊重学生学习母语的权利，培养学生运用语言与他人沟通的能力，促进学生个体生命独特化、个性化等方面，都有了进一步的发展。

（三）语文课程人文性与工具性的统一

2001年以来，语文课程标准中将语文课程的基本属性定位为人文性与工具性的统一，这是对长期以来学术界关于语文课程性质争论的折中提法，既肯定了语文课程必要的语文知识、技能、策略、方法的习得，又高度重视语文课程对学生个性、人格、精神、素养的培养与引领。

语文课程人文性与工具性相统一的基本特点，决定了语文课程一方面要着力引导学生热爱祖国语言文字，在读写听说的具体语言实践过程中，感知和体会语言文字的特点和运用规律，提高语言文字的运用能力；另一方面要致力推进学生核心素养的形成与发展，为学生形成正确的世界观、人生观、价值观，形成良好的个性和健全的人格打下基础。如口语交际教学中，既要积极落实口语交际的技巧和方法，又要积极培养学生倾听、表达和应对的能力，培养学生对各种信息的筛选、判断和推论能力，使学生具有文明和谐地进行人际交流的素养，努力铸成学生熟练达意的口语交际能力。

（四）语文课程的实践性

语文是一门实践性很强的课程，应着重培养学生的语文实践能力，应在言语实践中培养学生的语文能力，提升学生的语文素养。在语言吸收上应让学生多读多听，通过各种途径和方式扩大学生的阅读量，要让学生熟读背诵一定数量的优秀言语作品，以培养学生良好的阅读习惯和阅读素养。在语言表达上应鼓励学生多说多写，积极参与不同语境下的言语表达和交流，不同言语对象的创作和修改，让学生更好地体会、把握、运用语文规律，提高学生的口语交际能力和习作创作能力。

从课程内容方面来说，语文课程的实践性要求语文课程进一步加强与社会生活、自然世界、学生生活的联系，充分利用社会生活、自然世界、学生生活的课程资源，开展语文实践活动，促使学生在实践中学习，自觉将语言文字的学习与运用贯穿各个社会领域，在社会各领域的运用之中体现语文课程的实践性。

从课程实施方面来说，语文课程的实践性揭示出语文学习的基本途径和方式。语文课程各领域的习得都需要多读多写多听多说；学生在朗诵、演讲、讨论、资料搜集、活动策划、研究报告等多种语言实践活动中提升语文能力，在亲身参与这些语言实践活动的过程中，获得对语言的直接经验和丰富的情感体验，掌握语文相关知识和技能、领悟语言运用规律，有效提高语文素养。

（五）语文课程的言语性

语文课程的言语性，是基于现代语言学的发展，将语言分解成"语言"和"言语"两个不同的概念。语言是由词汇按一定的语法结构组合而成的音义结合体，具有社会性。言语是指人们对语言的运用，是以一定语言规范为前提的个人的自由表达，具有个人性和暂时性。将"言语性"作为语文课程的本质属性，重点突出了语文课程的主要目的是培养学生语言运用能力，语文课程的主要内容是优秀言语作品的学习，语文课程学习的基本方式是真实语境中的言语实践。语文课程的言语性是语文课程区别于其他课程的关键特性之一。

综上，语文课程既是包含运用语言技能、技巧的教育，同时又是体现语言和人、语言和社会、语言和精神、语言和文化的关系的价值观念教育。对语文课程性质的认知，有助于语文课程目标的确定、语文课程内容的生成以及语文课程的有效实施。

第二节　小学语文课程目标

阅读提要

小学语文课程的基本目标是培养学生的语言文字运用能力，最终目标是提高学生的语文素养。语文课程中语言、文化、思维、审美都依托言语作品和言语运用展开。语文素养正是以语言运用为核心的综合素养，体现在语言、思维、文化、审美各个层面上。

小学语文课程目标是指小学语文课程本身要实现的具体目标和意图，它规定了小学阶段学生通过语文课程学习以后，在发展语言能力、思想情感、审美情趣、思维品质、道德情操等方面期望实现的程度。小学语文课程目标是确定小学语文课程内容、教学目标和教学方法的基础，是指导整个小学语文课程设计与实施过程中最关键的准则。

一、小学语文课程的基本目标：培养学生的语言文字运用能力

《九年义务教育全日制小学语文教学大纲（试用修订版）》《全日制义务教育语文课程标准（实验稿）》《全日制义务教育语文课程标准（2011 年版）》对小学语文课程目标的论述，大致包括语文知识教育、语文能力培养（语言文字的理解和运用）、文化熏陶、思想教育、思维品质训练、审美情趣提升等几个方面。语文课程的基本目标是培养学生祖国语言文字的运用能力，这一点得到了学界的广泛认同。下面是几位知名学者的观点。

王尚文："在基础教育中，语文课程区别于其他所有课程的特质在于它以培养学生正确理解和运用祖国语言文字的能力为根本宗旨。"（王尚文，2004c：11）

刘国正："向学生进行语言教育，使学生获得运用语言的能力，是语文教学的基本任务。"（转引自刘正伟，2009：5）

巢宗祺："（语文）其核心内容都是语言文字的运用，包括实用性的运用和艺术化的运用——为了生活、学习和工作中的实际事务运用语言文字获取信息、与他人交流沟通，为了表达对人、事、物、景的感受、体验和思考，运用语言文字，通过形象抒发自己的情怀。"（巢宗祺，2012：4）

语文课程致力培养学生的语言文字运用能力，是一门学生学习如何运用祖国语言文字的实践性课程，这是语文课程的逻辑起点和学科基点。为了更好地理解和掌握语文课程的基本目标，下面我们分别从语文知识与语文能力、思想教育与语文能力、思维能力与语文能力、审美能力与语文能力等几个方面进一步厘清彼此的内在关系。

（一）语文知识与语文能力

知识和能力不是同一个概念，知识是在改造世界的实践中所获得的认识和经验的总和，能力是能成功完成某些活动的个性特征。语文知识不能直接转换为语文能力，语文知识转换为语文能力需要其他知识的参与，更需要言语主体的实践；语文知识是语文教学的手段，它为语文能力的提升服务。

以量词为例，从语文知识的角度而言，量词表示计算单位，具备量词这一语文知识，和具备使用量词的能力，两者之间存在明显差异。在"一位青年工人协助民警抓住了一伙歹徒"这个句子中，"位"和"伙"都是量词，但是

彼此之间的位置却不可以交换。语用中不会出现"一伙青年""一位歹徒"这样的用法，因为量词"位"具有尊敬的感情色彩，而量词"伙"更侧重鄙视的感情色彩。量词的准确运用就涉及语文能力的问题，不局限于语文知识。汉语的量词不仅可以表示事物的数量，还可以表示事物的形状，如"一轮明月、一钩残月、一弯新月、一叶扁舟、一缕笛声"等，这些量词的使用都不只是表达出事物的数量单位，更勾勒出了事物的形态，凸显了事物的具体特征。这样的表达也不仅限于对语文知识的掌握，更多的是对语文知识的鉴赏，是语文能力的体现。

（二）思想教育与语文能力

课程标准中提出，在语文学习过程中，应培养学生的爱国主义感情、社会主义思想道德和健康的审美情趣，发展学生个性，培养学生合作精神，让学生逐步形成积极的人生态度和正确的价值观，这明确了语文课程思想教育的内涵所指。

语文课程的思想教育主要有两个方面：一方面是教育教学过程中对学生进行的思想教育，这是各门学科都具备的教育功能，是教育的共性；另一方面是通过语文课程的选文对学生进行的思想教育。入选语文课程的文本都应文质兼美，选文体现的思想主题应对学生人生观、价值观产生积极引领。众所周知，文章的主题思想是整个文章的灵魂所在，对文章的各个部分都有统摄的作用。曾国藩在《复陈右铭太守书》中指出过文章思想对材料的遴选和统摄作用："一篇之内，端绪不宜繁多，譬如万山旁薄，必有主峰，龙衮九章，但挈一领"（钱基博，2017：89）。既然思想是文章的灵魂、文章的统帅，主题思想的教学自然成了语文教学的重中之重，借助语文课程中的选文可以有效完成对学生的思想教育。

在语文课程中，对学生的思想教育不仅要引导学生关注体现作品思想情感的言语内容，更要引导学生关注表达思想情感的言语形式。以泰戈尔的散文诗《云与波》为例。这个文本思想主题是表现亲密的母子情，也有学者指出其主题是泰戈尔流亡之后对回归祖国的向往之情。

> 我是波浪，你是陌生的岸。
> 我奔流而进，进，进，笑哈哈地撞碎在你的膝上。
> 世界上就没有一个人会知道我们俩在什么地方。

—— 节选自《云与波》（泰戈尔，2020：31）

如果仅从言语内容的角度看文本的主题，较为清晰明确，一般读者都可以提炼出来，但是从言语形式角度探究作者如何表达这一主题，则更具有语文学习的价值。作者将亲密的母子情形象生动地比作"波浪"与"岸"，以波浪终将奔赴岸，传达出孩子对母亲的心之所向。行文中短句和长句相互衬托，相得益彰。"我奔流而进，进，进"，尤其是一字一逗三个"进"字，将孩子一蹦一跳地奔向母亲的那种动态感和喜悦感传递出来。"世界上就没有一个人会知道我们俩在什么地方。"这个结尾处的长句营造出宁静、静谧、亲密、温馨的氛围。长短句的交错，也营造出起伏跌宕的节奏感。选词上，译者选用的"浪""岸""上""方"都是开音节，开音节就能很好地将明朗、欢快的心情传递出来，尤其是"笑哈哈"一词，将孩子的笑声透过文字传递出来。语文课程的重要价值之一就是通过作品言语形式这一特殊通道，让学生更好地走进作者所表达的思想情感世界，达到与作者思想情感的共鸣，积极地引领学生形成正确的人生观和价值观。

（三）思维能力与语文能力

思维能力包括理解力、分析力、综合力、比较力、概括力、抽象力、推理力、论证力、判断力等能力。语文课程中的思维能力是指学生在语文学习过程中的联想想象、分析比较、归纳判断等认知表现，主要包括直觉思维、形象思维、逻辑思维、辩证思维和创造思维。有别于形式逻辑课程对思维的培养，语文课程侧重在读写听说的语言实践中培养学生的思维能力。文本的阅读过程涉及理解、分析、综合、概括、判断、推理等思维活动对言语材料的感知、加工和处理。听说过程也涉及思维的敏感性、条理性和深刻性。写作自身就是思想的孕育和表达，涉及观察、感知等形象思维以及思考、推理等抽象思维。以二年级学生习作《苹果》为例，我们可以观测到习作中运用的具体思维。

> 这个苹果是青绿色的，上面下面都有凹凸，它凸起的部分，像小脖子，凹进去的部分，像小脚丫。它的上面有些微红，大概是很爱美吧，出门涂了点腮红。它的腰很粗，还有些小条纹。最有趣的是，它的全身都有小斑点，泥土色的，我们说那是它出过水痘留下来的疤。苹果摸起来有点凉凉的，拿起来重重的，闻起来香香的，捏起来硬硬的，吃起来甜甜的，不过苹果皮吃起来很硬，还有一股说不出来的味道。苹果真可口啊，我吃的有点像小猪一样，唁、唁、唁！不一会儿就全部消灭了。

> ——绵阳师范学院附属中学　张曼萱

这个习作中对苹果的颜色、形状、味道的准确描摹，离不开学生的观察和感知等形象思维能力，也离不开比较、联想、推断等抽象思维能力。

（四）审美能力和语文能力

语文的审美是语文的内在要求，这里审美就是指言语作品的审美，是言语主体和言语环境之间的契合。语文课程需要引导学生通过感受、理解、感悟、欣赏、评价言语作品精确妥帖的言语美、感人至深的情感美、细致入微的环境美，获得相应的审美体验，培养学生在言语作品中发现美、感受美的能力，提高学生运用语言文字表现美、创造美的能力。以《望天门山》的言语审美为例。教材编写者对学生的审美引导紧扣言语主体、言语环境与言语形式之间的高度切合展开，诗文的右侧设置了"旁注"："'断''开'，写声势力量。'流''回'写曲折回旋。"（洪宗礼，2000：247）这个"旁注"对学生理解诗歌的审美意蕴做了很好的点拨，同时又没有锁定学生心中的画面。这样的教材设计更容易让学生走进李白诗作的审美境界，更能有效地提高学生对李白诗作的审美感知能力和鉴赏能力。特别值得指出的是，教材对常见字"出"进行了专门的注释——"耸出"，足见教材在引导学生关注和理解字词在具体语境中的真实含义，感受诗文在语词选用的妥帖与微妙上所下的功夫。

语文课程中思想、思维、审美、文化方面的教育都依托言语作品和言语运用展开，紧扣语文课程"言语运用能力"的学科特点。

二、小学语文课程的最终目标：提高学生的语文素养

小学语文课程的最终目标是提高学生的语文素养。《全日制义务教育语文课程标准（2022年版）》中提出，语文核心素养是"学生在积极的语文实践活动中积累、建构并在真实的语言运用情境中表现出来的，是文化自信和语言运用、思维能力、审美创造的综合体现"（中华人民共和国教育部，2022：4）。"在语文课程中，学生的思维能力、审美创造、文化自信都以语言运用为基础，并在学生个体语言经验发展过程中得以实现"（中华人民共和国教育部，2022：5）。

"语文核心素养"中的"语言运用"是语文课程的基础和关键。语文课程应教会学生如何在不同场合使用不同的语言，完成不同语言情境中的言语交流，理解和掌握祖国语言文字的基本特点和运用规律，使学生增强对祖国语言文字的热爱之情，自觉维护和推进祖国语言文字的规范运用。

（一）语言发展促进思维发展

语言是思维的工具，语言离不开思维，思维也不能脱离语言。一方面，思维的成果即思想，思想可以借助语言进行保存与传播。阅读承载着思想的言语作品可以直接影响学生思维广度和深度。另一方面，语言可以帮助思维逐步条理化和深化。学生凭借具体的语言符号，可以使事件叙事更连贯、因果关系更明确。比如关联词语"不但、不仅、虽然、但是、然而、如果、因为、所以"等的正确运用，就可以增强表达时思维的条理性和逻辑的严密性。学生的语言学习和运用无形中促进了学生思维的发展。基于此，语文教学应重视学生思维品质的提升，积极引领学生如何批判性地阅读一篇文章，掌握如何通过文本进行求知、思考和论辩。

（二）语言鉴赏提升审美品质

语文课程的审美是对言语作品的审美，包括对语言文字自身的审美和语言文字运用的审美。语言文字自身的审美指的是对汉字的审美，汉字的审美体现在汉字的音形义中，汉字音韵和谐，形体方正，表意准确，别具一格。建立在汉字音形义基础上的谐音、对偶、仿词、双关等修辞手法的运用，增加了汉语的表现力和审美元素。语言文字运用的审美主要集中在言语作品的审美。言语作品中小说、散文、诗歌、戏曲等艺术类文体，直接呈现出情感美、心灵美、意境美、语言美等审美元素。言语作品中人物传记、新闻、调查报告、科普文等实用类文体，也呈现出人类的审美理想和审美认识，体现了作者的审美意识和审美创造，也具备特殊的审美价值。比如，语言的精确美、内容的真实美、情感的适度美、形式的规整美等，都是不可忽视的审美元素。学生在对语言文字及作品的感受、欣赏、评价、鉴赏中，获得不同的审美经验，初步具备语言文字及作品的审美能力。语文课程的审美有助于提高学生运用语言文字创造美的能力，有助于培养学生正确的审美观念，提升审美品质。

（三）语言习得蕴涵中华文化

语文课程在引导学生习得祖国语言文字运用的同时，也让学生受到了民族文化的教育和民族精神的熏陶。语言文字自身就是一种文化的承载体，汉语言文字记载着中华民族优秀的文化，蕴含着中华民族独特的精神。如王勃《蜀中九日》："九月九日望乡台，他席他乡送客杯。人情已厌南中苦，鸿雁那从北地来。"（说词解字辞书研究中心，2014：162）这首诗中的"九月九日"

"鸿雁"等词语，自然而然地渗透出游子的思乡之情，这是中华民族一种特有的文化、一份特殊的情感。语文课程中除了古诗词、古典名著、谚语等，还有反映中华民族优秀传统文化、革命文化、社会主义先进文化的优秀作品，这些都有助于加强学生对中华文化的认同感和自信心。语文课程应该引导学生通过学习语文，增强自身的文化底蕴。

（四）语文素养是语言、思维、文化、审美层面的综合体现

语文素养是以语言运用为核心的综合素养，是语言、思维、文化、审美层面的综合体现。学生在揣摩与习得语言的过程中，同时也得到了思维的发展、审美的提升和文化的熏陶。以杜甫《秋兴八首》（其八）的理解与赏析为例。

秋兴八首（其八）

杜 甫

昆吾御宿自逶迤，紫阁峰阴入渼陂。
香稻啄残①鹦鹉粒，碧梧栖老凤凰枝。
佳人拾翠春相问，仙侣同舟晚更移。
彩笔昔曾干气象，白头吟望苦低垂。

（杜甫，2014：162）

学生在理解"香稻啄残鹦鹉粒，碧梧栖老凤凰枝"的过程中，从汉语的语法角度会发现"香稻啄"显然不符合汉语语法要求。"啄"根据汉字因义赋形的造字规律，应是与"口"相关的动词，《说文解字》中"啄，鸟食也"，这里只有鹦鹉可以发出"啄"的动作。因此，根据汉字的字理和语义，学生凭借着语感的判断，这个句子就顺其自然地颠倒过来，变成了"鹦鹉啄香稻"。整个句子改为"鹦鹉啄残香稻粒，凤凰栖老碧梧枝"就很顺当，语义表达也很清晰。杜甫此处采用句式倒装的意图何在？倒装的表达效果是什么？通观全文，我们发现这首诗是杜甫写京城长安景物的美好。为了凸显"稻"和"梧"这些到处可见事物的特别与美好，诗人加了修饰语成为"香稻""碧梧"，的确让"稻"和"梧"在视觉上和味觉上都增色不少。但是杜甫还觉得不够突出，还不能充分体现京城之物的丰盈与美好，于是诗人再加一笔，附加

---

① 此书原文为"残"，书中小字部分有"诗意本谓香稻则鹦鹉啄余之粒"一句，意原文中的"残"可解释为"余"。

一个修辞语：那里的香稻是鹦鹉啄残的稻，那里的碧梧是凤凰栖老的梧桐。这样我们读者一听，果然不凡，京城之物，就是与众不同，这就达到了诗人强调京城景物特别美好的表达需求。再进一步，我们发现"香稻——鹦鹉啄残粒，碧梧——凤凰栖老枝"，采用描写法，着重凸显"香稻"和"碧梧"的不同寻常，而且语义的重心在"香稻"和"碧梧"上，很好地与"御宿""紫阁""佳人""仙侣""彩笔"等相应和，描写了当时京城的繁华盛景。从整句的音律角度上看，此句平仄相宜，顿挫跌宕，还有振起文势的作用，充分凸显了全诗的审美价值。若改为陈述句"鹦鹉啄残香稻粒，凤凰栖老碧梧枝"，叙述鹦鹉凤凰的动作，容易让人感觉真有其事，反而偏离了作者的原意。

整首诗中的结句"白头吟望苦低垂"，是一个重要的转折之笔，将昔日的繁华和当下的悲情交织在一起。结合题目中"秋兴"二字，很容易让学生联想到中国文人的悲秋情结，所谓"自古逢秋悲寂寥"，只是杜甫这首诗除了传统的悲秋情结，还含有盛唐文化终结的悲情。诚如张綖所评："《秋兴》八首，皆雄浑丰丽，沉着痛快，其有感于长安者，但极摹其盛，而所感自寓于中。徐而味之，则凡怀乡恋阙之情，慨往伤今之意，与夫外夷乱华，小人病国，风俗之非旧，盛衰之相寻，所谓不胜其悲者，固已不出乎意言之表矣。卓哉一家言，复然百世之上，此杜子所以为诗人之宗仰也。"（杜甫，2014：162）

对《秋兴八首》（其八）的理解和赏析，紧紧抓住语言文字的运用展开，师生充分调动推理和辨析等思维形式，感知诗歌传递的审美意蕴，同时也在语言文字中感受到中华文化的底蕴。这正体现了语文素养是语文学习过程中语言、思维、审美和文化的综合提升与发展的基本理念。

第三节　小学语文课程构建

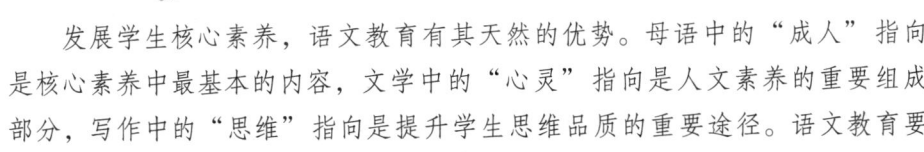

阅读提要

　　发展学生核心素养，语文教育有其天然的优势。母语中的"成人"指向是核心素养中最基本的内容，文学中的"心灵"指向是人文素养的重要组成部分，写作中的"思维"指向是提升学生思维品质的重要途径。语文教育要充分发挥其在培养学生核心素养中的优势，积极探索合理有效的语文课程构建，以主辅课程为依托、整合性为引领、专业性为基石、多元评价为保障，有效推进基础教育改革，促进人才发展。

发展学生核心素养是我国未来教育发展的基本价值追求，也是推进基础教育改革的风向标。基于这样的起点和高度，我们应努力构建基于学生核心素养发展的小学语文课程，充分发挥语文教育在培养学生核心素养方面的优势。

一、语文教育是核心素养培养的重要载体和依托

目前获得学术界公认的学生核心素养，主要是指学生应具备的能够适应终身发展和社会发展需要的必备品格和关键能力。教育部根据学生的成长规律和社会对人才的需求，把对学生全面发展的总体要求和社会主义核心价值观的有关内容细化，从而研究制定出各学段中国学生发展所需的核心素养标准。这些核心素养综合表现为人文底蕴、科学精神、学会学习、健康生活、责任担当、实践创新六大素养，具体细化为国家认同等 18 个基本要点。这些核心素养的培养必须渗透和落实到各个具体课程之中，分模块、分层次、分学段逐步达成。语文教育在培养人的核心素养方面有着丰富的资源和天然的优势，是培养学生核心素养的重要载体和依托。

（一）母语的"成人"指向是培养学生核心素养的根基

长期以来，语文教育承担着母语教育的重要任务。联合国教科文组织就曾明确指出："学习母语是一种权利。"学习母语是所有生命个体享受尊严、实现价值的基本权利。母语能力是生命个体的内在需求，是人之所以为人的基本标志。诚如恩斯特·卡西尔在《人论》中所言："在某种意义上，言语活动决定了我们所有其他的活动。我们的知觉、直观和概念都是和我们母语的语词和言语形式结合在一起的。"（卡西尔，2004：185）可见母语习得的价值不止于生命个体的沟通交流，还有"成人"的指向。一个人的言语世界里有更多乐观、坚强、自律、豁达等积极的语词也就带动了人生价值观念的积极走向。同时，母语习得还是生命个体走向民族文化认同的基本途径。母语中承载着民族精神，附着着本民族对世界的独特认知，是民族群体潜意识的遗传密码。个体生命就在母语的习得过程中从真正意义上完成了本民族成员的身份建构，完成了对本民族带有民族情感的文化认同。在我国，学生正确理解和运用汉语的能

力直接关涉到学生自身存在与发展的层次与质量，关涉到中华民族文化和民族精神的传递，是学生核心素养中不可或缺的关键因素。可见，基础教育需要协助学生养成的一项最基础、最关键、辐射力最大的核心能力和素养就是母语能力和母语素养。

（二）文学的"心灵"指向是人文素养的重要组成部分

在我国基础教育中，文学教育有待进一步加强。文学在滋养人的品格、心灵、情感、审美方面有着特殊的价值。为了有效培养人的"人文情怀、人文积淀、审美情趣、健全人格"等核心素养，文学教育是一个不可或缺的重要元素。诚然，基础教育阶段文学教育的目标并非让每个学生都往文学家的方向发展，但是每个学生的心灵深处都不可缺少文学的滋养。不管将来从事何种职业、面临怎样的世界，受到过文学滋养的学生，对大自然会有更深刻的感受，对人世间会有更别样的体验，这样的感受和体验会造就人不同的气场和格局。这也是当下教育所倡导的烙进人心灵深处并在人的精神层面上呈现出来的素养。在现代语文教育发展史上，文学的教育力量曾一度受到重视。1922 年胡适发表的《中学国文的教授》和随后的《再论中学国文的教授》已经明确提出将文学教育列入中小学语文教育之中。1923 年至 1929 年期间，当时教育部正式颁布的一系列语文课程标准中也将文学教育和国语教育并驾齐驱，并明确文学教育的目标主要在于培养学生欣赏文学的能力，文学教育并非文学史知识教育。这些积极的探索对我国基础教育产生过较大的影响。1956 年，我国进行过文学与汉语的分科实验，并编写了文学教材，这也是对文学教育的积极探索与尝试。综观世界各国，一个不争的事实就是俄罗斯、美国、日本、德国等都十分重视文学在基础教育中的地位。这主要看重的并不是文学的实用价值，而是认定了"凡世界有永久价值之文学，皆尝有大影响于世道人心者也"（胡适，1998a：151）。文学教育充分发挥着文学熏陶和浸染人心的力量。

（三）写作的"思维"指向是提升学生思维能力的重要途径

准确地说，阅读和写作都有助于思维能力的提升，这里特别强调写作对学生思维能力的推动作用，主要是考虑到写作相对于阅读而言对学生思维能力的促进更显主动、积极，属于主动构建型。另一个层面是考虑到小学语文教育中写作依附于阅读是一种常态，"以读促写""以读带写"的观念深入人心，未能充分发挥写作对思维能力的积极促进作用。其实，写作与思维之间的密切关系早已得到学者们的关注。一般认为，思维活动的过程是可以通过语言文字符号表达出来的，而用语言文字符号创造一切作品的思维活动过程就被称为写作。两者之间互为表达，互相促进。写作过程中，作者要有意识地观察和感知外部世界，体验和捕捉内心微妙的情绪，提取写作中的创作素材。这些素材以某种形式存储在作者大脑中，作者借助语言文字进行思考、提炼思想、表达成文。通过细致的观察、缜密的思考、准确的表达，可以有效促进思维活动的发展与完善。因此，人们在实践过程中往往会发现，写作可以使自我对事件的叙述更准确、连贯，对事物之间的逻辑关系认知更明确、清晰，这也正表明写作促进了思维能力的提升与发展。在基础教育过程中，应该充分发挥写作与思维之间的密切关系，充分借助写作来开发、锻炼和提升学生的思维能力和思维品质。

二、以学生核心素养发展为导向积极构建语文课程

站在发展学生核心素养的立场上重新反思小学语文课程的构建与实施，不难发现目前语文课程在形式、目标定位、内容开发、实施评价等方面确实存在着一定程度上的缺失与不足。语文课程应除旧布新，摒除刷题求分、知识至上、思维固化、形式单一等不利于学生素养发展的因素，积极吸纳语文教育教学方面的新成果和新方法，构建合理有效的语文课程，以促进学生核心素养的发展。

（一）主辅课程相配合

构建合理有效的语文课程应主要着眼于课程形式的改革，鉴于语言的特殊性和语言对人成长的至关重要性，可以尝试将语文课程构建成一主多辅的形式，以语言和文学为主，写作、阅读、演讲、书法等为辅。语文课程以培养学生祖国语言文字运用能力为基本目标，以学生语文核心素养发展为终极目标。在这两大框架之下，课程各部分承担相应的认知、技能、能力和素质目标，以配合和落实总目标的完成。这样设计的理由有二。

一是现行的语文课程过于笼统，不便于学生发展核心素养。"语文"作为基础教育的一门主要课程，始于1950年我国颁布的《小学语文课程暂行标准（草案）》。语言、文学、文字、文章、文化都和语文课程有着千丝万缕的关系，都对学生的核心素养发展有不可或缺的作用。但是将这些内容全部涵盖在课程中，貌似做到了大而全，实则极易泛而空，无法真正做到凭借这些领域最有价值的部分来提升学生的能力与素养。

二是"一主多辅"的课程形式灵活多样，目标明确。一方面突出了母语的主体地位，另一方面有助于对语文课程内部各个模块的内容进行挖掘和梳理。在"一主多辅"的课程形式下，各个模块的内容分别以小课程的形式呈现，能更充分地展现自身的优势，更灵活地满足不同的需求。小课程的开设可以确保学时相对稳定，并可以针对该模块提出明确的教学目标，生成相应的教学内容，采取适当的实施策略和评价机制，有助于提高教学的针对性和专业性。这是语文教育值得尝试的一种设计，而且在我国语文教育史上也曾实践过。比如，1902年《钦定蒙学堂章程》中就呈现出相对独立的字课、习字、读经讲经、写作等小课程形式。又如，1922年胡适的《中学国文的教授》中也出现相对明确的小课程设计：

年一：国语文一，古文三，文法与作文一。共五
年二：国语文一，古文三，文法与作文一。共五
年三：演说一，古文三，文法与作文一。共五
年四：辩论一，古文三，文法与作文一。共五

（胡适，2003a：212）

虽然当时对语文的要求有所不同，有文法和古文的学习，但按小课程的形式展现这一点很明确。这样，各个模块的内容相对清晰，不同模块的内涵和彼此之间的课时比例也被明确反映出来。从上述情况看，习字课、文法课、古文课、演讲课等小课程可以更好地配合相应的社会条件以及社会对人的语言能力的具体需求而开展。

综合当下语文教育的现状，应考虑将义务教育阶段所有的语文课程拉通整体设计，以主辅课程来支撑母语教育的开展，积极探索和开发形式多样、切实有效的课程内容，积极推进语文教育的改革与发展，最终实现学生核心素养的有效提升。

（二）课程整合性和专业性相统一

语文课程中各部分之间相互配合又相对独立。就语文课程的整合性而言，各部分的内容整体走向旨在培养学生正确理解和运用祖国语言文字的能力，并在这一过程中培养学生的人文积淀、独立人格、理性思维等核心素养。应整合语文课程的各部分内容，以各种形式的小课程开展，包括对小课程目标的设定、内容的生成、教学方法的选择以及评价等方面的引领。如语文课程中涉及文字学的内容，在小学阶段不是将大学的文字学课程植入小学课堂，重点不在

于把握文字学的发展历史、类型、分类等内容，而是明确汉字是音形义结合体的基本属性，充分利用汉字造字构词的理据性来帮助学生更好地感知汉字、理解汉字、品味汉字。语文课程就是要将文字学领域中有助于学生正确理解和运用汉语言文字的部分吸纳和引入语文教育中来，以提高学生对汉语言文字的理解和运用能力。

专业性侧重各个课程充分发挥自身的优势，挖掘出最关键、最重要的核心课程资源以完成每一个小目标，最终促进人的全面发展。不可简单地认为小课程就是将原来的语文课程划分为独立的小模块，只是更加切分、细化、分割了知识，增加了知识之间的壁垒。其实知识只是课程内容的一个部分，虽然知识的习得可以促进核心素养的培养。但除了知识，我们还必须明确核心素养的培养需要诸多内容的协同才能达成。语文课程里涉及的文学、写作都是相对成熟的独立的基础领域，完全可以独立开设，以便做到更专业、更到位、更有效，更有助于最终目标的达成。专注于文学教育和专注于语言教育的走向就明显不同，相应教学内容的选择与生成自然会有差异。语文教育家王尚文就撰文呼吁将语文课程分为汉语和文学两门课程，明确提出："汉语"教育是母语的教育，从语言学的角度进行有关汉语言文字的基本知识、技能的教学，主要目的在于培养学生正确理解和运用汉语言文字的能力。文学教育是精神教育、心灵教育、情感教育、审美教育，它不能去讲关于语言文字本身的系统完整的知识，也不能以培养学生的语言能力为主要责任（王尚文，2006a：36）。进一步明确各个课程的教育目标和完善课程内容的开发，是语文教育走向专业化发展的重要途径，也只有更专业，才能将语文教育做得更强、更好。

三、以评价为突破口促进语文课程的构建与实施

以评促改在我国现行的教育体制下是相对行之有效的方式之一，可以较充分地发挥教育评价的导向性功能。站在学生发展核心素养的立场上看，现行语文课程的评价观、评价方式、评价内容等都应进行相应的调整，以促进语文课程的有效构建与实施。

（一）评价不应止于终结性结论而应着眼于新的起点

评价在选拔人才上发挥着巨大的作用。选拔人才往往需要将人才分为不同层次和等级，以便择优录取，这也势必导致人们过于注重评价的终结性结论。但从促成学生核心素养发展的角度而言，评价不应止于终结性结论，更应侧重

学生每次进一步学习和发展的新起点。笔者曾陪伴孩子学习古筝，亲历孩子学古筝的过程，每次教师的评价都会具体指出需要改正、加强、完善之处，并且告知如何改正、加强、完善的具体做法，从而促进孩子提高技能，进而更好地领悟曲目和热爱古筝的学习。在语文学习领域也同样涉及听说读写等语言的基本技能，但在教学过程中却很缺乏针对学生学习语言的具体情况有效反馈，至少对学生具体情况的有效反馈不是语文课堂教学的常态。优秀的语文教学应注重对学生进行语言文字运用品质方面的点拨。如特级教师张化万在"摔鸡蛋的学问"作文教学课中，就针对学生创作中的题目切合、语言简洁、标点稳妥等方面提出了有效的反馈（江平，2004：23），促成了学生在已有基础上的提高。这样的评价就是立足于促成学生学习和发展的新起点，学生的进一步学习就可以针对反馈信息进行改进和完善。这样的评价反馈改进的过程也恰恰印证了佛罗里达州立大学（Florida State University）心理学家安德斯·埃里克森（Anders Ericsson）提出的刻意练习理论：要提高专业技能，往往是在正好不会做而又可以学会的基础上进行有效训练才能达成。而教育者的任务除了要设计和开发出一系列能促进提高的具体任务，还要能针对训练过程中提出有效的反馈信息。以语文课程中的朗读教学为例，朗读教学中既要能有效提高学生的朗读能力，也应在准确、重音、延音、节奏、语调、语气等方面的把握上提出明确要求，并重视对学生朗读过程中的具体情况进行有效的评点和指导。纵观现行中小学语文教材，涉及朗读具体要求的编排和设计极为少数。语文课程建设应有意识地开发、生成这方面的课程资源，积极引导教师的专业发展，同时也切实提高学生的语言能力。

（二）根据课程内容的自身特点选择相应的评价方式

有效评价语文教学是一件非常复杂的工作，也是促使语文教育改革成败的重要环节。在知识本位观下，知识的正确性是教育评价的唯一指标。在以人才培养为宗旨的教育观下，学生素养的全面发展将是教育评价的根本指标。由于对学生核心素养的培养本来就离不开知识的支撑，语文学科课程的评价也不能脱离这两者的评价而另起炉灶，而应合理利用这两种评价各自的优势和适用范畴，根据各个课程自身的特点选择相应的评价方式，逐步探索出科学、合理、可操作的评价体系，以促进语文课程的良性发展。比如，字词句等的语文基础知识和最基本的语法规则可以沿用以往客观的评价标准，以确保学生掌握知识的准确性。对演讲等课程内容的评价更侧重主观的评价标准，对学生的面部表情、眼神、语气、语言结构、措辞等的评价更侧重主观感受。写作和阅读课程除了对技能技巧的评价，还应侧重促进学生思维和内心情感发展的隐性评价。对口语交际中新闻采访等的评价还应注重考核学生的人际沟通能力和对外界的感受力和敏感度。在促进学生核心素养发展的大框架下，更应寻找适合各个课程内容特点且明确可操作的评价体系，这样还有助于提升教师在规划课程、梳理课程、生成课程等方面的意识。

总而言之，语文课程建设不是一朝一夕之事，需要经过不断的提炼和摸索，只要是对学生核心素养提升有切实帮助的课程类别、课程模式、课程评价方式都应该积极尝试。语文教育应充分发挥在培养学生核心素养中的优势，积极探索合理有效的语文课程构建，以主辅课程形式为依托、整合性为引领、专业性为基石、多元评价为保障，有效推进基础教育改革，促进人才发展。

思考·探究

1. 如何理解语文课程的"工具性与人文性"相统一？

2. 如何理解语文素养是以语言运用为核心的综合素养，是语言、思维、文化、审美层面的综合体现？

3. 小学语文课程在发展学生核心素养方面有哪些优势？

第一节　小学语文课程的语感理论

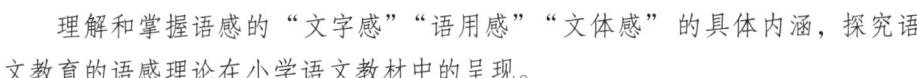

　　理解和掌握语感的"文字感""语用感""文体感"的具体内涵，探究语文教育的语感理论在小学语文教材中的呈现。

　　语文课程应培养学生的语感，《全日制义务教育语文课程标准（2011 年版)》（简称《课程标准》）中明确提出："语文课程应激发和培育学生热爱祖国语文的思想感情，引导学生丰富语言积累，培养语感，发展思维，初步掌握学习语文的基本方法，养成良好的学习习惯，具有适应实际生活需要的识字写字能力、阅读能力、写作能力、口语交际能力，正确运用祖国语言文字。"（中华人民共和国教育部，2012：2）

　　关于语感，以下将从文字感、语用感、文体感三个方面展开阐释。

一、文字感：对文字应有灵敏的感觉

　　语文教育家夏丏尊提出："一般作教师的，特别是国文科教师，对于普通文字应该比学生有正确丰富的了解力。换句话说，对于文字应有灵敏的感觉，姑且名这感觉为'语感'。"（夏丏尊，2019：94）文字是音形义的结合体，对文字灵敏的感觉就包括对文字的音、形、义三个层面有灵敏的感觉。

（一）字音感——音韵和谐

汉字的字音具有音节整齐、元音占优势、有声调等基本特点，人们充分利用汉语言的音、韵、调构成汉语言的音韵审美。具体而言，汉语的音韵特点，主要表现在双声、叠韵、押韵、平仄、节奏、同音（谐音）、重言（叠音）、反复等符合规律而又有变化的在言语作品中的运用，汉语体现出音韵和谐、节奏鲜明、旋律优美、抑扬顿挫的音乐效果。字音感即对汉字字音的音、韵、调呈现的音韵和谐、抑扬顿挫的美学特质有灵敏的感觉。如"霹雳"一词就是叠韵词，平仄相间，有着抑扬顿挫的审美效果，而且"霹雳"的发音和表达的意义也恰好相呼应。可以对比一下"霹雳"和"雳霹"在语音上的差异，"霹雳"的"雳"是以仄声结尾，就有一种掷地有声的力量感，符合雷电轰鸣的特点。"雳霹"由于"霹"是以平声结尾，平声调在音上就更温和，较难凸显雷电强悍的力量感。另外，汉字在音、韵、调上的特点，也给诗词赋的创作带来特殊的便利。如闻一多在《一句话》中就巧妙地运用了汉字的语音特点来表达炽热的情感。

一句话

闻一多

有一句话说出就是祸，
有一句话能点得着火。
别看五千年没有说破，
你猜得透火山的缄默？
说不定是突然着了魔，
突然青天里一个霹雳，
爆一声：
"咱们的中国！"

这话叫我今天怎么说？
你不信铁树开花也可，
那么有一句话你听着：
等火山忍不住了缄默，

不要发抖，伸舌头，顿脚，
等到青天里一个霹雳，

爆一声：

"咱们的中国！"

（闻一多，2018：195）

这首小诗，从诗歌内在情绪的表达上看，诗人对祖国的赤诚热爱，只化为简短的一句"咱们的中国！"。诗歌的情绪是压抑的、郁积的，直到每节末尾才突然爆发出来，但却给了人无穷的力量感。而这种压抑的、郁积的、炽热的情感就紧紧地锁在了仄声字（"祸""火""破""默""霁""爆"）中。小诗中仄声字的有效运用，大大加强了整首诗的力度和气势。

（二）字形感：因义赋形

汉字构形的基本特点就是因义赋形、据义构形。汉字形体的一笔一画中都蕴含着意义信息。准确地理解和把握汉字因义赋形的特点，有助于提高学生对汉字的认知能力。以"藏"为例。该字字形较为复杂，如果从汉字构形的角度解析，可以化难为易："藏"上面部分是草，下面的"臣"是"眼睛"的变体，表示一个人，这个人把自己藏在床 底下，并用兵器"戈"来掩护，还觉得不够安全，就用"草"把自己盖上，充分表现"藏"的本义。再如易错字"冒"，很容易将上面部分写成"曰"或"日"，其实这个上面部分中间的两横，上下左右各不相连，表示的是戴在头上的帽子。教师准确理解和把握汉字因义赋形的构形特点，可以帮助学生有效学习复杂字、易错字，达到事半功倍的教学效果。

（三）字义感：准确到位

汉字是汉民族创造的用来表现世界的符号。汉字在表现世界的准确到位上堪称典范。第一，汉字可以区分事物之间细微的差别。如"牛"和"羊"，甲骨文中以牛角和羊角上面弯曲的方向不同来表现事物的个性差异。牛角向上冲，表示牛的倔强；羊角向下弯，表示羊的温顺。第二，汉字可以记录下变化的外部世界。如"朝"字，表示的是清晨的太阳已经从树丛里升起，而此时的月亮还没有落下，准确地表达出日月同辉的刹那美。第三，汉字可以准确描摹社会情态。以"丞"字为例。"丞"造字的本义是一个人即将陷入深坑，旁边有人用双手来扶他，以免他陷入深坑。因此，"丞"字有辅佐之义。"丞相"就是取此义。"丞相"这一官职，本职工作就是辅佐皇帝总理百政。加之"相"也有高瞻远瞩和明察秋毫之韵，"丞相"一词，将古代"丞相"这一官职的功能和意义诠释得非常准确到位。汉字表现世界准确到位，若能准确把握汉字的字义，则有助于提高学生对汉字的感知、理解和运用能力。

二、语用感：语言文字运用的精确妥帖

语用感就是对运用祖国语言文字有灵敏的感觉。诚如朱光潜提出的："我所要求的是语文的精确妥帖，心里所要说的与手里所写出来的完全一致，不含糊，也不夸张，最适当的字句安排在最适当的位置。那一句话只有那一个说法，稍加增减更动，便不是那么一回事。语文做到这个地步，我对作者便有绝对的信心。从我自己的经验和对于文学作品的观察看来，这种精确妥帖的语文颇不是易事，它需要尖锐的敏感，极端的谨严，和极艰苦的挣扎。"（朱光潜，2020：81）

（一）语言文字的运用

语言文字运用的精确妥帖是我国文人创作时极为重视的一个方面，文学创作讲究"炼字"，即对语言文字的运用讲究精细雕琢和创造性的搭配，以获得准确、到位、传神的表达效果。如苏东坡"归去，归去，江上一犁春雨"中的"犁"字，若换作"场""次"等字都不及"犁"字，"犁"字能更好地表现出春雨过后的耕作之景，而不限于春雨自身。再如李白的《望庐山瀑布》，除了"飞流直下三千尺，疑是银河落九天"中采用夸张的手法表现瀑布的恢宏气势，其中"日照香炉生紫烟，遥看瀑布挂前川"中的"生""紫""挂""川"等字的运用，都堪称一绝。"生"表现出这里的香炉峰和弥漫着的烟气融为一体。"紫"为瀑布的水气蒸腾，在日光之下呈现的色彩，此处应是五彩之色。作者着力凸显紫色：一是"紫"有祥和之韵，如"紫气东来"；二是借用"香炉峰"之名，香炉生烟，紫烟则更添加了一层神秘之感。"挂"很好地点明了大自然的造物之神奇。"川"意为河流，将瀑布比作倒挂的河流，川流不息，滚滚而来，恰好为下文的"疑是银河落九天"做了铺垫；而此处的"落"又与前文的"挂"相呼应，描摹出庐山瀑布高空突兀、巨流倾泻的磅礴气势，勾勒出庐山瀑布的雄奇壮丽之美。特别值得注意的是，《望庐山瀑布》是李白的名篇佳作，得到历代文人的高度赞誉，其中赞誉的焦点之一，就是语言文字精确妥帖的运用所取得的艺术效果。

（二）标点符号的运用

标点符号也是语言文字的重要组成部分。标点符号是辅助文字记录语言的

符号，用来表示语句的停顿、语气或标示词语的性质。标点符号和文字一样有表达作用，有的还具有文字所不及的表达效果。在语言表达时，正确规范灵活地使用标点符号，是语用感非常重要的组成方面。

举一个标点符号妙用的例子。在鲁迅《好的故事》一文中，"我仿佛记得曾坐小船经过山阴道，两岸边的乌桕，新禾，野花，鸡，狗，丛树和枯树，茅屋，塔，伽蓝，农夫和村妇，村女，晒着的衣裳，和尚，蓑笠，天，云，竹……都倒影在澄碧的小河中，随着每一打桨，各各夹带了闪烁的日光，并水里的萍藻游鱼，一同荡漾。"（鲁迅，2017：126）这里两岸边出现的"乌桕，新禾，野花，鸡，狗，丛树和枯树，茅屋，塔，伽蓝，农夫和村妇，村女，晒着的衣裳，和尚，蓑笠，天，云，竹"按照标点符号的常规用法，都可以用顿号，作者一反常态，使用了逗号，取得了良好的表达效果。顿号和逗号的区别，主要在于顿号表示语句内部较短的并列词语之间的停顿，逗号表示句子内部的一般性停顿。或者可以理解为，逗号停顿的时值稍微长一点点。这里的一字一逗、两字一逗，甚至五字一逗，既加快了节奏又显得从容，从容是呼应这段文字起笔中的"仿佛记得"，既然是依稀记得的人与事，就不会像现实生活中所见之景那么应接不暇。用顿号的话，显然加快了语速，同时打破了作者心中想象之景的悠然与闲适。

（三）语法的运用

语法是语言单位的结构规律，是语言的组成部分。语言表达时，语序正确、句子成分搭配得当、句群关系明晰等语法规律的遵守，有助于语义表达的准确性和逻辑性。反之，语言表达时主谓宾搭配不当、语言成分残缺或多余、语序错位、句式杂糅等都会影响到语义的准确表达。

文本创作中除了遵守语法规则提升表达效果，有时也会出现一些特殊的语法现象，这种特殊的语法现象可能是作者为了特定表达效果的需要，有意而为之，它往往会成为走进作者内心世界的桥梁。如部编版小学语文六年级上册选编的辛弃疾《西江月·夜行黄沙道中》："明月别枝惊鹊，清风半夜鸣蝉。稻花香里说丰年，听取蛙声一片。七八个星天外，两三点雨山前。旧时茅店社林边，路转溪桥忽见。"（温儒敏，2019e：9）这首词中的"旧时茅店社林边，路转溪桥忽见"是一个倒装句，将"旧时茅店"前置，作者夜行遇雨时的心理期待跃然纸上。在阵雨来临之际，作者最渴望的就是能有个躲雨之处，心里正想着："社林边曾有个茅舍啊，也不知在何处来着?"万万没有想到，居然"路转溪桥忽见"，"路转"加之"忽见"，既充分地表达了作者恰逢茅舍的惊喜之情，又突显了人生旅途中想要停下脚步之时恰有驻留之地的理趣，两者相得益彰，颇见艺术功力。若将这个倒装句改为常规的句式："路转溪桥忽见，旧时茅店社林边。"从词的平仄而言，还略胜一筹，但就是减少了点恰逢的欣喜、淡化了生命的理趣，从而削弱整首词作的艺术价值。因为山村乡野的夏夜，明月清风、稻花蛙声、疏星稀雨，尤其是那份恰逢的欣喜和悟得的理趣恰恰是作者仕途失意之时的心灵寄托。

三、文体感：应有敏锐的文体意识

文体意识是指阅读和写作过程中，对不同文体的基本特征有自觉的理解、把握和感受。小学语文教学中出现了叙事性文体、说明性文体、议论性文体、应用性文体等常见的文体。叙事性文体以"叙事贵曲"为主要特征，说明性文体以"清楚明白"为主要特征，议论性文体以"阐述观点"为主要特征，应用性文体以"解决问题"为主要特征。语文教学应有自觉敏锐的文体意识，对各种文体的特征有一定的理解和把握。

（一）叙事性文体"叙事贵曲"的文体特征

叙事性文体的主要特征是"叙事"，叙事中故事情节是否生动、具体、曲折、连贯等决定了作品故事性的强弱，进而影响着一个作品艺术价值的高低。我国传统文人就此提出过"文贵曲""文似看山不喜平"等审美观，如林纾在《春觉斋论文》中指出："为文不知用旋绕之笔，则文势不曲。"（江中柱，闽定庆，李小荣，等，2020：71）可见，为保证作品的审美高度和艺术高度，应关注"叙事贵曲"的文体特征。

部编版小学语文二年级上册课文《小蝌蚪找妈妈》改编自方惠珍、盛璐德的同名作品。入选教材时删减了作者原文中小蝌蚪看见小鸭有鸭妈妈的爱护想去找妈妈，小蝌蚪认错小鱼妈妈、认错大白鹅妈妈、不敢与青蛙相认等曲折的情节。就"叙事贵曲"的文体特征而言，这样的改动削弱了作品的艺术价值。值得一提的是，1960 年上海美术电影制片厂根据此文改编和拍摄了同名美术片，获得了不少国际性的荣誉，先后荣膺"短片银帆奖""儿童影片奖"以及戛纳电影节的"荣誉奖"。同样是对原作的改编，美术片在情节改编上的方向刚好相反，改编后的情节更曲折和生动。美术片《小蝌蚪找妈妈》中加上了两只小鸡和鸡妈妈的温馨情景作为引子，小蝌蚪先找到了虾公公、大眼睛的金鱼妈妈、白肚皮的螃蟹妈妈、驮着小乌龟的乌龟妈妈、睡着的鲶鱼妈妈，后来在受到鲶鱼的吓唬之时刚好青蛙妈妈赶到。剧本中在小蝌蚪找妈妈的主线之外暗藏了妈妈追找小蝌蚪的副主线，凸显出了母子情，还将整个故事叙述做到首尾呼应，连贯完整。而且美术片对每一次找到的"妈妈"在叙事上都有些变化，大大增加了故事的趣味性。比如，小蝌蚪们认错乌龟妈妈时，小乌龟神气地说："妈妈和孩子总是一样的嘛！"这样的语言传神地表达了孩子的心理，颇受孩子喜爱。可见，对叙事性文体基本文体特征的准确把握，有助于提高师生的文学鉴赏能力和审美能力。

（二）说明性文体"清楚明白"的文体特征

说明性文体的主要特征是"说明"，而说明贵在一个"明"字，将说明对象"清楚明白"地介绍出来，是说明性文体的基本特征。语文教育家叶圣陶曾提出："说明文以'说明白了'为成功。"（叶圣陶，2021：178）准确把握说明性文体的特征，有助于学生更好地阅读说明性文体。

部编版小学语文教材五年级上册第五单元就是说明性文体单元，该单元的教学基本要求是："阅读简单的说明性文章，了解基本的说明方法。""搜集资料，用恰当的说明方法，把某一事物介绍清楚。"（温儒敏，2019c：65）同时，该单元在"交流平台"中特意将说明性文体的基本特征进行了梳理，具体有："说明性文章可以帮助我们认识事物，获取知识。""说明性文章为了把抽象、复杂的事物说得清楚明白，往往会使用打比方、列数字、举例子、作比较等说明方法。""说明性文章通常抓住事物鲜明的特点进行具体说明，使我们清楚地了解事物。""说明性文章的语言风格多样，有的平实，如《太阳》；有的活泼，如《松鼠》。无论哪种风格，描述都要准确、清楚、有条理。"（温儒敏，2019c：70）这些特征梳理紧扣说明性文体"清楚明白"的特征展开，对说明性文体的教学有指导和引领作用。教材在编排的时候充分利用范文进行具体的示范和讲解，将说明的方法、说明事物特征、说明的条理性以及说明的语言风格都通过课后练习中有了明确的落实。为了让学生对说明性文体的特征有更好的认知，还设计了如下思考题："如果将一篇散文改写成说明性文章，会变得怎样呢？查找资料，试着将课文《白鹭》第2至5自然段改写成一段说明性文字，体会它们的不同。"（温儒敏，2019c：70）这是一个很成功的设计，直接引领学生感知不同文体特征的差异。本单元还安排了习作《介绍一种事物》，并明确本次习作训练的主要目标在于"写清楚事物的主要特点"（温儒敏，2019c：74），要求学生将说明性文体的基本特征贯穿在习作之中，做到学以致用。

（三）议论性文体"阐述观点"的文体特征

议论性文体的主要特征是"议论"，突出一个"论"字，能明确提出论述的观点、提供有力的论据、使用恰当的论证方法是议论性文体的基本要求。议论性文体的教学重点在于对文章观点的辨析，对论证、说理过程的探究，即对观点与思路的探究，对文章观点、思路、思维逻辑的梳理与领悟是议论性文体的首要教学任务。毕竟"议论文却以'说服他人'为成功"（叶圣陶，2021：178）。由于议论性文体对学生的抽象思维能力和辨析能力要求较高，在小学阶段《课程标准》中没有明确提出对议论性文体的教学要求。但是小学阶段的语文教材中已经出现了议论性文本，如部编版小学语文六年级下册就选用了规范的长篇议论性文本《真理诞生于一百个问号之后》，单元导语中明确要求学生"体会文章怎样用具体事例说明观点的"（温儒敏，2019f：75），就是引导学生对议论文的观点和论证思路进行探究。设置课后习题"为了证明自己的观点，作者列举了哪几个事例？每个事例是按照怎样的顺序写的？"（温儒敏，2019f：80），也是在积极引领学生学会区分观点和材料，掌握事例论证的方法，理清论证的基本思路。这是小学阶段对议论性文体的初步接触和逻辑思维能力的基本训练。

（四）应用性文体"解决问题"的文体特征

应用性文体是人们日常生活、学习和工作中经常用到的一种文体，具有固定的格式。应用性文体的基本特征是"应用"，关键在于解决问题，因此具有很强的实用性、真实性、针对性和时效性。关于应用性文体的教学，《课程标准》明确要求第二学段"能用简短的书信、便条进行交流"，第三学段"学写读书笔记，学写常见应用文""学写活动计划和活动总结"（中华人民共和国教育部，2012：11，13，14）。部编版小学语文教材中非常重视应用性文体的教学，在应用文习作上就安排了学写留言条、写日记、写通知、写寻物启事、写观察日记、写信、缩写故事、推荐一本书、写读后感、学写研究性报告、介绍一处中国的世界文化遗产、写演讲稿、学写倡议书、学写策划书等不同种类的应用性文体，重点突出了应用性文体的实用价值和解决问题的基本导向。在习作安排中设置了与要学写的应用性文体相关的真实情境，激发学生用应用性文体解决问题的意识。如学写倡议书，教材中并不是以倡议书的定义为起点，而是着笔倡议书可以解决什么问题，凸显了倡议书的实用性。"如果你有一个想法希望得到大家的支持，并一起去实施，可以写一份倡议书。如，号召同学节约用水、不使用一次性用品，倡议居民进行垃圾分类。"（温儒敏，2019e：92）教材中给出倡议书的范文，并在范文边上加批注，提醒学生写倡议书时需要注意的格式和要求。习作的要求是"仿照上面的例子，就你关心的问题写一份倡议书"（温儒敏，2019e：92），这里"你关心的问题"再次强化了应用性文体"解决问题"的文体特征。

思考·探究

1. 如何理解语感中的文字感、语用感和文体感？

2. 选取一种文体如童话、寓言、儿童诗等，探究这种文体在部编版小学语文教材中的教学要求。

3. 结合部编版小学语文教材二年级识字单元的编排情况，探究培养学生文字感的基本方法。

第二节　小学语文课程的对话理论

 阅读提要

哲学解释学的对话理论当中，主体间性论和意义生成观为重新观照语文教学提供了独特的视角。主体间性论为师生关系和师生对文本间关系的重新定位提供了理论基础。意义生成观对师生之间的沟通、师生对文体的理解做了更合理的阐释。主体间性论和意义生成观为探索语文教学如何更好地促进师生个性化的成长提供了有价值的见解。在对话关系中师生才能建立起民主、平等、合作的关系。在对话中，师生对文本才有自己个性的理解，才能真正促进彼此个性化的成长。

加达默尔将理解模式设定为对话理论，对话理论对语文教学产生真正解释力的是：第一，理解与被理解对象之间的关系以主体间性为前提，可以说师生之间、师生与文本之间最根本的关系也该是主体间性；第二，意义是伴随着对

话的相互理解中持续地被生产出来，师生间的沟通、师生对文本的理解就是对话过程中的视域融合。"教学，是拥有教学理论素养的教师与学生进行沟通的文化，这种文化是现实的交互主体性关系的一种表现。"（钟启泉，2001：34）确实，教与学的关系本身就是一种"交互主体性关系"，"对话"就贯穿这种关系，从语文教学活动的构成要素来看，最基本的是师生关系和师生与文本的关系，下面从对话理论的视角对优化师生关系的对话和师生理解文本的对话展开阐释。

一、优化师生关系的对话

马丁·布伯指出，"我"是有差异的，但"我"总处于关系之中，没有关系就无所谓"我"。他把这些关系归结为两类："我—你"关系，"我—它"关系。"我—你"关系是一种亲密无间、相互对等、彼此信赖、开放自在的关系。"我—它"关系是一种考察探究、单方占有、利用榨取的关系。在"我—你"关系中，双方都是主体，来往是双向的，"我"亦取亦予。在"我—它"关系中，"我"为主体，"它"为客体，只有单向的由主到客，由我到物（包括被视为物的人）。师生关系是语文教学中最活跃、最灵动的关系，以往的师生关系更偏向"我—它"关系的独白，从而使师生关系僵化；而对话关系中，师生间追求的是"我—你"关系，因为对话本身就呼唤民主、平等、合作的精神，这就为营造和谐的师生关系打开了更大的空间，提供了更合理的阐释基础。

（一）平等——对人格的尊重

以"我—它"为基础而存在的师生关系，是将他者作为外在于主体并与之对立的客体，"它"只是"我"经验与利用的对象或工具。若师生处在一种利用与被利用的关系之中，这样的人际关系不但会影响当下的师生生活，而且对正处于成长中的可塑性很强的学生来说，甚至可能影响他们一生的人际交往和价值取向。

师生间对话关系的确认，是"我—你"关系的建立，这就使得师生间不再是相互对立的存在，教师与学生成为确认自我存在的他者，即"教师"之所以为"教师"是因为有作为"学生"这一对象的存在，反之亦然。这就为师生间的平等相视提供了最有力的依据。对话教学中，师生就需要尊重彼此，接纳彼此，因为不尊重对方也就是不尊重自己，不接纳别人也就是拒绝了自我。师生之间的相互尊重和理解，是平等型师生关系的起点。

（二）民主——对专制的消解

衡量语文教学不能单凭主观臆想来制定标准，应以师生共享资源的多寡，和两者之间能否交流互惠为尺度。在专制的独白教学中，教师占有特殊的知识霸主权，少数优等生能较多地分享这种权利，学困生却可能被冷落。师生间、生生间共享知识权利的不平等，其结果是知识的"特权"和"贫困"者之间缺乏相同的思想和融洽的感情，不利于彼此的健康发展。反之，民主的对话课堂里却有着人人共享的利益，从而人人能够互信互爱，能够自由交往，其结果便能够协调和促进双方的发展。因为平等相待且荣辱与共就会扩大人的胸襟，就会保证自由思想，就会促进新观念的产生。

（三）合作——对成长的追求

在语文教学这一特定情境下，教师是经验较丰富、主体能力发展较高的一方，而学生是成长中的个体，经验不足，主体能力也有待发展。这种势能的差异决定了师生交往过程中影响人发展的教育能量、教育信息更多是从教师流向学生，但这并不是说教师处于统治地位，因为学生受思维定式的影响较少，对问题就更容易提出新颖的见解，这就也存在着教育信息、教育能量从学生流向教师一方的情况。教育主体势能的双向流动、交叉渗透正是师生主体间性关系的现实表现，也是教学活动得以存在和开展的根本理由。对话关系中：在教师的引导下，学生才能克服自己认识上的偏颇，才能在原有的基础上有所进步；在学生的参与中，教师也扩大了自己的认知范围，在教学中完善了自己。

教学过程也正是这两股能量和信息相互碰撞和交锋的过程，师生间对话关系的建立，就是要求师生在交锋中具有合作精神，在对话中彼此都可以自由地发表自己的观点。若是出现相反的观点，并不是为了征服和压倒另一方，不是要消灭对方的异己性，而是出于共同成长的需要、塑造自我人格的需求。因为正是在各种观点的碰撞之中，才激发出各自的潜能，开阔各自的视野，收回一个放大了的自我。诚如滕守尧在《文化的边缘》一书中所言："对话是人格塑造的一条必然之路，其原理是：人的很多潜能，以及他的许多神秘的体验和境界，必须在另一个人在场的情况下，才能生发和呈现。换句话说，生发往往发生于人接触的一刹那间。"（转引自王尚文，2002：174）

（四）真诚——彼此心灵的敞开

对话教学中的"对话"作为主体间性的实践形式，不是指师生双方狭隘的语言交谈，而是指师生双方各自向对方的精神敞开和彼此接纳，是一种真正意义的精神平等与沟通。对话教学中和谐的师生关系为学生的人际交往提供了丰富的内涵。

在教学这一对话场域之中，师生交往时彼此应该持真诚的态度，只有真诚交往，彼此才能展开一场真正的对话。教师要真心地站在学生的立场上看问题，从促进学生更好发展的角度出发，发现学生自我发展和自我成长上的精神与力量，提供给学生自我成长和自我发展的空间，真诚与学生进行交往和互动，在教学的引领和人格的引领上才会有质的提升。同时教师还要正确地认知自我，认知自我的不足，放弃自我原来固有的认知模式，充分地让学生自主学习，才能和学生一起探索更多未知的领域，形成真正意义上的教学相长。

在对话教学中，人只有在"相形见绌"的情景下，才能认识到自身的缺陷和不足，才能改变原有认知。因为人往往容易固守己见、敝帚自珍，所以个人往往难以发现自己的缺陷和不足。因此，教师需要引导学生认清他们认识上的偏颇，才能让他们在原有的认知水平上有所提升，学生也能从中感受到成长的快乐。同时，学生在人际交往当中，需要秉持谦逊之心，尽量学会倾听各种不同的观点，真诚地敞开自己，遇到自己的缺点不要消极逃避，而应该积极地改变和提升，因为这正是自我成长的最好时机。

教学本身就是一种沟通的艺术，是一种特定情景下的生活，教学中所秉持的真诚态度对自我的处世态度有着不可忽视的影响。对话教学所体现的真诚的交往态度，为学生以后的交往方式做出了铺垫，是以往教学中常常忽视的亮点。在与人交往中才能找到自己的优缺点，才能不陷入自我封闭的小空间，才能找到彼此交往中的平衡结构。不依附也不奴役别人，彼此坦诚相待，是对话中蕴藏的师生交往艺术。

二、师生理解文本的对话

人是在与别人对话中成长的，而直接与人面对面的对话毕竟是有限的，因而对话的主要对象还是文本，人类发明了文字也就是为了让个体对生命的体验能得以流传，以便让他人共享这些经验。语文教学就是主要通过文本让拥有各自不同语言的对话者，在对话中进行心灵的碰撞，并借助这种碰撞促成师生语感经验的积累，为"发现自我"和"相互发现"提供一个契机。

在师生与文本的对话当中必须充分注意到：师生带有先见是理解文本的前提，师生通过语言对文本进行理解，通过对文本的理解师生达到个性化的成长。

（一）先见——理解的前提

"只有当解释者倾听文本，让文本坚持它的观点，从而真正使自己向文本开放时，哲学解释学的对话才开始。"（加达默尔，2004：13）倾听是与文本对话的开始，而在语文教学中传统上认为倾听是被动的，其实并非如此。听的过程就是根据文本的叙述把师生的先见再现出来的过程，师生从文本当中听出什么，就是根据文本的需要输出什么，没有相应的输出，就无法听懂文本在说什么；能领会到什么程度，也由师生的先见基础和水平决定。意义的生成就取决于文本在叙述什么和师生的先见能提供什么，是两者相互作用的结果，既不是单向的文本作用于师生，也不是单向的师生作用于文本。因此师生带有先见是理解文字的前提，承认这种先见的作用，是对师生解读文本权利的尊重；阅读文本也不再是只听从于教参的评说或权威的解读，而是提升自己对生命的体悟和语感的积累。

（二）语言——理解的桥梁

文本是作者创造出来的一系列语言符号，是一个物质的静态存在，在没有读者参与对话时，就没有将这些语言激活，不能算真正和读者建立起关系。文艺理论将作品定义为文本和读者共同创造的结果，就是充分注意到了这种差异。师生对文本的理解是通过语言的对话，而语言是具体和抽象的结合体，从语言的词义学角度来说，词义可以分为词的意义部分和词的含义部分。词的意义是词的抽象部分，是在无数个体经验基础上的总结和概括，这部分是可以学习和传授的；而词的含义部分跟个人的生活经历相关，而且个人的生活体验占主要部分，这部分不可学习、无法转让，只有来自个人的亲身体验，这就使得每个人对每一个词的体验都是不一样的，所以说"释义的文字就是释义者的文字"（加达默尔，2004：14），无所谓高低，但一定存在差异。文本就是词的组合体，每个人对词的理解都有具体的差异，更何况对文本的理解呢？师生与文本理解就像两个相交的圆，有相交的部分，也有不相交的部分，作者通过语言文字表述了他对生活的独特体验和感悟，师生也是透过语言感受到与作者相似的体验，从而扩大自己的认识视野和情感感受的范围。

（三）创新——个性化的成长

每个人的先见都不一样，每个人对语言的体悟也有差异，师生与文本通过语言相互作用而生成的意义自然不同，也正是由于这种不同，才真正顺应了学生个性化的成长。阅读文本的意义对每个人来说都是新生的，但并不意味着每个意义都是等值的。王国维的三境界说："古今之成大事业、大学问者，必经过三种之境界：'昨夜西风凋碧树。独上高楼，望尽天涯路'，此第一境也。'衣带渐宽终不悔，为伊消得人憔悴'，此第二境也。'众里寻他千百度，回头蓦见，那人正在灯火阑珊处'，此第三境也。"（王国维，1998：6）这段话就是王国维对所引词作的一种创造性理解，与常人的理解不同，从而大大开拓了原词的境界。可以说，这种创造性的理解才是学习文本的真正价值所在。学习不仅仅是重复自己已有的思想感情和话语表达形式，而是要通过对别人思想感情的感受和理解，扩大自己的思想视野和感情感受的范围。正是在不断地感受别人、理解别人的过程中，学习者不断地发现自己、发展自己。

语文教学中的对话是共同探讨未知的新领域。意义在对话的过程中生成，它就具有开放性和非预知性、随机性和复杂性，师生共同参与文本当中，不断地向文本提问、质疑，逐步进入一种探询的过程，这种探询的过程本身就具有生命力，充满着未曾预料的可能性。课后不是要让学生解决完所有的问题，画上"圆满"的句号，而是要引发师生提出更多的问题。以前教师必须对教学目的和教学要求了如指掌，自觉将它安排到每篇课文中去，以克服教学过程的盲目性、随意性。遗憾的是，这样的教学同时也将师生的个性和创造性抹杀了。对话强调的是敞开和接纳，面对的是一个未知的领域，这就使教学不再有固定的模式。一旦形成了一种模式，创造精神就少了，手脚就被束缚住了，就如被放入一个格子，自由活动的空间就少了，更谈不上创新。

对话不是语文教学的一种方式，而是贯穿语文教学的一种精神，要求语文教学课堂中能营造一种对话的氛围，师生能有一种对话的意识，在共同参与、积极探讨、彼此尊重中最终促成各自人格精神的成长。

第三节　小学语文课程的言语理解

　　言语理解是言语作品进入学生阅读视野的必经阶段，在理解发生过程中，存同才有理解的可能，存异才有理解的必要。言语理解是一种创新性活动，先见是理解言语作品的起点，创新是理解言语作品的指向。

　　语文课程不管其性质定位是工具性、人文性，还是两者的统一，都脱离不开对言语的学习，对言语作品的教学才是语文教学的关键。现代教育媒体的运用也只能是一种辅助的手段，而不能代替言语在语文教学中的地位。学生对言语作品的学习，就必须经历言语的理解过程。

　　必须明确的是，对言语作品的理解不同于对言语知识的掌握。以往人们把对言语知识的掌握作为语文教学的根本目的，将培养学生的基本知识和基本技能作为教学的中心任务，教学容易简化为"知识灌输"或是"知识移植"。并且教学过程中为了确保所教授知识的客观真实性，教师在教授知识时也会要求学生摒弃自己的主观经验。在这样的认知指导下，人们有意无意地将最富有人文精神的语文也当作一个传承言语知识的容器，教师是言语知识的传授者，学生就是言语知识的接受者。不管理解不理解，教学的目的就是让学生先记住再说，能应付考试便是万事大吉。应该认识到，言语知识可以是游离于学生个体生命之外的客观存在，言语作品只是提供一种理解的潜在可能性，只有通过学生的理解，才能成为构建学生生命的一部分，即只有通过理解才能把言语知识转化为学生内在的认知。而传统语文教学只是在言语知识外围打转，根本无视理解言语所蕴涵着的生命活动，难怪语文教学一度成为社会上批评的焦点。因此，师生对言语作品的态度必须转型：从言语作品作为知识的客观存在到成为构建生命的主体存在，即言语作品不再是游离于学生个体生命之外的独立存在，而是构建学生生命主体的一部分。

　　师生对言语作品的理解是一种视域融合的过程，而且理解者的视野处于变化的开放过程中，它不断变化着、拓展着、生长着，这些都是通过理解而实现的。在这个视域融合的过程中，先见是理解言语作品的起点，创新是理解言语作品的指向。

一、先见是理解言语作品的起点

在理解发生过程中，存同才有理解的可能，存异才有理解的必要。阅读主体要向未知世界进行开拓，正是开始于"先见"，学生的先见就是进行新理解的起点。一方面，先见作为理解过程中从已知向未知推进的参照系，为新的理解提供了认知储备，也让理解具有了可能性；另一方面，先见使学生时刻意识到，自己在同某些不熟悉的东西接触，这会给学生带来意外、生疏、困惑等感觉，加剧了学生要求理解未知的迫切感，也为理解未知提供了无限可能。

先见是理解言语作品的起点，这对语文教学的启发主要有三个方面：一是教学过程中要注重挖掘学生对生活体验的积淀，以便调动学生的先见；二是对言语作品的选择要符合学生生理特征和心理特征，现代白话文就比文言文更容易唤起先见，至少文字表述本身就更符合中小学生的认知水平；三是导入语的设计、教学情景的选择，都应自觉遵循先见的内在机理，这样容易唤起学生的经验认同感，为新的理解做出很好的铺垫。陈柳老师在金华第四中学上《广告》的公开课当中，就巧妙地利用了这一点。考虑到课文中材料太陈旧，已无法体现广告词生动活泼、紧跟时代的特点，陈柳老师就在现实生活中选取了一些学生熟悉且语言精妙的广告语作为学习的文本，并且将该校的校训也引入课堂。这成功地调动起学生的先见，积极引导学生不断感受广告词的闪光点，也激发出学生对广告创作的欲望。

二、创新是理解言语作品的指向

语言是言语作品存在的根本形式。师生对言语作品的理解主要通过语言，通过由语言组合而成的语句、段落、篇章理解言语作品的思想和情感。这一过程"每个人都以自己经验的独特和对语言理解的差异，占有着一个他人无法取代或完全重合的理解视野"（加达默尔，2004：11）。这意味着言语作品理解的基本指向就是创新。因为每个人对外界的认知、体验和感受都存在着个体差异，这种个体差异带来每个人独特的人生经验和对语言的不同理解，进而导致每个人对言语作品的理解都是独特的、多元的。基于每个人的人生经验、眼见学识、鉴赏水平的不同，人们对言语作品理解的创新成为一种可能，也成为一种自觉的追求。即使是同一个人对同一个作品的理解，分别从内容、声韵节奏、言语形式、作者生平、社会背景等不同的视角展开解读，创新也是理解言语作品的基本指向。

在言语作品的理解当中，每个人的先见都不一样，每个人对语言的体悟也有差异，这就使得师生在理解过程中总要注入个人的东西，也就意味着个人的理解永远是一种创新的活动。这就要求语文教学当中必须承认个人理解的个性，才能真正顺应学生个性的健康成长。在以往的语文教学当中，人们有意无意地追求作者创作的原意，这是失之偏颇的。所谓的"原意"是不是作者的"原意"，该由谁来判断？如果是作者自己说的"原意"，那又凭什么证明他所说的就是他当时当地的"原意"？即使存在，那只是重复一个已经存在的东西，它的价值又何在？更何况根本不可能完全理解一个所谓的"原意"。加达默尔曾说："阅读不是再生产一个过去的意义，而是共享一个现在的意义。"（加达默尔，2004：13）"现在的意义"就是指师生和言语作品的视域融合后产生的意义，这个意义对每个人来说都是全新的，如我们说王国维的三境界说是对所引词作的一种全新的理解，并且提升了词原有的境界。原词和王国维之间就产生了一个"现在的意义"，一个全新的意义正是一种开创性理解，也是学习言语作品的无价之宝。同一个读者对同一个作品，在不同的时间，都可能会产生不同的体验和感受，因为在每一个阅读的当下都有一个"现在的意义"。王冶秋在阅读鲁迅的《阿Q正传》时，记录下他不同的阅读体验："看第一遍：我们会笑得肚子痛；第二遍：才咂出一点不笑的成分；第三遍：鄙弃阿Q的为人；第四遍：鄙弃化为同情；第五遍：同情化为深思的眼泪；第六遍：阿Q还是阿Q；第七遍：阿Q向自己身上扑来……"（转引自王尚文，2004a：201）文本还是原来的文本，但是每一次阅读所唤起的前理解和认知储备都有所不同，共享的"现在的意义"也就有了不同。这也是原来读不懂，读着读着就懂了的原因所在。

这就要求语文教学中应该注意以下三个方面。第一，教师必须尊重学生的理解，鼓励学生有见地的理解，不是违其性而为之，硬是用教参或教师的解读来完全替代学生的理解，教参和教师的作用只在于帮助和引导学生更好进行自己的理解，让学生不局限于"一知半解"当中。第二，语文不能用一个客观的标准来测试学生的理解水平，尤其是对诗歌、散文等文学作品的理解，测试重点可以放在言语表达的流畅性、思维的活跃性、解释的合理性等更为灵活的方面。第三，教师要尽可能给学生提供表达的机会，而不是自己整堂课唱独角戏；要让学生学会表达自己，而不是表现出"噤若寒蝉"的乖巧。表达的方式可以有口头表达和书面表达，表达出自己的理解也就是一次创作的过程，表达的清晰就是思维的清晰，根据自己的理解进行的表达就不会出现"异口同声"的效果，不会有"千篇一律"的文章。

在语文教学过程中，教师明确理解言语作品和掌握言语知识的不同，并了解理解过程中先见的作用和创新的特点，有助于语文课堂教学内容的生成、教学策略的选择以及教学评价的改进，从而帮助学生提升对言语作品的理解能力，提高语文学习的效率。

思考·探究

1. 结合《全日制义务教育语文课程标准（2022 年版）》对语文核心素养的定位，思考根据社会发展及个人需求构建语文课程目标，突出母语教育、文学教育两大主轴的价值与意义。

2. 如何理解语文课程是师生之间、生生之间、师生与文本之间、师生与作者之间的一场多元对话？

3. 语文课程言语理解的特点是什么？

第一节　小学语文汉字图画词典的开发

阅读提要

　　小学语文汉字图画词典的开发是小学语文课程资源开发中较为薄弱的环节，本小节以理查德·斯凯瑞《会跳的图画词典》为研究对象，为小学语文汉字图画词典课程资源开发提供参考。《会跳的图画词典》是儿童词典中的珍品，以一系列动物形象为主角贯穿全书，依照字母顺序精心遴选适合儿童学习和认知的基本词汇，采用"一词带多词"的组合模式，营造语境诠释词义，融入叙述元素增强单词介绍的故事性和连贯性。整本图画词典呈现出知、情、趣、理的巧妙融合。该词典呈现的这些编撰特点值得小学语文汉字图画词典编纂者吸取和借鉴。

　　在理查德·斯凯瑞"金色童书"系列中，《会跳的图画词典》独具匠心，是儿童图画词典中的典范，具有较高的艺术价值和教育价值，对我国儿童汉字图画词典的编撰与开发有一定的启示。

一、编排的基本顺序及原则

　　《会跳的图画词典》以26个英语字母为序依次展开，亮点在于每个字母的出场都由吱吱鼠和超级蜂来演绎。吱吱鼠演绎的是每个字母大小写的印刷体，超级蜂演绎的是每个字母大小写的书写体。吱吱鼠或坐或靠或挨在印刷体上，超级蜂主要是"飞"出书写体。吱吱鼠对超级蜂的精彩飞行技术赞叹不已，它夸张的表情和动作使得这本词典别有趣味。吱吱鼠每次出场都会说一个以演绎字母为首字母的英语单词或短语来赞誉超级蜂，使得整个画面变得生动有趣。如对"A"字母配文为："amazing！太神奇啦！"（斯凯瑞，2007b：5）对"B"字母配文为："精彩！bravo！"（斯凯瑞，2007b：14）这样的设计创意十足，深深地吸引着小读者。

在每个字母排序之下，斯凯瑞分别遴选出合适孩子学习和认知的逾 700 个核心单词进行设计，具体分布情况如下（表 3-1）：

表 3-1　《会跳的图画词典》编排的首字母相同的单词个数统计一览表

首字母	A	B	C	D	E	F	G	H	I
单词个数	43	58	42	30	28	39	21	36	14
首字母	J	K	L	M	N	O	P	Q	R
单词个数	5	10	38	31	22	19	51	7	30
首字母	S	T	U	V	W	X	Y	Z	
单词个数	85	34	6	6	43	1	10	4	

从表 3-1 中，不难发现作者遴选单词的基本依据主要在于这些单词与孩子生活的相关度和使用率。作者介绍了 50 个单词以上有 B、P、S 三个字母，最多的是 S 字母为首字母的单词，共 85 个。10 个单词以下的有 J、Q、X、U、V、Z 等 6 个字母，其中 X 为首字母的单词只有一个 X-ray，之所以入选，看来主要是为了兼顾 26 个字母的完整性。作者为单词 X-ray 配上"医生药丸用 X 光为淘气虫检查身体"的图片和句子，让单词的介绍尽量贴近孩子的生活情境。贴近儿童生活情境介绍单词是作者创作的基本原则，该书中所有的单词都以可爱的拟人化动物形象演绎儿童生活的方式进行，充满了童真童趣。根据心理学的图式理论，生活情境的再现可以为孩子更好地理解和驾驭词汇提供帮助，因为熟悉的生活情境可以推动孩子根据记忆中的语境进行相应的思维和反应，能促进学习语言的效率。

二、"一词带多词"的组合设计

除按音序依次介绍这些核心单词之外，作者还精心编排了"一词带多词"的组合介绍单词的新样式，即围绕一个单词连带出介绍一批相关单词。在以

"一词带多词"的组合模块中大致可分为两大类。

一是利用整体和部分的关系进行组合。这类词有身体、房子、餐厅、农场、厨房、树等。以 house（房子）一词为例，作者画了一栋兔子的房子，行文为："这是小兔子一家的房子。今天是星期天，兔妈妈在清理阁楼。"（斯凯瑞，2007b：55）然后分别将房子涉及的门、走廊、客厅、沙发、书柜、电话、浴室、浴缸、淋浴、地毯、地板、墙、楼梯、橱柜、椅子、灯、床、卧室、壁橱、屋顶、烟囱、阁楼、窗户、草坪等单词都借助房子的图片一一进行了介绍。这就是作者设计的"一词带多词"的单词组合模式。尤其值得关注的是，为了增强故事性和趣味性，这套图画词典还融入了绘本的叙述元素。画面展现的场景是：兔爸爸跷起脚盖上报纸躺在沙发上睡大觉，小兔兄妹在小房间里看电视，兔妈妈在清理阁楼。作者以图文结合的方式叙述了兔子一家的周末生活。绘本叙述元素的融入，使得图画词典不局限于单个词的介绍，还有了故事情节，增强了可读性和吸引力。这类以整体和部分的关系进行设计的"一词带多词"组合模式，还有助于孩子以整体的方式认知这些事物及其关系。

二是利用概念的分类归属关系进行组合。这类词有动物、汽车、船、鸟、建筑、衣服、颜色、食物、水果、数字、形状、工具、火车、蔬菜等。以 animal（动物）（斯凯瑞，2007b：9-10）一词为例，词典用 animal 带出了一系列动物名称，并进行了适当的分类。

会飞的：bee（蜜蜂）、bird（鸟）、worm（虫子）

会爬的：mouse（老鼠）、monkey（猴子）

会跳的：kangaroo（袋鼠）、grasshopper（蚱蜢）

会跑的：pig（猪）、otter（水獭）、cat（猫）、tiger（老虎）

有角的：chamois（岩羚羊）、gnu（牛羚）、reindeer（驯鹿）、bighorn sheep（大角羊）、kudu（大弯角羚）、musk ox（麝香牛）、antelope（羚羊）、yak（牦牛）

这些动物并非一个一个地单独呈现，而是彼此关联。袋鼠妈妈往前跳，猴子趴在她肩上，老鼠又抓着猴子的尾巴，袋鼠妈妈的尾巴上还有猪、水獭和一只小老鼠，整个画面生动有趣。有角的这一组牛羊的图片设计中，这些牛羊有各种大的、小的、弯的、直的角，同时都在吹号子，设计上重点凸显了同中求异、异中求同的思维特点。

这种"一词带多词"的组合设计，值得汉语词典编纂者重视和吸收。从词语的认知角度，在相互关系中认知词语，有助于学生构建一个完整的认知模式，在一定程度上弥补了长期以来词典编撰以字母顺序排列而未顾及词与词之间相关性的问题，增强了学习者对词语相关性的认知。从词语的习得与思维构建的关系来看，这可以很好地锻炼孩子的思维能力，因为事物的整体与部分、概念的分类与归属关系就是在语言的习得中得以构建的。

三、营造语境诠释词义

解释词义是词典的基本任务，作者在解释词义上颇有见地，有别于一般词典着眼于提供单词本身的释音、释义、释形和例句的模式，《会跳的图画词典》省略了对单词本身释义的环节，直接以图文结合的方式营造一定的语境，在具体语境中完成对单词语义的诠释。这样的处理符合儿童习得语言的内在规律，儿童习得语言往往不是通过先明确这个词在词典上的释义，才学会它，而是在一定语言环境中通过反复接触与模仿，逐渐建立起语言形式和功能的联系，慢慢领会和掌握了词义。作者竭尽全力为孩子营造生活化的语境，就充分运用了孩子通过具体语境习得语言的内在规律。

作者采用图文结合的方式营造生活化的语境诠释词义。这样处理的最大优势是画面可以为孩子提供很直观的语言环境，降低了用语言准确描摹释义的难度，同时行文又可以将图画中的意思准确传递，整本书达到了知、情、趣、理的巧妙融合。

（1）知：单词解释准确到位又简洁明了。准确传递信息是词典编撰的基本要求，也是作者力求做到的基本点。这本图画词典在解释词汇的时候总是能用最简单的语言传递最关键的信息。比如，foolish一词的文字解释为"悠悠的样子傻傻的"，配有一幅兔子悠悠把袜子穿在耳朵上的图画，文字和图画一下子就把这个傻傻的意思准确地传递出来，孩子很愉快地理解了foolish。再如insect一词，词典配有臭虫、蟋蟀、螳螂和甲壳虫的图片，配文为"变成一只昆虫感觉也不错吧，只是每天早上起来要穿很多鞋子"。作者为这些昆虫都穿上了鞋子，细心的读者会发现这些鞋子穿的方向是不一样的，因为昆虫的前脚和后脚的方向不一样。作者连这么细微之处都很准确地进行描绘，实在很用心，值得钦佩。

（2）情：传递善良美好的心灵和情感。作者的语言中深深地折射出作者的心灵与情感世界，承载着满满的爱。作者借助单词精心描摹了三位流浪汉和熊妈妈的一组组画面。

单词一 all：The beggars ate all of Mamma's blueberry pie. 三个流浪汉把熊妈妈的蓝莓派全都吃光了。配图是三个流浪汉满足地舔舌头和一个干干净净的空盘子。

单词二 among：Mamma bear divided the cake among the beggars. 熊妈妈把蛋糕分给流浪汉们。配图是和蔼的熊妈妈正在切分蛋糕，三个流浪汉围在边上等着。

单词三 ask：The beggars asked Mamma Bear for something to eat. 流浪汉们请求熊妈妈给他们一点儿东西吃。配图是每个流浪汉的手上都拿到了一块肥皂，熊妈妈正从窗口递出大大的面包。

单词四 divide：Mamma Bear divided the pie into three pieces. 熊妈妈把馅饼分成了三份。配图是三个流浪汉舔着舌头在等着吃馅饼。

单词五 new：Pappa Bear bought three new suits. Mamma gave the new suits to the beggars. 熊爸爸买了三件新外套。熊妈妈却把外套送给了流浪汉们。配图是三个流浪穿着新衣服欢天喜地地欣赏着自己。

单词六 serve：Mamma served a big serving of soup to the beggars. 熊妈妈招待流浪汉们喝了一大锅美味的汤。配图是熊妈妈正在用一个大大的勺子给流浪汉们喂汤喝。

对这些单词的诠释完全可以通过其他的语句来表达，但是作者精心安排了这一组组画面，意图在于将善良的种子埋在孩子心灵的深处，向孩子展示这种善良会对他人造成积极的影响——即使是流浪汉也会感念这份善良和关爱。介绍 kitchen 设计的语境是：熊妈妈出去了，流浪汉们在厨房里做蛋糕，想给她一个惊喜，他们真能给熊妈妈一个惊喜吗？配图是流浪汉手忙脚乱地在厨房里捣鼓，同时将所有的厨房用具名称一一列出。读者从图片中看到的绝不止于流浪汉们夸张的滑稽相，也能感受到他们感恩的心。从这一组图文设计中，不难发现作者设计单词时还特意留意了前后内容叙述上的一脉相承，增强了词典的可读性和连贯性，图文间流露出的善良与感恩也为本书增加了人文情怀和人文底蕴。

（3）趣：趣言趣事趣行是整本书的绝对主导，书中处处洋溢着的童心童趣最能吸引孩子。把日常的生活趣味化是作者的拿手好戏，看似很平常的事，在作者笔下却总能妙趣横生。"情理之中、意料之外"往往是制造幽默的绝好方式。好厨师猪妈妈在煮美味的鱼汤，锅里竟然跑进去了一只鞋；希尔达一进入浴缸，浴缸竟然被撑破；扣扣为獾先生送来一个包裹，居然是一个化了的冰激凌；小小的果果竟然把超级胖的河马希尔达撞倒了，猪妈妈一用力竟然把锅底给擦破了……这些意料之外的趣事分别运用了夸张、颠倒、对比等艺术手法，实在是别开生面。作者还充分利用画面带来的幽默效果，惟妙惟肖地刻画出孩子的心理。比如，八爪鱼吃冰激凌，手太多，舌太多，艰难地抉择该先吃哪一口。又如，猫奶奶带上眼镜穿针，这本是最平常不过的了，作者却配上一个超级大的针眼，再加上小猫极为不屑的表情，趣味感油然而生。再如，木木把帽子放在自己做的桌子上，帽子一放，桌子就全散架了。这虽然让人忍俊不禁，但也在情理之中，因为是木木自己做的桌子嘛！

（4）理：在趣味中教给孩子一些基本的道理、礼仪和行为规范，也是这本图画词典中的一个基本要素。

单词一：lie，配文是熊妈妈问贝贝是谁浇的花，贝贝如实告诉了妈妈，他从来不说谎。配图是贝贝将整个花园都淹没在水中了，贝贝还很自信地说是自己干的。

单词二：fruit，配文是泡菜王喜欢吃水果。当你吃柚子的时候，别把果汁弄得到处都是。配图是泡菜王吃柚子时将柚子汁溅到了二里开外的猪小妹眼睛里。

单词三：neither，配文是两只兔子的行为都不好。配图是两只小兔子在打架，她们的妈妈急忙跑出来劝架。

单词四：late，配文是巴布斯上学迟到了。配图是巴布斯面壁思过并写上"以后上学不迟到了"。

单词五：lazy，配文是汉蓬蓬、汉菠菠、汉花花是三个懒惰的流浪汉，配图是这三个流浪汉在一棵大树下开心地玩。结合前文中的具体语境，孩子们会更好地理解和领会"懒惰"的真正含义，会延伸出"难怪是流浪汉""懒惰所以没饭吃""不应该这么懒"等想法。

诚实、礼貌、守时、勤劳这些看似非常简单却又极为必要的基本生活道理、生活礼仪和行为规范，也在图文结合中不经意间传递给了孩子。

《会跳的图画词典》以图文结合的方式介绍单词，这一点并非首创。比如，1901 年刘树屏编撰的小学字典《澄衷蒙学堂字课图说》，共选入 3291 个汉字，配有插图 762 幅，也是以图文结合的方式介绍单词的典范，在当时产生了广泛影响。但是斯凯瑞《会跳的图画词典》这本词典有其独到之处，值得我国学者编撰小学汉字词典时吸取和借鉴：词典中设计了一系列动物形象贯穿全书，图文结合又幽默风趣，情境创设贴近孩子生活气息，让孩子在语用中直接完成对词义的理解与把握，以"一词带多词"组合设计，有意识地培养孩子单词认知中的逻辑思维能力，融入叙述的元素增强了单词介绍的故事性和连贯性，整本图画词典呈现出知、情、趣、理的巧妙融合。

第二节　小学语文 "金色童书" 资源的开发

阅读**提要** --

　　小学语文课程资源的建设应该充分吸纳优秀的儿童文学作品，理查德·斯凯瑞 "金色童书" 系列是童书中的瑰宝。作者深谙儿童阅读的审美心理，开创性地塑造了一系列生动滑稽的动物形象，充分打开了孩子的想象空间；简单有趣的多重情节设计，紧紧抓住孩子好玩的天性，淋漓尽致地展现了阅读的娱乐性功能；作者还巧妙地将图文有机结合，让图文互为补充、相得益彰，大大提高了孩子阅读的趣味。斯凯瑞 "金色童书" 系列可以为我国小学语文课程资源建设提供参考和借鉴。

　　理查德·斯凯瑞 "金色童书" 系列是童书中的瑰宝，曾荣获美国爱伦·坡特别奖，风靡世界四十余年。孩子每次阅读 "金色童书" 系列都会有新的发现、新的惊喜。难怪作者曾言："如果人们将我的书读旧了，甚至破到需要用透明胶带粘起来，是对我最大的褒奖。"（斯凯瑞，2007b：扉页）本小节试图结合小学生的阅读心理和需求，探析这套 "金色童书" 的创作特点，为我国小学语文课程资源建设提供参考。

一、生动滑稽的动物形象契合孩子的审美趣味

　　斯凯瑞 "金色童书" 系列共有 7 辑 22 本，塑造了逾 700 个滑稽有趣的动物形象，这些动物形象贯穿 "金色童书" 系列所有作品，连单词书《会讲故事的单词书》《会跳的图画词典》也不例外，它们幽默风趣地演绎着孩子们金色的童年。

　　这些动物形象赋予了 "金色童书" 独特的审美价值，作者借助这些动物形象将 "隔" 与 "不隔" 的审美境界处理得恰如其分。"隔" 是指审美主体与审美对象之间有着一定的审美距离。以动物形象代替人类自身出场，即

"隔了一隔"，动物形象为幼稚、滑稽、搞笑的行为罩上了一层特殊的保护膜，不会有人格的伤害，只有善意的打趣。如"金色童书"中《倒霉的弗兰伯先生》的主角弗兰伯先生就是一只猪的形象，图书生动演绎了粗心大意带来的搞笑人生。一起床，浴袍穿反了；一走路，被浴袍带子绊倒了；一挤牙膏，牙膏却掉地板上了；一开水龙头，水龙头却被拧坏了；一开冰箱，东西全出来了；一翻煎饼，煎饼飞上头顶了……如果主角以人物形象出现，孩子恐怕难以接受这么糟糕的形象，童趣大失。正是由于人自身与动物之间存在天然的"隔"，这隔了一隔的审美距离，容易产生一种特殊的艺术效果，讽刺、规劝的成分被弱化，幽默、滑稽的一面得以增强。孩子看到这位傻头傻脑的弗兰伯先生不知道洗衣店因嫌弃他而主动关门，会偷偷地笑；看到他忘了车还在加油就连着加油管开车，会哈哈大笑；看到他吃东西弄得一身芥末，会会心地笑；看到他晚上回来洗那么多碗，边洗边打碎不少，会无奈地笑……这就是文学审美理想更高层次的追求，"追求'形似'之外的'神似'"（陈惇，孙景尧，谢天振，2007：273）。斯凯瑞选用动物形象出场，符合儿童的审美体验。同理，若是孩子们穿着溜冰鞋，没人觉得好笑，而斯凯瑞让蚯蚓爬爬穿上五双溜冰鞋，就引人发笑，这就是斯凯瑞为孩子们带来的全新审美体验。

若说"隔"营造了一种审美距离，"不隔"就拉近了孩子们与动物形象之间的心理距离。这些动物有着人的衣着、语言、神态、行为，尤其是有着孩子的生活方式和喜怒哀乐，很容易让孩子产生共鸣。动物们的小开心、小淘气、大哭声，都会让孩子感觉到和某个时候的自己一模一样，刹那间就能唤醒孩子特有的生活经验。斯凯瑞的"金色童书"系列往往取材于现实生活，如《上学一二三》《我的第一本书》《忙忙碌碌镇》《好忙好忙的小屁孩》等就直接以孩子的生活为题材。《好忙好忙的小屁孩》主要讲述了小屁孩和蚯蚓爬爬一天的生活——起床洗漱，上学迟到，回家做苹果派，晚饭后放风筝，听睡前故事，一看就是孩子一天生活的翻版。图书里对孩子生活事件的风趣描摹，让孩子们发现自身生活的乐趣。孩子在阅读这个作品的时候就很有真实感和亲切感，甚至可能会觉得自己就是书中的小屁孩。这就是上文所说的"不隔"，"不隔"巧妙地打通了阅读世界和生活世界的界限。

"不隔"还巧妙地架通了孩子与动物形象之间的心灵通道。作者对孩子的心灵世界有着惊人的理解和把握。以小屁孩放风筝一节为例，两个孩子放不起来，猫爸来帮忙。猫爸拿住了风筝线，让爬爬举起风筝，很快风筝腾空而起：

  "快看啊，小屁孩儿！这个风筝后面有一条尾巴！"爸爸说，"谁教会你给风筝贴尾巴的？""我没贴什么尾巴啊，"小屁孩说，"但风筝上的那条尾巴看起来很像……爬爬！""哎呦，天哪！"猫爸大叫起来，"那可不是爬爬么！我们得赶快把他弄下来！"（斯凯瑞，2010b：31）

成人未必会觉得这段情节多么有趣，但往往孩子就会觉得非常好笑，常常读到这里就捧腹大笑，只能说作者对孩子微妙的心理理解和把握有过人之处。又如在《幸运的蚯蚓爬爬》中，蚯蚓爬爬脚骨受伤，小屁孩推着爬爬的轮椅，左一转、右一弯的，十分利索。爬爬说，"嘿！你慢着点儿！"爬爬大叫，"我可不是玩具！"（斯凯瑞，2010d：37）啊哈，孩子往往能一下就捕捉到爬爬当时既喜又惊之感。

二、简单有趣的情节设计抓住孩子好玩的天性

作者巧妙地抓住了孩子好玩的天性，一改格林童话、安徒生童话、伊索寓言、鹅妈妈童谣等传统幼儿作品中倾向道德训诫的创作风格，着重凸显了幼儿阅读的娱乐性功能。可以说在斯凯瑞的笔下阅读就是一场游戏，阅读过程就是和书中那些可爱的动物朋友们一起玩。

"金色童书"系列的精品之作《轱辘轱辘转》就充分地体现了该理念。该书以小猪一家开车到海边玩为主线，一路上的所见、所闻、所言、所做就构成了全书的主体。到海边玩本身就充满了吸引力，还有一篮子好吃的，真开心啊。小读者们立即跟随小猪一家一起愉快地进入了阅读情境。更何况旅行是一种极佳的创作视角，可以水到渠成地移步换景，可以容纳很大的信息量。全书有超过470种形状各异、奇思异想的车，经过作者的巧妙组合，读来浑然不觉杂乱，鞋垫配送车、酸黄瓜运送车、扫帚滑轮车、五人座铅笔车、奶酪车……大大打开了孩子们的想象空间。当然这些车都需要配上司机，书中那些超级可爱又滑稽的动物也正好得以闪亮登场。一群可爱的动物开着自己心仪的车在路上忙碌着，自然会发生诸多让人意料不到的趣事。如有一个场景，所有的司机都把货物倒了出来，原来是兔先生在运沙土。兔太太想告诉他倒在面前就可以，不过兔太太喊得声音太大了，结果所有的司机都以为她是在指挥自己呢。画面中所有的司机都在卸车，配有文字"'就倒在那里！'兔子太太喊道。呵呵……所有的司机都把他们的货物倒在了那里"（斯凯瑞，2007a：21）。这样的设计很容易就让孩子开怀大笑。《轱辘咕噜转》结尾的处理也同样充满童趣，小猪一家从海边归来时发现家门口有个礼物包，这是猪爸爸爸旅行前去商店订购的礼物到家了。去海边玩了一趟回家，还有礼物等着，多美啊。这一结局的安排一方面给孩子留下了满满的幸福，另一方面刚好首尾呼应，使得全书

结构紧凑、圆融。

和孩子一起玩得最开心的是金虫子，它和孩子在书中玩起了捉迷藏的游戏。捉迷藏可以说是每个孩子最熟悉、最喜爱的游戏了。斯凯瑞在书中会时不时提醒孩子去找金虫子："嗨，金虫子……总是到处窜。"（斯凯瑞，2007a：25）金虫子有时站在别的车上，有时露出半个小脑袋，还有一次居然躲在一个正在睡觉的流浪汉身边，害得找遍了所有车的每个角落都没有找到，简直是一个十足的调皮蛋！不仅如此，金虫子还运用同色躲藏法，躲到了和自己一样颜色的喇叭上，这就增加了孩子的识别难度，同时也挑战了孩子的观察能力、辨别能力。

斯凯瑞不仅用金虫子来和孩子玩捉迷藏，还用金虫子来指引孩子关注画面之间的内在联系。"金虫子可真喜欢到处冒险。"（斯凯瑞，2007a：39）金虫子正待在一辆被汽油弄得脏兮兮的旅行车中。这辆车怎么会这样呢？原来是汽车加油工把汽油喷洒在旅行车身上了。那这个加油工怎么这么糊涂呢？原来是另一位汽车清洁工在和猫女士吵架，喷嘴里的水洒到了加油工的眼睛里，他只顾转身看哪里来的水，却忘了自己手里的加油嘴了，把汽油喷得这辆旅行车满身都是。在金虫子的指引下，小读者关注并理清了复杂的关系，其思维能力得到了锻炼。这个可爱的小不点金虫子一藏一躲一闪一现，颇得孩子欢心。这样的设计不仅是一场有趣的游戏，更是一场充满智慧的挑战。

凸显阅读娱乐性的还有皮皮狗和毛美丽警官之间展开的惊险大追逃。首先皮皮狗的出场就与众不同："天啊，快看！皮皮狗快把所有的计时器都撞倒了。"画面上呈现的是一路过来被撞弯了腰的计时器，皮皮狗还即将撞上一个胆战心惊的停车计时器，画面上附有一句"皮皮狗，一个糟糕的司机"（斯凯瑞，2007a：7）。接下来毛美丽警官追着要给皮皮狗开罚单。皮皮狗一路横冲直撞，毛美丽警官步步紧追，每次眼看着就要追到，皮皮狗却又溜走了。皮皮狗和毛美丽警官的一跑一追构成了全书另一条主线。作者会提醒孩子一路追寻这条线索，如"瞧！疯狂的皮皮狗也跟着它呢！毛美丽警官还在追皮皮狗吗？"（斯凯瑞，2007a：51）孩子带着疑问细心搜寻，搜寻不得，进入下一页，才惊喜地发现只露出了半截尾巴的毛警官。这样的设计不但有助于锻炼孩子从局部探知整体的能力，还能培养孩子的秩序感和正义感。

《轱辘轱辘转》能让孩子百看不厌，得益于作者简单而有趣的多重情节设计。这种设计将整个阅读过程变为孩子参与玩的过程——和小猪一家去海边玩，和金虫子捉迷藏，帮毛美丽警官追皮皮狗——孩子的阅读身份不自觉发生了质的变化，孩子不仅是知识的接纳者、阅读的旁观者，更是游玩的同行者、情节的开发者，全身心地投入了阅读世界。

三、幽默夸张的图文结合调动孩子的阅读趣味

斯凯瑞"金色童书"系列充分凸显的绘本图文互衬的优势，大大增强了行文的表现力，诚如日本学者松居直所言："优秀的绘本其文和图之间有独特的关系，它以飞跃性的、丰富的表现方法，表现文章或只是图画都难以表现的内容。"（松居直，2009：23）斯凯瑞谙知孩子的思维特质和心理特点，娴熟地驾驭着图画和语言这两种表达方式。一方面通过图画充分满足了孩子直观、鲜明、丰富的视觉需求；另一方面通过语言满足了孩子幽默、轻松、求知的心理诉求。"金色童书"系列图文结合、水乳交融，能让孩子发自内心地感受到阅读的愉悦与温馨。

斯凯瑞对单词的阐释充分发挥了图文结合的优势，尤其善于抓住关键点进行描摹。如在《会跳的图画词典》中对难以描摹的时间副词 yet 一词进行解释时，就配了一幅很有意思的图片：一只大公鸡一手拿着书，一手拿着眼镜，正在卖力地教小鸡们读书。大公鸡屁股后面有个大沙发，沙发上有一个蛋，只要它一坐下，鸡蛋就会碎掉。图片的配文是："Has Doodledoo broken any eggs today? No he hasn't broken any yet. 鸡爸爸今天打碎鸡蛋了吗？没有，到现在还一个都没呢。"（斯凯瑞，2007b：123）这里的画面配上文字之后不但让孩子准确理解了 yet 的真实含义，还使画面具备了动态感。这种动态感需要孩子对接收的信息进行思考后才能领略到，使阅读具备了特别的韵味。

斯凯瑞对故事的叙述也充分体现了图文结合的优势，对核心内容集中笔墨展开，能给孩子留下深刻印象。在斯凯瑞《最受欢迎的故事》一书中，《三个钓鱼好手》《万能修先生》《爱摔跟头的大脚》《冒失鬼》《心不在焉的兔先生》等故事的基本创作思路都是如此。以《心不在焉的兔先生》为例，兔先生一边走路一边专心看报纸，没听见旁人的劝阻，走上了一条又热又黏的沥青路，双脚被紧紧地粘住了。用绳拉、水冲、风扇吹都无济于事，最后用铲土机才把兔先生挖出来。想来这下兔先生总该好好看路了，不料没一会儿，兔先生就又一边走路一边看起报来。"嘿！别看了！"（斯凯瑞，2008：53）故事的文字叙述戛然而止。下面的部分就由画面来完成，所画的是兔先生走到一个很高的断桥上，下一步就悬空了，即将掉进水里，画面上所有的动物朋友都吓得闭上了眼睛。太绝了，小孩也不免会为兔先生的惊险处境而担忧，同时还充分理解了这位兔先生的"心不在焉"。这种阅读的趣味也主要得益于画面设计和语

言描述之间的默契配合。

斯凯瑞非常善于激发孩子的想象力。《倒霉的弗兰伯先生》中弗兰伯等到公交车时，要说明等到的公交车挤爆了，作者画了一辆圆鼓鼓的公交车（斯凯瑞，2010a：38），夸张形象地将公交车很挤很挤的特点展现出来。这样的画面很好地激发了孩子的想象力。斯凯瑞的行文轻松。比如，《斯凯瑞的空气大书》的"登月旅行"一节中描写道："三个宇航员非常激动。不！是四名宇航员！蚯蚓爬爬也跟去了。唉，现在想叫他下去已经太晚了。"（斯凯瑞，2010c：52）故事情节是蚯蚓爬爬要去登月旅行，没人让它去它却非要跟着去。行文采用这种看似和孩子拉家常的语言，加上语气词"唉"，看似大人的无可奈何中却凸显了孩子顽皮、淘气，探求未知世界的特点，一下子拉近了与孩子之间的距离，让孩子感觉到蚯蚓爬爬就是另一个自己。

斯凯瑞"金色童书"系列别出心裁的动物形象、简单有趣的情节设计以及轻松风趣的行文风格，处处洋溢着作者满满的童心，很好地满足了儿童阅读的娱乐心理，同时又展示了日常生活的事例，积极引导儿童探求生活的真善美，真不愧是儿童图书中的精品，值得推荐给小学生阅读，可以为小学语文课程资源开发所借鉴与参考。

第三节　小学语文阅读教学内容的开发

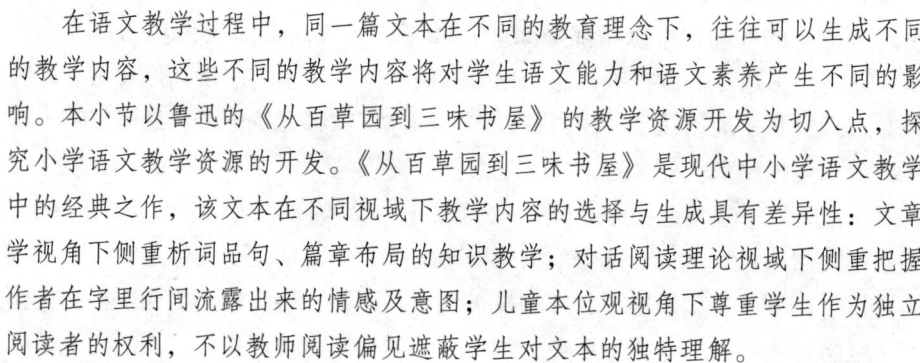

在语文教学过程中，同一篇文本在不同的教育理念下，往往可以生成不同的教学内容，这些不同的教学内容将对学生语文能力和语文素养产生不同的影响。本小节以鲁迅的《从百草园到三味书屋》的教学资源开发为切入点，探究小学语文教学资源的开发。《从百草园到三味书屋》是现代中小学语文教学中的经典之作，该文本在不同视域下教学内容的选择与生成具有差异性：文章学视角下侧重析词品句、篇章布局的知识教学；对话阅读理论视域下侧重把握作者在字里行间流露出来的情感及意图；儿童本位观视角下尊重学生作为独立阅读者的权利，不以教师阅读偏见遮蔽学生对文本的独特理解。

鲁迅是现代文学史上的文学巨匠，其散文《从百草园到三味书屋》文质兼美，文笔精湛，表达了对童年生活的美好追忆，向来是中小学生研习和品读的名篇佳作，也是提高学生语文能力和语文素养的极好范本。改革开放以来，该作品一直是中小学语文教材的必选篇目，2003 年以来的义务教育课程标准实验教科书（语文）人教版、沪教版、苏教版、鲁教版、语文版、长春版、浙教版、鄂教版、湘教版、北师大版等各版本都保留了该篇目，西师大版《我的百草园》也是在原文基础上进行的改编。文本经典加上鲁迅的名望，使该文自然成了语文教学中的重头戏，可以说每位授课教师都精心设计教学方案，对该文进行了深度解读。对文本的解读会因教师自身的知识储备、生活阅历、阅读视角、审美差异、时代背景等的不同而有所差异，对文本的教学更会因教学理念、学生群体、阅读观念等的不同而不同。本小节选取《从百草园到三味书屋》在中小学课堂教学中出现的教学实录、教学案例、教学设计、习题、教学反思等作为研究对象，观测该文本在不同视域下教学内容选择与生成的差异，以及不同的教学内容对学生语文能力和语文素养方面产生的不同影响。

一、文章学视角下侧重文本字词句章的知识教学

训诂学是传统文章学的根基，强调对文章难解字词的解析、注音、释义，认为准确理解文章的字词是正确理解文章内容的必由之路。这一点在《从百草园到三味书屋》的教学过程中主要体现为教师对学生文本生字词掌握情况的关注，如对"攒、拗、确凿、菜畦、骨髓、桑椹、倜傥、蝉蜕、宿儒、人迹罕至"等字词音义的理解。但对小学六年级或初一的学生，这已不再是课堂教学的重点，教师往往会选择让学生课前预习、自学，教师再通过检查、反馈的方式对易混淆点、易错点加以提醒。如杭州市安吉路实验学校的刘发建老师在执教《从百草园到三味书屋》一文时，对文中"机关"一词的教学处理颇具代表性。考虑到学生对"机关"一词理解容易产生浅表同化，容易将此处的"机关"理解为"阴谋"，刘老师就采用结合具体语境理解法，提出此处"机关"应为"秘密"之义。这种字词的教学就是通过预判学生词语认知上的盲点而展开的教学。字词教学中教师还侧重把握行文中语言运用的准确性、传神性。如："扫开一块雪，露出地面，用一支短棒支起一面大的竹筛来，下面撒些秕谷，棒上系一条长绳，人远远地牵着，看鸟雀下来啄食，走到竹筛底下的时候，将绳子一拉，便罩住了。"这一系列动词运用准确、连贯、一气呵

成，常成为炼字教学的首选。

除训诂之外，传统文章学解读文本还注重句法、章法、文势等，在这一视域之下《从百草园到三味书屋》教学内容的选择呈如下三个方面的态势。第一，指向句法探析的教学。作者描写这些有"无限趣味"的百草园时采用的"不必说……也不必说……单是……就有……"这一句式引起广泛关注，在课后习题和试题检测中均有所涉及。很多教师会强调该句式表达的语义重心在"单是"后面的内容，往往还会指导学生对这一句式进行仿写。但也有的教师会将重点放在这一特殊句式所取得的表达效果上：这一句式有效地将百草园丰富多彩的景与物有条不紊地展现在读者面前，更重要的是将百草园的趣味性层层推进，将读者带进了作者记忆深处的乐园。第二，指向章法布局的教学。"百草园和三味书屋两部分的起止各是哪里？哪一段是中间的过渡段？这一段在全文结构中起什么作用？""百草园与三味书屋这两部分之间的关系是什么？是对比、衬托还是和谐统一、贯穿全文？"这些教学内容旨在揭示篇章框架结构的布局。还有的教师从"乐"字出发，在行文中抓斑蝥、挖何首乌、捕鸟雀、折蜡梅、寻蝉蜕、喂蚂蚁、读书乐等事件之间找到了内在的呼应点。这些教学内容旨在培养学生把握文章的章法布局能力。第三，指向文势的教学。若从文势而言，鲁迅笔下的乐园在"不必说碧绿的菜畦"这一段落中还仅仅是一个开端，接下来百草园中美女蛇的传说更是充满神秘色彩；即使在最无趣的冬季，百草园之乐也不在于堆雪人而在于雪地捕鸟，这更会令读者羡慕不已。难怪鲁迅之文素有下笔"入木三分"的美誉，他确实是将百草园之乐写到了极致。只可惜，从目前笔者所搜集到的教学实录、教案等教学资料来看，教师在教学过程中对文势的教学偏弱，教学讲解一般只是停留于梳理出文章后面写了美女蛇的传说和雪地捕鸟，但是常常忽略了鲁迅行文中一而贯摄、一脉而下、层层推进的文势感。

在文章学视域下生成的教学内容侧重字词句章的知识教学，注重文章技法的教学，有助于学生从技术层面解析文本，提高写作技能。但在对作品的个性化理解和情感共鸣上略显不足。

二、对话阅读理论视域下侧重字里行间把握作者情感

现代阅读理论认为阅读是一场对话，是师生与作者心灵交流、碰撞的过程，阅读是读者在与作者的对话中重新打开自己视域的过程。"解读作品，就是读者与作者、与文本在对话中全方位、多角度相互交流的过程，在读者的感

知、悟解中，作者、文本和读者真正打成一片，成为一个你中有我、我中有你的整体。阅读，就是提问、回答，质疑、反驳，肯定、否定，赞许、批评，补充、延伸，等等。注意、感知、思维、联想、想象全都由于文本的提示在协同活动。"（王尚文，2004b：2）要提取文本真正的意义，就必须对文本进行倾听，不仅要关注文本说了什么，更要关注文本以怎样的言语、怎样的口气在言说，以及作者这样言说背后的意图和动机是什么。在这样的阅读观念支配下，《从百草园到三味书屋》教学内容的选取与生成发生了很大变化。

第一，教学内容由关注作者"说了什么"到关注作者"怎么言说"。在这样的视域下百草园被称为"乐园"，核心点在于"乐"，如何让孩子在言语中体会到鲁迅童年的乐趣，或者说鲁迅如何通过他的言语来传递乐趣，成了教学关注的焦点。如对"还有斑蝥，倘若用手指按住它的脊梁，便会啪的一声，从后窍喷出一阵烟雾"一句的教学，教学内容上就不再仅仅停留于概括出这描述了作者"抓斑蝥"一事，而会更侧重让学生感受按住斑蝥时"会啪的一声，从后窍喷出一阵烟雾"的情境感、趣味感。同理，对"有人说，何首乌根是有像人形的，吃了便可以成仙，我于是常常拔它起来，牵连不断地拔起来，也曾因此弄坏了泥墙，却从来没有见过有一块根像人样。"这一文字的教学重心也不在于概括出写了"拔何首乌"，而更在于作者说自己是多么想拔一个像人形的何首乌，好让自己吃了成仙的童真童趣。有的教师还让孩子设身处地想，自己想不想成仙，会不会像鲁迅一样执着地拔何首乌。这样的教学显然在为学生搭设与鲁迅心灵沟通的桥梁；一样的年龄，一样对外界充满了好奇心，一样向往神奇有魔力的事物，学生就此自然而然地走进鲁迅的文字，走进鲁迅的童心世界，达到了阅读是与作者心灵的对话和交融的境界。

第二，教学内容更关注作者在文本中言说的语调语气。在对话阅读理论下，师生更青睐通过朗读来感受作者表达的意图。作品的每一句话中都藏着作者的一颗心，要读懂语言文字背后的那颗心，教学上应更注重对学生进行朗读的指导。清代文人姚鼐曾指出："大抵学古文者，必要放声疾读，只久之自悟；若但能默看，即终身作外行也。"（转引自王运熙，顾易生，1985：78）"放声疾读"最大的功效就是用学生自己的声音将蕴藏于文字间的声音激活，重现附着在语言文字中的节奏与韵律、神态与气息，通过品读作者言说的语气和语调，来领悟作者言说的真正意图。前文提到的"不必说……不必说……单是……就有……"语句教学中，教师就不再仅强调句式重心在哪里，而更强调作者在这样的表达式中渗透出来的情感，流露出的夸赞、炫耀的语气，同时也让学生在朗读中感受和体会这样的情感。类似于此的教学内容生成还有

"我将不能常到百草园了。Ade，我的蟋蟀们！Ade，我的覆盆子们和木莲们！"这一过渡段，教学重点不在于结构上的转承，而在于带领学生感受鲁迅告别百草园时内心的震荡、依恋与无奈，并且指导学生用疑问、猜测和无可奈何的语气读出这样的情感。为了更好地理解作者在文本中所传递的情感，有的教师还为学生提供了作者写在《朝花夕拾》小引上的相关背景材料。顺便提一笔，西师大版将这一句中"Ade，我的蟋蟀们！Ade，我的覆盆子们和木莲们！"改为了"再见，我的蟋蟀们！再见，我的覆盆子们和木莲们！"。虽然意思不变，但是情调发生了很大变化，鲁迅在 Ade 一词中体现出来的那份童心、稚趣与俏皮随之消失殆尽。

在对话阅读理论下，从教学内容的生成角度而言，就从关注文章学知识转向了关注文本的"言为心声"，关注了言语表达方式与作者心情之间的关系。学生更容易从文字中感受到作者的心境，更容易与作者展开心灵的对话与交流。

三、儿童本位观视角下侧重学生对文本的独特理解

自五四时期周作人首次提出"儿童本位"的现代儿童观以来，儿童的生命形式、内在精神、独立人格等逐步得到了国人的认可和关注，尤其是在现代教育中"以学生为主体"的观念更是深入教学的方方面面。阅读教学中尊重学生作为阅读的主体性，尊重学生对文本理解的独特性，珍视学生对文本的审美体验，培养学生批判性阅读能力，培养学生自主提取文本信息的能力等观点应运而生。教材的编写者长期选取并保留了这篇《从百草园到三味书屋》，正是看中此文从儿童视角展开叙述，字里行间处处洋溢着作者的童真、童趣。在儿童本位观视域下，教师对《从百草园到三味书屋》教学内容的选取与生成上又别开生面。

以"三味书屋"这一部分的教学为例，在教师占绝对主导、掌握话语权威下生成的教学内容为：第一，少年鲁迅对三味书屋的生活哪些地方不满意？第二，你怎样认识百草园的趣味和三味书屋的无味？这里对三味书屋的不满意、无味是教师解读出来的结果，而且是部分成人站在对封建制度批判的立场上解读的结果，不能代表学生作为独特的生命体对文本的阅读体会。在这样的阅读教学中，学生只能被动接受现成的观点，并没有作为一个独立的、有思考力的生命体去倾听文本的声音。顺着教师铺设的这一思路，对文本信息的提取也只不过是寻找文本中对三味书屋不满意、无味的内容来印证教师的阅读结

论。教师的阅读诠释主导着学生的阅读，同时也限制了学生的阅读走向，框定了学生对文本信息的提取，甚而妨碍了学生对文本信息的全面提取。

对"三味书屋"这部分的教学，也有教师站在儿童视角上引领学生解读文本，在教学中提出了这样的问题：在童年鲁迅的眼里，百草园充满了无限的趣味，那么相比较下，三味书屋是不是就是枯燥无味、没有丝毫的乐趣呢？对这一问题的回答需要学生对文本进行深入解读，并做出自己的价值判断。特别值得关注的是，有的学生提取出来的文本信息就发生了很大变化：重点不再强调三味书屋是"最严厉的书塾"，三味书屋里对课的枯燥乏味，教师戒尺的恐怖，而看到更多的是三味书屋里的先生极其方正、质朴、博学、和蔼，朗读时完全沉浸其中，很少对学生进行惩罚。三味书屋里还有折蜡梅花、寻蝉蜕、喂蚂蚁、画画等美好的童年记忆。还有教师在教学中专门提供了三味书屋的教书先生寿镜吾的生平资料，并告知学生这位寿镜吾先生是鲁迅一生都极为敬重的恩师。这些教学内容的生成有助于学生更好地理解文本，更好地评鉴文本，对培养学生批判性阅读能力不无裨益。

在儿童本位观的视域下，阅读教学如何从学生出发，不以成人的眼光取代学生自己的解读，积极促使学生自主有效地提取信息并学会辨别信息，成了教师选取与生成教学内容时思考的重点。赵新香老师2010年在合肥65中七（3）班的课堂教学很让人深思。赵老师以"百草园和三味书屋都属于鲁迅童年生活经历，时隔多年，作者回忆起来，感情更倾向于哪个部分？"导入教学，这种开放式的提问有效地避免了教师以自己的主观见解入侵学生的阅读视域。放手让学生自主提取文本信息并做出自己的判断，这是对学生自主阅读权利的尊重。从课堂实录来看，学生也能很好地提取百草园的"乐趣"，最令人深思的是有学生说："我不觉得百草园有趣，都是小孩子的玩意儿。"更有学生难过地说："老师，我们都没有童心了。"前一位学生能就文本发出自己的见解显然比鹦鹉学舌要珍贵；后一位学生阅读文本后心灵上有所触动，开始反省自己的内心世界，正是这篇优秀的文学作品在发挥它直逼人心的功效，发挥它将阳光洒进人心、温暖人心的魅力。这就要求教师要提高自己的文学修养，不以自身偏见遮蔽学生对文本的理解，并且能尊重学生独特、个性化的阅读体验。

综上所述，《从百草园到三味书屋》在不同视域下选取和生成的教学内容各有千秋，学生的收获也有不同。这为我们探究小学语文教学内容的生成提供了很好的个案，从某种层面上说可以折射出人们对语文教学的探索之旅，也彰显出语文教学的魅力。

思考·探究

1. 根据你的阅读经验，推荐一部儿童文学作品作为小学语文课程资源开发的对象，并写清楚该作品值得开发的具体内容及教学价值。

2. 收集至少三位小学语文教师《火烧圆明园》教学实录，试着在不同的视域下比较语文教学内容生成的差异性。

下篇

小学语文教材论

识字与写字是学生走进语文之门的第一步，也是贯穿义务教育阶段语文课程的基本目标和基本任务之一。识字与写字是阅读和写作的基础，也是培养学生语文综合素养的前提和保障，直接关系着语文教育的质量和水平。

第一节　识字与写字概述

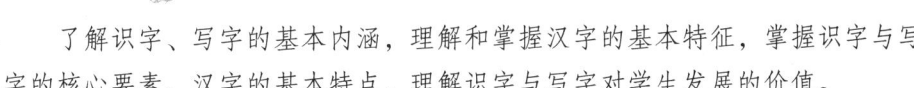

了解识字、写字的基本内涵，理解和掌握汉字的基本特征，掌握识字与写字的核心要素、汉字的基本特点，理解识字与写字对学生发展的价值。

一、识字与写字的内涵

（一）识字

现代汉语中"识"的基本意思是"知道、认识"。《说文解字》指出："识，常也。一曰知也。"（许慎，2016：70）意思是经常见到的，一看（听）便知的。"字"即文字，在此特指汉字。由于汉字是音、形、义的结合体。"所谓识字者，谓见形而知声、义，闻声而知义、形也。"（徐林祥，2017：

151）因此，识字要求学习者读准字音、辨清字形、了解字义，并建立起对汉字音、形、义之间的紧密联系。识字就是指对汉字的认知、识别、理解、掌握、运用的过程，理想的状态是要求能达到会认、会读、会写、会用的程度。

（二）写字

写字即书写汉字，《现代汉语词典》对"写"解释为："用笔在纸上或其他东西上做字：写草字"（中国社会科学院语言研究所词典编辑室，2017：1450）。小学语文教育中的"写字"是对传统蒙学中"习字"的传承。《教育大辞典》指出，"习字"即"练习写字"，习字"是传统蒙学的一个重要教学科目。童子入学，须先扶手润字，教笔画写法，然后描红，再依次写影本，临帖，讲作字四法，把笔四要等"（顾明远，1992：132）。语文教育中的"写字"侧重教师对学生书写汉字的指导，即教会学生运用正确的笔画顺序，规范、整齐地书写汉字。

二、识字与写字的构成要素

识字与写字的核心构成要素就是汉字，汉字是识字与写字的直接对象。汉字的性质、特点、形体、结构、造字规律等，都直接影响着汉字的认知与书写。

（一）汉字是表意文字

汉字是记录汉语的书写符号系统，是世界上起源最早的文字之一。学界普遍认可汉字是表意文字，这样定性的关键原因在于汉字的字形和意义有着密切的关系。汉字因义构形、因义赋形的造字方式，使得它的形体直接附着意义信息，不必经过语音的媒介而通过形体直接表达意义。汉代学者把汉字的构成和使用方式归纳成六种类型，总称六书，一直影响着后人对汉字的认知与分类。六书包括象形、指事、会意、形声、转注、假借。其中象形、指事、会意、形声是造字法，转注、假借是用字法。许慎的《说文解字·叙》记载：

> 周礼八岁入小学，保氏教国子，先以六书：
> 一曰指事。指事者，视而可识，察而可见，"上""下"是也。
> 二曰象形。象形者，画成其物，随体诘诎，"日""月"是也。
> 三曰形声。形声者，以事为名，取譬相成，"江""河"是也。
> 四曰会意。会意者，比类合谊，以见指㧑，"武""信"是也。

　　五曰转注。转注者，建类一首，同意相受，"考""老"是也。

　　六曰假借。假借者，本无其字，依声托事，"令""长"是也。

（许慎，2016：500）

　　在上述汉字造字法中，汉字形体的表意功能非常显著。

　　第一，象形字采用的是"画成其物，随体诘诎"的造字法，意思是通过描画事物的轮廓或者典型特征以创造汉字。画出事物是一种最直接的造字法，形体的表意特征极为明显，所以汉字也被称为象形文字。如"象"的造字就是根据象的轮廓特征，画出了汉字"象"。虽然象形字在整个汉字系统中所占的比重不大，但是象形字是汉字造字的基础，为指事、会意、形声字的构成创造了条件。

　　第二，指事字是一种抽象的造字法，也就是遇到难以使用具体形象描画出来时，就用一种抽象的符号来表示。但特别需要注意的是，汉字的这些抽象的符号也具有表意功能。许慎指出，指事字是"视而可识，察而可见"。"视而可识"是说一眼看上去就可以认识大体，"察而可见"是说仔细观察就能发现意义所在。说明指事字重在用抽象的指事性符号，去指示字义所要表达的事物。加之指事字往往是在象形字的基础上加表意的符号，更充分发挥着汉字形体的表意功能。如"寸"，小篆"𭥦"，字形由"又"（手）和"一"（指事符号）构成，表示这是一寸的长度。又如，"刃"在"刀"上加一点，表示刀口；"甘"在口内加一横，表示口中含有甘美的食物。这些指事符号使得文字的表意功能更明确到位。

　　第三，会意字是会合两个或两个以上的意符来表现一个新字。会意字不管采用的是"以形会意"还是"以义会意"，字形的表意功能都不言而喻。如"寇"，"宀"表示房子屋顶的上方，"攴"表示手执棍棒之类的武器，"元"字形像侧立的人，表"人头"，会合各个意符所表示的意义，"寇"指的是人拿着武器入室袭击。会意字形体的表意功能明晰准确。

　　第四，形声字由表示意义的意符（形旁）和表示声音的声符（声旁）组合而成。这是最适合记录汉语的一种造字方式。据统计，形声字占据汉字总数的90%以上。著名语言学家周有光明确提出："在汉字的发展过程中，表意符号（包括指示、会意和不象形的象形字）的比重相对缩小，表意兼表音的形声字成为全部文字的主体。汉字字典里形声字的比重老早就达到90%以上。"（周有光，1954：4）形声字一方面通过音符，沟通了汉字与语音的联系；另一方面通过意符，保留了汉字的表意功能。形声字中意符（形符）的表意功能显著，例如用"木"作形旁，可以组成"松、楼、李、架、核、桦"等约 270 个汉字，这些汉字都与树木有关。更需要指出的是，形旁主要用来区分同音的形声字，大多表示它们所属类别、材料、主题等相关内容。比如，"暮、幕、墓、慕"的声旁都是"莫"，"暮"表示太阳下山，所以形旁用"日"（表示主题）；"幕"是用织物做的，所以形旁用"巾"（表示材料）；"墓"是用土堆成的，所以形旁用"土"（表示材料）；"慕"是心理活动，所以形旁用"心"（表示类别），可见形声字主要通过形符来区别同音字的不同意义。在引入汉语拼音之前，形符就是国人编撰字典时合体字分类的主要依据，可见形符在汉字构型中的地位非同一般，这同时也从另外一个角度证实了汉字的表意属性。

（二）汉字具有声韵调相结合的音节结构

字音，即汉字的读音。汉字是记录汉语的书写符号系统，汉语的语音特点直接决定了汉字字音的特点。汉语语音最显著的特点是以音节为基本单位，而音节是听话时自然感到的最小的语音单位。这在根本上决定了汉字的字音也是以音节为基本单位，呈现出一字一音节的特点，即一个汉字字音表示一个汉语音节（儿化音节除外，如"花儿"就用两个汉字代表一个音节）。汉语的音节由声母、韵母和声调三个部分构成，这决定了每一个汉字的"字音"主要由"声母"和"韵母"两部分构成（其中零声母音节由韵母自成音节），每个"字音"都有特定的声调。这正是汉语声韵调相结合的音节结构在字音层面上的体现。基于汉语语音的特点，汉字的读音至少具有以下三个方面的特点。

第一，汉字音节和语义对应整齐，契合密切。汉字是单音节占优势的文字。汉语由古至今都以单音节语素为主；就词而言，古代汉语中单音节词占绝对优势，现代汉语发展为双音节词为主。汉语这种以单音节、双音节的语音形式负载语义的特点，使得汉语的音节和语义之间具有十分整齐的一一对应关系，即一个（或两个）音节基本就是一个意义单位（语素或词）。这种音节和语义的密切契合，使得汉字一字一顿，两字一顿的语音节奏很容易与语义节奏协调一致，从而形成丰富多样的语音节奏形式。汉字的单音节、双音节的语音形式，也为构成整齐的词组和短句提供了极为便利的条件，非常容易形成整齐匀称的语音效果，如对仗、对偶等。

第二，汉字音节结构简洁清晰，元音占优势。汉字的音节是由辅音和元音拼合而成，元音占优势，复元音比例高，有的汉字音节甚至可以只有元音而没有辅音（零声母音节）。元音在发音时，气流通过咽腔、口腔不受阻碍，这就取得了汉字发音响亮、噪音少、悦耳动听的音乐效果，所以学界称元音为乐音。汉字音节绝大多数是一个辅音在前，一个单元音或复元音在后，而辅音在后的很少，只有 ng 和 n。按照汉语音韵学传统的字音分析法，字音音节前段的辅音就是声母，字音音节后段的元音就是韵母，把一个字音分成声母和韵母两段，汉字字音音节结构一目了然、整齐而简洁。两个字的声母相同，称为双声；两个字的韵母相同，称为叠韵。双声叠韵就是充分利用音节结构营造的一种音韵审美。字音音节结构中元音占优势，为押韵提供了得天独厚的条件，创造了我国诗词曲赋等别具一格的韵文。

第三，汉字声调的高低起伏变化能区别词义。汉字是带声调的文字。声调具有区别字词意义的作用，是汉字字音中不可缺少的构成成分。一个汉字音节中声母、韵母都相同，由于声调不同，就表示不同的词义，如嗒（dā）、达（dá）、打（dǎ）、大（dà）。汉字的多音字就是汉字的声、韵、形都相同，依靠声调来区别意义，如转（zhuǎn）、转（zhuàn）。声调具有区别词义的功能，有助于控制汉语词汇的音节总数。据统计，《现代汉语规范字典》中实际存在的基本音节只有 1265 个（卢偓，2001：28 - 34）。另外，声调还直接影响着汉语词汇的构词。汉语词汇的构词非常注重不同声调的组合，讲求声调的平仄相间。据统计，现代汉语的词汇中，双音节词里两个音节声调不同的组合占 90% 以上，音节声调相同的音节组合不到 10%。汉语成语中也存在类似的现象，90% 以上的成语都是四声相配、平仄相间，如"忠言逆耳""飞檐走壁"。四个音节声调或平仄都相同的成语极为少见，占比不到成语总数的10%，如"含糊其辞""历历在目"。汉字构词中不同声调组合的大量存在，无形中加强了汉语词汇抑扬顿挫的语音效果。在诗文创作时，充分利用汉字声调的高低升降变化，适当注意遣词造句的平仄协调，有助于传递情感信息，增强诗文的表达效果。

（三）汉字是形体复杂的方块字

汉字是方块字，这是几千年来国人汉字书写规范的传统结论。一方面人们为了把字写得整齐美观，就在所写的材料上画方格，在方格内写字。另一方面，汉字形体整体上呈现出方正、匀称、平衡的结构特征，使其在视觉上具备了和谐的均衡美，是中华民族方正、整齐的审美倾向在汉字构型上的直接体现。

第一，汉字形体的结构层级主要是笔画和部件。

对汉字的形体结构，不同学者有不同的分级方式，一般认为汉字结构主要的层级是笔画、部件、整字。"现行汉字的结构单位有三级：一是笔画，二是部件，三是整字。部件也是笔画构成的，所以笔画是构成汉字的最小单位。独体字、合体字都是由笔画构成的。部件是构成汉字的预制构件，是高一级的构字单位。"（黄伯荣，廖序东，2017：147）也有部分学者认为汉字可以分为汉字、部件、笔画、笔形四个层次。这种层次划分方法依旧是以部件和笔画为主，只是将由部件而成整字作为最高层级，将笔画的具体形状笔形作为最低层级。

笔画。笔画是指汉字书写时不间断的连续写成的一个线条，它是汉字的最小构成单位。笔画的具体形状称之为笔形，汉字的基本笔形有横、竖、撇、捺、提、点、钩、折等八种，其他笔形都是由这八种基础笔形分化、合成而来的，具体细分可达四十余种。汉字的形体由笔画组合而成，笔画的组合主要有相离、相接和相交三种组合方式。相离组合属于呼应型，如"心"；相接组合属于连接型，如"工"；相交组合属于交叉型，如"井"。现代汉字绝大多数是由数量不等的笔画组合而成，在一个汉字内，笔画之间的组合方式往往被综合运用，如"刘"。笔画组合方式是构成现代汉字字形的重要手段之一，笔画数、笔顺笔形、主附笔形完全相同，笔画组合方式不同就可以构成不同的汉字，如"天—夫""元—无""犬—太"。

部件。部件是由笔画组成的具有组配汉字功能的构字单位。独体字只有一个部件，合体字就有多个部件。合体字部件的组合方式主要有五大类：左右组合、上下组合、包围组合、框架组合、品字组合。绝大多数汉字属于左右组合和上下组合，包围组合较少，框架组合、品字组合极少（黄伯荣，廖序东，2011：150-151）。呈现出汉字形体的基本结构类型有上下结构、左右结构、包围结构、框架结构、品字结构。据统计，在3500个常用汉字中，左右结构和左中右结构的字逾2000个，上下结构和上中下结构的字逾800个。

第二，汉字形体结构具有对称、均衡、变化的审美特征。

汉字的形体由笔画的横竖撇捺交错运用组合而成，汉字的基本笔画点、横、竖、撇、捺各具美感。"点"具有一种向前倾的运动感，"横"有一种两头用力拉的气势，"竖"具有内在的弹性力度，"撇"有一种流动的掠发之势，"捺"有一种爆发力极强的短促、急速的力量美感（廖振华，1985：110-115）。加之部件与部件之间的灵活组合，空间结构上的合理布局，汉字形体呈现出对称匀齐、棱角分明、错落有致、疏密相间的视觉审美效果，诚如鲁迅所言"形美以感目"。

汉字形体结构呈现出对称、均衡的美学特征。汉字结构的对称，具体可分为：上下部件结构对称，如"吕""昌"；左右部件结构对称，如"从"
"非"；内外部件结构对称，如"回"；部分部件结构对称，如"斑"；独体字
中的结构对称，如"田""中"；等等。汉字在构型上尽量做到结构上的均衡。
"豹"字，左边"豸"的笔画显然多于右边的"勺"，但"勺"部的一点恰好
填补了右边部分的空缺，使整个字看起来均匀、平衡，不失重心。

汉字形体结构呈现出变化、流动、差异的美学特征。汉字的独体字由笔画
组合而成，合体字由部件组合而成，不管是笔画的组合还是部件的组合，组合
的方式都是灵活多变的，汉字的形体由此呈现出变化美。在对称平衡之中讲究
变化，如"林"，左边"木"字旁在作偏旁时，最后一笔捺改为点，就是对称
中的变化，更显出和谐美。汉字构型中同样讲究疏密变化美，如"豹"，左密
右疏，体现出对立变化的美感。

三、识字与写字的价值

识字与写字是小学语文教育教学的重要组成部分。在识字与写字教学中读
准字音，认清字形，了解字义，并能正确地书写运用，对学生的认知、能力、
智力、审美以及情感熏陶都会产生极为重要的积极影响。诚如佟乐泉、张一清
所指出，识字不局限于单纯掌握几千个汉字，而是和儿童的文化启蒙、心理发
展、能力培养以及智力开发结合在一起（佟乐泉，张一清，1999：81）。

（一）识字与写字有助于提升学生的认知水平

汉字作为音形义的结合体，是中华民族认知世界和表现世界的符号，它蕴
含着中华民族独特的思维方式、意识形态和审美取向，承载着中华民族的思想
精髓和情感世界，汉字自身就是中华民族智慧的结晶。认识和使用汉字的过
程，可以提高学生认知世界和表现世界的能力。比如"菡萏"一词，表示含
苞欲放的荷花，学生认识这两个汉字的同时，也就拓展了对荷花开放姿态的认
知。从字形上可以感知到"菡萏"两字的因义赋形，感知汉字的形态感；从
"菡萏"的发音上可知，"hàn dàn"是一个叠韵词，感知汉字的音韵美；从
"菡萏"一词中，也可以感受到中华民族对美好事物的珍视和喜爱之情。而
"菡萏"一词一旦进入言语作品，就成了人们沟通思想和表达情感的交际手段
和方式。如欧阳修《西湖戏作示同游者》中有："菡萏香清画舸浮，使君宁复
忆扬州？"（欧阳修，2007：466）在诗文中，作者借助"菡萏"一词传递了自
己对美的观察、体验和认知；读者也通过"菡萏"一词，走进了作者美好的

言语世界和情感世界，开拓了自己的认知视野。汉字的认知和书写的过程，无形中提升了学生的认知水平。

（二）识字与写字有助于提升学生的能力水平

识字与写字可以多方位提升学生的能力水平。汉字有着形体复杂的方块结构，学生要能自动识别汉字和正确书写汉字，就需要对汉字的形体进行细致的观察、比较和分析。对形近字的正确识别，如"土"和"士"，"刺"和"剌"，有助于提高学生的观察能力和辨析能力。对多义字的字义的准确提取，如"花钱""开花""老花""花布"中对"花"字的语义理解，可以提高学生对语义的正确感知能力和理解能力。正确地书写汉字，可以提高手指的灵敏度、手眼脑的配合度，提高学生精细动作的操作能力。对书法作品的临摹和对字的结构、章法的观察，可以培养学生从整体上把握事物的思维能力。阅读和默写就是汉字的复现过程，还有助于提高学生的记忆能力。读准汉字的字音，对汉字进行发音练习，如绕口令，也可以保持大脑机能的活跃和促进学生语言能力的提升。掌握多音字和同音字，可以锻炼学生的发散思维能力。认读汉字和书写汉字，感知汉字匀称流动的形体美、抑扬顿挫的音韵美、准确妥帖的字义美，无形中熏陶了学生的审美情趣，提高了学生的审美能力。总之，学生在辨析字形、读准字音、理解字义、构建汉字音形义有机联系的过程中，观察能力、思维能力、记忆能力、审美能力等综合能力得到了提升。

（三）识字与写字有助于提升学生的情感态度价值观

汉字是中华民族创造的杰作，有着悠久的历史，蕴含着丰富的文化，维系着中华民族共同体意识。汉字不仅是中华民族的基本交际工具和信息载体，也是构建中华儿女意识形态的基本纽带。学生认识汉字的过程，正是逐步接受民族文化和价值观熏陶的过程，也是逐步认同民族心理和意识形态的过程。汉字表情达意的准确性，汉字形体结构的审美性，汉字读音声韵的和谐性，都可以激发学生对中华民族智慧的赞叹之情，增强学生的爱国情怀和民族自豪感。学生书写汉字的过程，也是培养学生心性和品德的过程。写字最基本的就是要做到笔画正确，间架结构合理，汉字的一笔一画可以锻炼学生"心正则笔正"的良好品质；认真观察汉字的间架结构，可以锻炼学生细心、一丝不苟的作风；练字，是一项持久性的工程，可以锻炼学生的耐心、毅力。"字如其人"，字写得如何确实可以反映写字人不同的精神面貌。可见，识字和写字与学生的认知发展、能力培养、智力开发、文化启蒙紧密相连。

第二节　识字与写字的目标与内容

 阅读提要

　　了解识字与写字各学段的目标与内容，理解识字与写字不同学段中目标与内容制定的依据，掌握识字与写字不同学段目标与内容的具体要求。

　　《全日制义务教育语文课程标准（2011 年版）》在课程设计中明确提出了对识字与写字的基本要求："培育热爱祖国语言文字的情感""学会汉语拼音。能说普通话。认识 3500 个左右常用汉字。能正确工整地书写汉字，并有一定的速度。"（中华人民共和国教育部，2012：7－8）根据《课程标准》，小学三个学段具体的识字与写字的目标与内容如下：

第一学段（1~2 年级）

（一）识字与写字

1. 喜欢学习汉字，有主动识字、写字的愿望。

2. 认识常用汉字 1600 个左右，其中 800 个左右会写。

3. 掌握汉字的基本笔画和常用的偏旁部首，能按笔顺规则用硬笔写字，注意间架结构，初步感受汉字的形体美。

4. 努力养成良好的写字习惯，写字姿势正确，书写规范、端正、整洁。

5. 学会汉语拼音。能读准声母、韵母、声调和整体认读音节。能准确地拼读音节，正确书写声母、韵母和音节。认识大写字母，熟记《汉语拼音字母表》。

6. 学习独立识字。能借助汉语拼音认读汉字，学会用音序检字法和部首检字法查字典。

（中华人民共和国教育部，2012：7－8）

第二学段（3~4 年级）

（一）识字与写字

1. 对学习汉字有浓厚的兴趣，养成主动识字的习惯。

2. 累计认识常用汉字 2500 个左右，其中 1600 个左右会写。

3. 有初步的独立识字能力。会运用音序检字法和部首检字法查字典、词典。

4. 能使用硬笔熟练地书写正楷字，做到规范、端正、整洁。用毛笔临摹正楷字帖。

5. 写字姿势正确，有良好的书写习惯。

（中华人民共和国教育部，2012：10）

第三学段（5~6 年级）

（一）识字与写字

1. 有较强的独立识字能力。累计认识常用汉字 3000 个左右，其中 2500 个左右会写。

2. 硬笔书写楷书，行款整齐，力求美观，有一定速度。

3. 能用毛笔书写楷书，在书写中体会汉字的优美。

4. 写字姿势正确，有良好的书写习惯。

（中华人民共和国教育部，2012：12）

一、凸显识字与写字在语文学习过程中的基础地位

《课程标准》将语文学习划分成识字与写字、阅读、写作、口语交际、综合性学习五大模块，将识字与写字放在了首位，凸显了汉字在语文学习中的基础性地位。这样的安排是基于对汉字自身特性的考虑，也是基于对汉字功能和价值的认知。汉字有别于拼音文字，汉字从读音到形体之间的跨度很大，无形中增加了汉字认知的难度，学习者很难借助汉字的口语发音来识别汉字的形体。要准确掌握字形，难度相当大，汉字字形的教学也历来是识字教学中的难点和重点。如果借助汉语拼音，直接跨过字形这一"拦路虎"，是不可取的。事实证明，忽略了字形终将明显影响学生阅读和写作能力的提升。汉字是阅读和写作的基础，也会为口语交际和综合性学习提供必要的准备。没有一定的识字量作为铺垫，以汉字为书写工具的阅读和写作都很难展开。更何况，识字与写字本身就具备提升能力、开发智力、提升审美和养成良好习惯等多方面的价值。语文教学中凸显识字与写字在语文学习过程中的基础地位，是必要合理的选择。

二、重视识字与写字的能力、兴趣和习惯的培养

《课程标准》对识字与写字教学的目标定位，既重视能力提升，也重视情感态度价值观的培养。识字与写字在能力提升方面，汉字拼音部分，要求具备汉字字音拼读和书写的能力。识字部分，要求一二年级能认识 1600 个常用汉字，小学六年累计掌握 3500 个常用汉字，具备独立识字能力，学会借助拼音和词典进行汉字的自主学习；写字部分，要求掌握汉字的基本笔画、常用的偏旁部首以及笔顺、间架结构。识字与写字在情感态度价值观的培养方面，要求识字的过程中重视培养学生对汉字的喜爱之情，激发学生主动认识汉字的兴趣。在写字的过程中，重视培养学生书写规范、整洁、端正的汉字，感知汉字的形体美。识字和写字都要求学生养成良好的习惯，培育学生热爱祖国语言文字的情感。

三、依据汉字的特点制定识字与写字的目标、内容

《课程标准》制定识字与写字的目标、内容时，充分考虑了汉字的特点。汉字是方块字，形体上的难认、难写是学习汉字的一个客观难题，所以小学的各个不同学段，都将如何借助各种方法识字、写字作为基本的目标要求。

第一，识字量的规定。《课程标准》中规定了不同学段的识字量，《课程标准》附录提供了"识字、写字教学的基本字表"和"义务教育语文课程常用字表"。这两个基本字表和常用字表中的汉字遴选，遵循了汉字的造字规律和使用频率。汉字基本字的构形简单、重现率高，其中的大多数能成为其他字的结构成分。根据汉字的造字规律，人们通过具体物象的描摹、抽象的指事、意义的会合等方式造出了象形字、指事字、会意字。这些汉字为数不多，却是形声字的基础。形声字的意符（形旁）和声符（声旁），往往由基本字，或者由基本字改变而来的偏旁充当。汉字造字法中形声是最适合记录汉语的一种造字法，"在使用意符、音符的文字里，尤其是在汉字这种记录单音节语素占优势的语言的文字里，这是最适用的一种文字结构"（裘锡圭，2014：40）。陈燕在《汉字学概说》中也提到形声字比重逐渐上升的情况："形声字在甲骨文中有 260 多个，占已识字的 28% 强。形声字在周代金文中增长到 50% 以上，在东汉《说文》中占 80% 以上。从南宋至今，形声字占总数的 90 以上。"（陈燕，2003：121）《课程标准》"识字、写字教学的基本字表"列出了 300 个基

本字，并作为第一学段识字、写字教学的重要内容。先学习和掌握基本字，再利用基本字带动其他汉字的学习，符合汉字的造字规律。汉字造字就是先造出一批基本字，再利用这些基本字造出新的汉字。这些基本字的学习，有利于学生打好识字、写字的基础，发展识字、写字能力，提高学习效率。《课程标准》"义务教育语文课程常用字表"共收常用字 3500 个，根据它们在当代各类汉语阅读教材中的出现频率和汉字教学的需要，又分成常用字字表 2500 字和次常用字字表 1000 字。掌握 3500 个常用汉字，就可以阅读 95% 以上的汉语文本。实际上，汉字字量非常庞大。1994 年出版的《中华字海》收入了 87 019 个汉字，而已经通过专家鉴定的北京国安咨询设备公司的汉字字库，收入有出处的汉字 91 251 个，据称是目前全国最全的字库。义务教育语文课程教学生常用字，还教学生认识汉字的工具和方法，以帮助学生能够独立自主地学习汉字，这是一个可行的着眼于自主学习、终身学习的明智之举。

第二，汉语拼音的教学。汉语拼音是中华人民共和国 2000 年 10 月 31 日通过的汉语拼写和注音方案，具体分为字母表、声母表、韵母表、声调符号、隔音符号五部分。《中华人民共和国国家通用语言文字法》第 18 条规定："国家通用语言文字以《汉语拼音方案》作为拼写和注音工具。"（全国人大教科文卫委员会教育室，2001：7）通过汉语拼音可以给汉字准确地注音，有效克服了汉语以往直音法、反切法注音的缺点。只要学会了这套汉语拼音，所有汉字都可以根据其注音进行准确发音。《课程标准》中，在识字与写字中明确要求学会汉语拼音，第一学段的目标与内容中提出："学会汉语拼音。能读准声母、韵母、声调和整体认读音节。能准确地拼读音节，正确书写声母、韵母和音节。认识大写字母，熟记《汉语拼音字母表》。"（中华人民共和国教育部，2012：8）这样的安排旨在教会学生借助汉语拼音进行认读，纠正地方音，既解决了汉字的认读问题，还为音序检字法提供了基础。

第三节　识字与写字编排的基本情况及特点

阅读提要

熟悉部编版小学语文教材识字与写字的编排基本情况，掌握编排体例、编排内容及呈现方式上的特点，并能根据相关的理念自主探究和提炼识字与写字编排的特点。

部编版小学语文教材"识字与写字"模块的编排落实了《课程标准》所提出的基本要求和目标，着重凸显了识字与写字是小学第一学段的教学重点，努力遵循汉字的构字规律、汉字的教学规律以及汉字与书面语结合的规律，提高识字与写字模块编排的科学性，提高学生认识汉字和书写汉字的效率。

一、编排理念

部编版小学语文教材充分重视小学低段识字与写字的基础性地位，编排上较为明显地体现出以下三点理念。

（一）优先学习基本字

《课程标准》提出，小学低段的教学重点是识字与写字，并提供了基本字表。基本字的确定，充分考虑两个方面的因素：一是依据汉字的造字规律，提出构型简单、构字能力强（能成为其他字的结构成分）的汉字；二是根据儿童认字写字的字频研究，从儿童语文生活角度提出使用频率最高的汉字。

初学者应先认识和掌握这些基本字，主要考虑了以下三点。

第一，可以借助"基本字带字"学习更多汉字。根据汉字字形的结构规律，可通过一个基本字加上不同的偏旁部首造出一批新的合体字。如"顶、订、钉、盯、叮、酊、仃"这一批合体字中，"丁"就是一个基本字，充当音符，与不同的形符组合表示与语义"朝一个方向延伸"相关的汉字。学生可以通过比较偏旁部首理解和感知汉字所表达的不同意义，这种通过基本字而带动一批汉字的学习，不但加快了汉字学习的速度，还有助于发展学生的观察、比较、分析、类比、推理等思维能力。

第二，通过基本字学习尽快建立与书面语的联系。基本字还有一个明显的特点，它们是学生语文生活会运用到的高频字。学一批高频字即可阅读一些相关的文章，一方面为识字提供了语言环境，有助于更好地建立汉字音形义的联系，也有助于汉字的复现，达到自动化识别汉字的程度，提高识字的效率；另一方面，识字的最终目的在于阅读，基本字的学习可以为学生尽快过渡到独立阅读阶段创造条件，帮助学生尽快完成从识字到阅读的过渡，使识字和阅读进入良性互动。

第三，基本字构型简单，构字能力强，为汉字的书写提供了便利。低段的孩子运笔能力正在发展中，汉字书写的难度和所花的时间远大于识字，构型简单的汉字，能大大降低学生对汉字结构的识别和书写的难度，提高学生写字的正确率。由于这些基本字具有极强的构字能力，学好这些基本字的书写，也为接下来的书写打下了良好的基础。

（二）认写分流，多认少写

"认写分流，多认少写"，是指将汉字学习分解为"认读"和"书写"两部分，先认读，后书写，以认读为重点，会认读的字量要大于会书写的字量。这明显有别于以往会认、会讲、会用、会写的"四会"齐头并进的做法。相关研究表明：汉字认读和书写是两种不同的信息提取过程，汉字认读受笔画数多少影响较小，但汉字书写却受笔画数多少影响较大。某些字形复杂的汉字在学习之初只要求会认，不要求会写，可以降低学习难度，减轻学习负担，增强学习兴趣。"多认少写"将学生更多的精力用于扩大识字量，以便让学生尽早进入阅读阶段，同时也在阅读中提高识字的效率。"多认少写"也有利于按照汉字字形的构型规律，由简到繁、由易到难地安排汉字书写教学，以便学生有更多充足的时间学习书写基本字，更扎实地掌握汉字笔画笔顺，打好书写汉字的基本功，养成良好的书写姿势和习惯，努力达到工整、美观的书写要求。

（三）汉语拼音是学习汉字的辅助

部编版小学语文教材重新定位了汉语拼音在小学语文教育中的作用和功能，提出汉语拼音是学习汉字的辅助，不宜要求过高。语文教育界对汉语拼音的定位曾经历过不同的认知与变化阶段：原来提倡先学拼音后识字，认为汉语拼音是帮助学生识字、阅读和学习普通话的有效工具，应是语文学习的起点；现在改为先识字再学拼音，认为拼音是学习汉字的辅助，识字才是走进语文之门的第一步。这一变化更客观地认知了汉语汉字与拼音之间的关系，更准确地把握了学生学习汉语拼音的学习心理和需求。

首先，从汉语拼音的功能来看，语文教育应高度重视汉语拼音的教学。第一，汉语拼音可以给汉字准确注音，是识字与阅读的基础。学会拼音就是学会汉字的字音，阅读的文本自身就是汉字与汉字的组合，解决了汉字发音的问题，学生就可以借助注音识字，暂时绕过字形的障碍，通过字音来建立与阅读材料之间的意义关联，提前进入阅读。第二，汉语拼音让全国的通用语言文字有了一个统一的语音标准，即普通话的推行有了可依靠的标准。学会了汉语拼音，有助于学好普通话，学好普通话有助于小学语文教育口语交际的有效开展。汉语拼音不但有助于识字、阅读、普通话的学习，还有助于音序检字法和拼音输入法的掌握。因此，语文教育界曾一度将学习汉语拼音作为学生学习语文的起点。

其次，从学生学习心理来看，汉语拼音学习难度大，学生容易产生畏难情绪，应该适当降低汉语拼音的学习要求。鉴于汉语拼音的抽象性，学生很难在短时间内熟练掌握拼音字母的认知和书写；汉语拼音的音节还分了声母和韵母，学生要学会声韵相拼的原则并准确发音，有难度；声母的平翘舌音、韵母的前后鼻韵的发音都会受到方言的较大影响，学生要纠正方言，准确发音，需要一个过程；更何况汉语拼音还有声调，声调中二声、四声的识别和发音也存在个体差异。总之，要准确熟练地掌握汉语拼音对小学生而言的确是一个挑战，有很大的难度。

最后，注音识字的教学实践表明，语文学习之初汉语拼音成为提前读写、全面进行语言训练的工具，但若只会拼读字音而不识字形，长远来看并不利于学生真正掌握汉字，也不利于学生阅读能力的进一步提升。借助拼音，学生主动绕开生字这个拦路虎，提前进入阅读，从阅读中迂回识字，短期内似乎学生借助拼音提前进入阅读阶段，但这偏离了汉字的识记规律，忽视了汉字是表意文字而不是表音文字，形体的表意功能不可忽略。若长期将字形退居次要的地位，将字音作为语义提取的线索，学生就难以建立起汉字音形义的内在联系，不能达到汉字认读的要求。字形认知和再现的模糊状态也将制约学生书面语言的进一步发展。学生在书写中容易产生大量的错别字，也难以顺利进行无注音材料的阅读。

二、编排体例

部编版小学语文教材识字与写字部分的编排体例采用双线组织单元结构：一条线索是按"内容主题"组织单元，虽然识字与写字部分的单元主题相对宽泛，也未明确给出单元主题的名称，但还是较为清晰地体现了每个单元的基本主题；另一条线索是将"语文素养"的各种基本"因素"（包括基本字与汉语拼音的认知、书写和运用、识字与写字的方法、识字与写字的学习策略、识字与写字的兴趣）分成若干个"点"，由浅入深，由易及难，分布在各单元的课文导引、习题设计、语文园地的各个小栏目设计之中。

（一）识字与写字的内容及编排

1. 识字量及分布情况

部编版小学语文教材将识字分为两类，第一类被称为会认字，要求读准字音、识记字形，但未做书写方面的要求，收录在教材附录1"识字表"中；第二类在会认字的基础上增加了书写的要求，被称为会写字，收录在教材附录2"写字表"中。识字与写字的教学分六年逐步完成，累计会认字3000个字，会写字2500个，具体识字量及分布情况见表4-1。

表4-1 部编版小学语文教材各年级段识字量及分布情况一览表

年级	一年级下册	二年级上册	二年级下册	三年级上册	三年级下册	四年级上册	四年级下册	五年级上册	五年级下册	六年级上册	六年级下册
会认字	400	450	450	250	250	250	250	200	200	未给出	未给出
会写字	200	250	250	250	250	250	250	220	180	180	120

识字与写字的编排贯穿部编版小学语文教材的全过程，但每个学段的着力点和要求有所差异。第一学段（一、二年级）识字与写字是教学的重点和难点，教材紧扣识字与写字进行编排，精心遴选基本字，重视汉字的笔顺笔画，加强汉字书写提示，采用多种识字方法，等等。随着第二学段（三、四年级）、第三学段（五、六年级）教学重难点的转移，识字与写字的编排也有所不同。

2. 识字与写字的单元要素设计

部编版小学语文教材第一学段的编排主要涉及"识字与写字""阅读""口语交际"三个板块的内容，将识字、课文、汉语拼音、口语交际、快乐读书吧等若干内容穿插安排在各个单元之中，重点突出识字与写字的目标及内容要求。第一学段四册教材主要分为"识字"和"课文"两大基本板块，汉语拼音的编排相对集中，识字写字和课文之间的编排相互融合，相互支撑。每个单元之后都设计有"语文园地"，具体包括"识字加油站""字词句运用""书写提示""日积月累""展示台""我的发现"等栏目。每册教材后都有附录，附录除识字表、写字表之外，还根据不同教学需求依次附上了常用笔画名称表（一年级上册）、常用偏旁名称表（一年级上、下册）、词语表（二年级上、下册）。一年级上册的单元设计要素如表4-2所示。

表4-2　部编版小学语文教材一年级上册单元设计要素一览表

单元名称	我上学了	识字	汉语拼音	课文	识字	课文	课文	课文	附录
单元组合要素	◎我是中国人 ◎我是小学生 ◎我爱学语文	识字+口语交际+语文园地一+快乐读书吧	汉语拼音+语文园地二+语文园地三	课文+语文园地四	识字（二）+语文园地五	课文+语文园地六	课文+语文园地七	课文+口语交际	1. 识字表 2. 写字表 3. 常用笔画名称表 4. 常用偏旁名称表

第二学段和第三学段，依旧有识字、写字的编排，主要采用随文识字，不再单独设计"识字"单元，保留了语文园地中的"识字加油站""词句段运用""书写提示"栏目，会认字和会写字随课文附在课文结尾处，在附录中提供识字表、写字表和词语表，以方便学生复习和记忆。教材根据学段的推进，编排上做了适当调整，如到五年级上册，会认字就不再注音，书法提示中增加了毛笔书写的内容。相比较而言，识字与写字教学不再是教学的重心，逐渐让位给阅读教学和写作教学。

3. 识字与写字的编排方式

部编版小学语文教材以优先学习300个基本字，前两年完成1600个，6年累计完成3500个常用汉字为识字教学的基本目标和任务，运用多种识字方法，充分发挥随文识字、集中识字、注音识字的各自优势，对识字教学体系进行系统化编排，提高识字量的同时注意识字方法的习得，培养学生逐步形成独立自主识字的能力。

第一，随文识字，又称"随课文分散识字"，贯穿部编版12册小学语文教材，每篇课文之后都列出了本课要掌握的"会认字"和"会写字"字表。会认字排成行，标注拼音，并在上方标注要学习的偏旁部首。会写字以田字格中正楷字体呈现，一年级还会根据需要在会写字上方标注笔顺。识字与课文紧密结合，根据识字与书面语言学习互相促进的规律，汉字有一字多音、一字多义的现象，只有把它放到具体语境中，才有确切的含义和读音。生字新词的学习在具体的语言环境中进行，增加了汉字出现的频率，也为记忆提供了一定的线索。"字不离词，词不离句，句不离文"的随文识字可以缩短识字到阅读的转换时间，促进汉字的认知和运用能力的发展。

第二，集中识字。部编版小学语文教材主要通过"识字加油站""字词句运用""课后习题""书写提示"几个板块集中进行识字的教学。总结吸收传统识字教学的经验，根据汉字的构字规律、用字规律或主题相关、意义类比、形近字对比等各种方式组合成一组字，进行批量集中识字。如"识字加油站"安排了反义词、课程表上汉字、偏旁部首相同汉字、字形结构相同汉字、家人称谓汉字、生活场景的汉字等。这样的识字法基本合乎汉字识记规律，有利于突破字形难点，加强记忆的准确性，还有利于识字和生活的紧密结合，在增加学生的识字量的同时拓展了学生比较、发散、推理等思维能力。"书写提示"根据基础笔顺、汉字结构特点、书写要求归类进行书写上的提示，如："左窄右宽""有的字变成偏旁后，某些笔画的大小和形态要发生变化""有的字变成偏旁后，笔顺也发生了变化"。这些书写提示准确到位，有助于规范学生的汉字书写。汉字的书写要美观，关键在于框架结构，在于基础笔画的书写与占格。教材通过"田字格"板块，帮助学生认识田字格，用"泡泡语"的形式提醒学生，书写时首先应该注意观察教材所呈现例字在田字格内的布局。让学生先观察并模仿规范的示例，再开始提笔写字，从而为学生正确识记书写笔画、规范书写打下基础。

第三，注音识字。部编版小学语文教材将拼音定位为识字的工具，强调识字才是最终的目的，同时充分发挥注音识字的优点。一年级上册的入学教育和第一个"识字"单元，全部都不标注拼音。此后从拼音单元起，一年级上、下册，只要有汉字出现的地方，都标注了拼音。二年级上册，对课文全文进行标音，但是课后习题等助学系统等不标音。语文园地中的文字，只对不认识的汉字才标音。二年级下册开始，课文和语文园地都只标注不认识的汉字，其余不标音。这样的处理方式，就是充分把握了拼音是识字的工具这一定位，学生可以借助拼音识字，但最终要学会的是汉字本身。

4. 识字与写字的习惯和兴趣

部编版小学语文教材非常重视培养学生识字与写字的兴趣和良好习惯，多方位多渠道激发学生对汉字的兴趣。在随文识字时，所选的文本都生动有趣、文质兼美，学生学会汉字就可以在阅读的世界里邀游，激发学生对汉字学习的渴望和内在需求。在集中识字时，尽量展示汉字的构字美、音韵美，激发学生对汉字音形义探究的兴趣。在"我的发现"栏目，将引领识字和自主识字相结合，如提示"口字旁的字大多与嘴巴相关"，让学生自主发现提手旁和足字旁的字与什么相关，一方面根据前面的提示，可以推测提手旁与手有关，足字旁与脚相关，另一方面不直接告知提手旁和足字旁所表示的意义，以调动学生自主思考和发现的探究意识。通过"字词句运用""展示台"等栏目，将识字和生活情境结合，将识字和生活事物进行联系，告知学生认识汉字就可以认识世界，以激发学生学习汉字的意愿和兴趣。通过汉字的书写，感知汉字的形体美，激发学生对汉字的兴趣。最典型的是，五年级下册专门编排了一个"遨游汉字王国"的综合性学习活动，主要围绕"汉字真有趣"和"我爱你，汉字"两个活动主题展开，充分激发学生对汉字的探究意识和对汉字的热爱之情。"泡泡语"提示学生"写字时要保持正确的坐姿和执笔姿势"，并要求学生能做到持之以恒。又如，"日积月累"栏目主要是古诗词的积累，同时也是汉字的积累，更是学习习惯的养成。

（二）汉语拼音内容及编排

汉语拼音采用先识字再拼音的编排方式，在入学教育《我上学了》和一个识字单元之后集中编排，分为两个单元共13课时，具体见表4－3。

表4－3　部编版小学语文教材汉语拼音编排一览表

汉语拼音	1. a o e	2. i u ü y w	3. b p m f	4. d t n l	5. g k h	6. j q x	7. z c s	8. zh ch sh r	语文园地二
汉语拼音	9. ai ei ui	10. ao ou iu	11. ie üe er	12. an en in un ün	13. ang eng ing ong	语文园地三			

较之以往的十余套实验教科书，部编版小学语文教材汉语拼音的教学内容按照汉语拼音音节结构的组成，主要教授声母、韵母（包括单韵母和复韵母）及声调，更清晰地呈现了拼音的声韵结构，符合拼音的拼读要求，有助于学生更好地掌握拼音。同时，降低整体认读音节的教学要求，整体认读音节不在标题目录中出现，零声母的字母符号"y、w"随韵母"i、u、ü""in、un、uan"一起教学，更明确地呈现出汉语拼音以元音为主的特点。这样的编排符合儿童的认知发展规律，同时凸显了汉语拼音在教学过程的工具性作用。

汉语拼音部分设计了语境歌、生活情境图、表音表形图、花篮图、四线三格等帮助学生学习拼音。第一，语境歌设计。以儿歌为主的语境歌，主要是借助儿歌音律整齐、节奏感强、短小精悍，又贴近儿童生活、生动有趣的特点，来帮助学生学习和感知汉语拼音的音韵美。第二，生活情境图设计。教材中设计了汉语拼音生活情境图，侧重从儿童生活经验出发，打通拼音学习与日常生活的联系，唤起学生口语发音的经验，以促进拼音的学习。第三，表音表形图设计。教材中设计了汉语拼音表音表形图，努力将抽象的汉语拼音形象化、具体化。如给韵母"e"配了一幅鹅的倒影图，将字母的形状和发音都准确联系在一起，有助于学生认读拼音。第四，花篮图设计，旨在帮助学生学习拼读音节，通过同一声母和不同韵母之间的拼读，或是同一韵母和不同声母之间的拼读，读出不同音节。第五，借用四线三格展示拼音的书写，并将字母的书写笔顺也清晰标注出来，方便拼音书写教学。

三、编排特点

（一）科学选编基本字，适当降低入学时识字与写字的难度

部编版小学语文教材科学选编了 300 个基本字。一年级上册中的 300 个会认字具备以下四个特点。第一，字形结构相对简单，100 个会写字中有 73 个独体字，如"天、人、日、月、水、火、山、石、田、禾、玉、云、雨、风、花、鸟、虫、石、鱼"。第二，构字频度高，基本上都能作为组合新字的部件。"人、口、耳、目、手、足、日、肉"都是直接当形符（音符）的基本字；其中识字板块第 2 课《金木水火土》中这五个字的构字量分别为"'水（氵）'103，'木'79，'土'44，'火'32，'金（钅）'12"（王宁，2010：9）。学习这些高构字的基本字，可以为汉字的学习奠定基础。第三，教材所选汉字是小学生阅读和日常生活中用字频率高的汉字，如"爸妈、桌、纸、家、路、语文、数学、音乐"。这样的字更容易在小学生阅读中和日常生活中得到复现，促进学生有意识地关注生活用语和书面语之间的衔接。

部编版小学语文教材低段降低了识字与写字的要求。第一学段要求的会认字是 1600 字，选择了《课程标准》中 1600－1800 识字量的最下限。部编版小学语文教材是 2010 年以来十余套小学语文实验教科书中低段识字量最少的版本。据统计，2002 年人民教育出版社出版的小学一年级语文教材识字内容选入所需认识汉字 950 个，所需书写汉字 350 个。部编版教材选入所需认识汉字 700 个，所需书写汉字 300 个。部编版教材明显降低了对初入学者识字量的要求，遵循由易到难、由简单到复杂循序渐进的方式进行识字与写字教学；同时明显吸取了我国传统"约取实得"教学思想的精髓，认为所认和所写的字，都贵在精要，而不在于数量之多，希望能做到减量提质。

（二）选编结构类型多样的汉字，重视汉字的形体结构

部编版小学语文教材对识字与写字内容编排的特点之一，就是书写之初就

让学生接触类型多样的汉字结构，让学生充分感知汉字的形体。根据汉字的形体结构，汉字可以分为独体字和合体字。独体字是以笔画为直接单位构成的汉字，合体字是由两个或两个以上部件构成的汉字。独体字结构又称为单一结构。根据合体字部件的分合情况，主要划分出八种结构：镶嵌结构、上下结构、左中右结构、上中下结构、半包围结构、全包围结构、左右结构、品字型结构。何佳慧对部编版小学语文一年级教材识字与写字内容按照以上汉字结构进行统计分类的结果见图4-1。

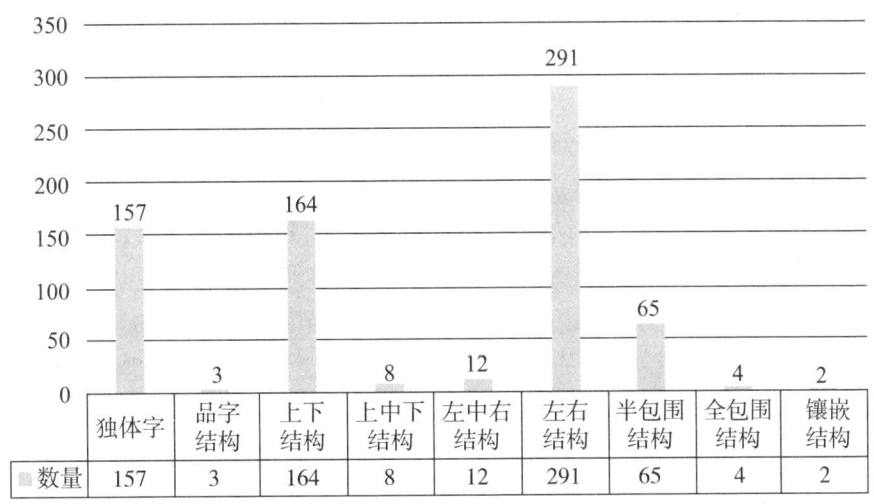

	独体字	品字型结构	上下结构	上中下结构	左中右结构	左右结构	半包围结构	全包围结构	镶嵌结构
数量	157	3	164	8	12	291	65	4	2

图4-1 部编版小学语文一年级教材选入汉字结构统计图

由图4-1可知，部编版小学语文一年级教材中独体字共157字，占总字数的22.24%；左右结构汉字共291字，占总字数的41.22%；上下结构汉字共164字，占识字总数的23.23%；上中下结构字数共8字，占识字总数的1.13%；左中右结构字数共12字，占识字总量的1.70%；全包围结构字数共4字，占识字总数的0.57%；半包围结构字数共65字，占识字总量的9.20%；镶嵌结构字数共2字，占识字总量的0.28%；品字型结构字数共3字，占识字总数0.43%（何佳慧，2020：20）。可见，部编版小学语文教材中汉字的结构类型多样齐全。依据汉字的构形理论，合体字可以划分出不同部件，掌握这些部件，为学生认知汉字的形体和书写汉字打下了扎实的基础。在书写指导时，部编版小学语文教材针对不同的结构类型给出了例字示范，并给出了不同的书写提示：有的字左边窄，右边宽；有的字左边宽，右边窄。有的字左边短，右边长；有的字左边长，右边短。有的字左右两边宽窄大致相等。左上包围的字，书写时包围部分的撇画要写得伸展。左下包围的字，书写时包围部分的捺画要写得伸展。三包围的字，包围部分和被包围的部分大小要写得协调。全包围的字，要把国字框写得方正，框内部分的大小要合适。……这些具体而细致的书写指导都是基于汉字形体的结构类型展开的教学指导。此外，汉字的结构类型的区分，有助于汉字的正确认知和书写，如，分清楚"荡、满、敬"是上下结构还是左右结构，直接决定了书写的正确性。

（三）集中编排识字单元，充分利用造字规律和生活场景识字

独立编排识字单元，这是部编版小学语文教材识字内容编排上的又一特点。部编版小学语文教材第一学段共独立编排了 6 个识字单元，分别是一年级上册的第一、第五单元，一年级下册的第一、第五单元，二年级上册的第二单元，二年级下册的第三单元。

识字单元充分利用汉字的造字规律帮助学生进行识字。如，《小青蛙》用的是字族文识字，《姓氏歌》《猜字谜》用的是部件识字和字族文识字，《动物儿歌》用的是形符识字和韵语识字，《古对今》用的是韵语识字，《操场上》是生活识字和字理识字相结合。在一年级下册语文园地五"识字加油站"中也继续复习字族文识字法，通过字族文方式学习"跑、泡、饱、抱、袍、炮"。还会让学生自主发现相同的形符。如，让学生找出"孔雀、大雁、老鹰"的相同点："隹"表示短尾巴鸟。这就为学生学习更多以"隹"为形符的汉字打下了基础，如"集、焦、隼、难、雌、雄"等字。

识字单元还引导学生充分利用生活场景识字。《田家四季歌》引导学生在生活场景中识字，这一识字的思路在教材中不断地被运用，如"火车票上的汉字""各种类型的车名""动物名称""玩具名称""打扫卫生涉及的汉字"。识字单元的设计充分体现了"生活处处可以学汉字"的教学理念。

（四）重视汉字书写能力培养，融示范、笔顺、笔画、结构提示于一体

部编版小学语文教材扎实推进学生写字能力的训练，专门在语文园地中设计了"书写提示""比一比，写一写"等栏目，对基础笔画的学习、汉字书写笔顺的学习、汉字的结构安排，以及写字坐姿、习惯培养等作了专项编排。

第一，基础笔画的练习。部编版教材的第一个识字板块就集中出现 10 个常用笔画，让学生尽早接触基本笔画。每个新出现的笔画都在课后的会认字表的上方用红色字体进行标注，以提醒学生注意学习新的笔画。同时精心编排细

微差别的笔画，以帮助学生识别，提高书写的正确率。如一年级上册教材将撇折和竖折、横折钩和竖弯钩、竖钩和竖弯等在外形上十分相似但细微之处各有特点的笔画，成对在同一篇课文中出现，提醒学生注意区分，方便学生直接进行对比记忆。对相似的笔画，会提醒学生进行对比和书写，如"儿、四""我、心""了、才""长、山"。

第二，笔顺规则的提示。部编版教材在课后会写字的上方标注了该字完整的笔画顺序，用红、黑两种笔画颜色的变化体现书写时的笔顺。"书写提示"还明确标注了笔顺规则：从上到下，先横后竖；从左到右，先撇后捺；先中间后两边，先外后内；点在正上方或左上方，先写点；点在右上方，后写点；左上包围和右上包围的字先外后内；等等。此外，部编版小学语文教材对学生的握笔都有讲解，强调了正确的坐姿和握笔姿势。同时会提醒学生养成先看后写，保持页面整洁等良好习惯。

第四节　识字与写字的教学案例及评析

阅读提要

通过研习部编版小学语文教材识字与写字的教学案例，理解识字与写字教学的基本要求。

一、教学案例：《动物儿歌》[①]

所用教材：部编版小学语文教材一年级下册
版次：人民教育出版社，2016 年 11 月，第 1 版第 5 次印刷

---

① 本案例由双流中学九江实验学校刘悦老师设计。

（一）教学内容

1. 教材内容及学情分析

《动物儿歌》是部编版小学语文一年级下册第五单元（识字单元）的第一首儿歌。本课要求认识的生字中有 6 个虫字旁、左形右声的形声字，应在教学中引导学生了解形声字的特点，有效识记生字。本课教学时还应在学生熟读儿歌的基础上，结合教材插图和学生生活经验，引导学生运用多种方法识记字形。本首儿歌富有节奏和韵律，每一句都是以"谁在哪里干什么"的结构组成，因此，应引导学生在多种形式的朗读中感受儿歌的节奏和韵律，培养学生语感。

一年级学生天真活泼，好奇心强，普遍对小动物有很大的兴趣，所以对此课内容学习热情高。此前学生已接触过形声字，在第一单元集中识字时，就在《小青蛙》这一课学习了以"青"为声旁的一组形声字——清、晴、睛、情、请。所以这一课是在此基础上对形声字的进一步强化和巩固。一年级下学期，学生的识字量有了很大的突破，自己也能领悟到一些汉字规律。

2. 教学目标

（1）借助汉语拼音、课文彩图和生活经验等多种方式，认识"蜻、蜓"等 12 个生字，会写"迷、造"等 7 个字。

（2）正确、流利、有节奏地朗读儿歌。背诵儿歌。

（3）通过朗读、表演，了解小动物的部分生活习性，产生观察小动物、了解小动物的兴趣。

3. 教学重点

读准字音，运用多种方式识记字形。

4. 教学难点

初步感知形声字的构字规律。

5. 教学课时

1 课时。

（二）教学方法

对话法、观察法、朗读法、合作学习法等多种教学方法。

（三）教学过程

1. 聆听歌曲，激发兴趣

（1）播放歌曲。（引导学生认真倾听）

（2）说说歌曲里出现了哪些小动物？

（3）揭示课题。

师：这群可爱的小动物来到了课堂上，藏进了一首有趣的儿歌里——《动物儿歌》（板书课题）我们赶紧去看一看吧！

生齐读课题。

【设计意图：根据学生身心发展特点可知，一年级学生正处于直观形象思维能力阶段，注意力也不持久，因此学习过程需要以游戏、活动为主，营造轻松有趣的氛围。课堂以一首轻松欢快的动物歌曲导入，既愉悦身心，又能激发学习兴趣。】

2. 初读儿歌，归类识字

（1）读通儿歌。

示范读

师：小手指课文，仔细听老师是怎样读准字音，把词语连起来读的。

师：注意"藏、造"是平舌音，"食、蜘、蛛"是翘舌音，"蜻、蜓、藏"都是后鼻音。

自读儿歌

课件出示自读要求：借助拼音，读准字音，读通儿歌。

师：请大家按要求自读儿歌，难读的地方多读几遍，不会读的地方和同桌小声交流。

同桌互读

师：请同桌合作读儿歌，一人一句。读得好，夸夸他，读不好，教教他。

全班齐读

（2）学习形声字。

找一找

师：儿歌中藏着哪几种小动物？请你用笔圈一圈。

生：蝴蝶、蚂蚁、蜘蛛、蜻蜓、蚯蚓、蝌蚪。

读一读

师：瞧，这些小动物的名字跑到了大荧幕上，谁来当当小老师读一读？

（指名读）

师：加大难度，去掉拼音你还能读好吗？下面请男生和女生比赛读词语。

发现规律

师：仔细观察，这些动物的名字里藏着一个小秘密，你能找出来吗？

生：每个字都有虫字旁。

师：你能猜一猜为什么它们都是虫字旁吗？

生：虫字旁的字都表示昆虫。

师：让我们一起来看看，它们是不是都是昆虫呢？

播放视频科普：古人在造字时把和虫子有关的昆虫用虫字旁来表示。蜻蜓、蝴蝶、蚂蚁都属于昆虫，但是蚯蚓、蝌蚪和蜘蛛不是，但因为它们长得像是虫子，所以古代人造字的时候也把这些长得像虫子的动物的名字用上了虫字旁来表示。其实蝌蚪长大后变成青蛙，是水陆两栖动物，蜘蛛属于节肢动物。

生：右边的字的读音和整个字的读音相同或相近。

师：有的汉字一边表示它的意思，另一边表示它的读音，像这个"蜻"字，左边的"虫"表示它的意思，右边的"青"字表示它的读音，这样的字叫形声字（板书：形声字）。还记得我们在《小青蛙》一课认识的"青"字家族吗？它们也是形声字。

（出示"青"字家族，生读巩固识记）

游戏挑战

第一关　找朋友

教师手拿虫字旁，选6名学生分别拿"青、廷、马、义、知、朱"。

师口令：我是蚂蚁的"蚂"，我的朋友在哪里？拿"马"的学生跑过来进行匹配。

第二关　猜一猜

课件出示：蝈蝈　蛐蛐　蚊子　蜈蚣　蚜虫

师：老师又请来了几个和动物有关的形声字，你会读吗？你怎么知道的？

指名试读，读对了及时点评鼓励，读错了适时引导。

【设计意图：根据文本特点，先集中识记虫字旁的形声字，让学生自主发现并了解形声字的造字规律。借助两个游戏加强对形声字特点的理解，第一个游戏可以巩固识记课文中的形声字，第二个游戏让学生运用形声字规律自主认识新的形声字，从学到巩固再到灵活运用的设计有利于学生发现形声字的特点，树立归类识字意识。】

（3）多方法识字。

①小组合作识字。

课件出示：迷、藏、造、食、粮、网

师：小组讨论，你们打算用什么方法认识这些字。

（师巡视，三分钟后，请小组代表发言，师相机指导）

②教师指导识字。

生活识字，学习"藏"。

师：谁来给"藏"找几个朋友？

生：捉迷藏、躲藏、收藏……

师：你在生活中见过这个字吗？

生：见过，我在……

（如果学生点出这个字也可以读"zàng"，师要进行鼓励并适当点拨）

师出示图片：找一找，它藏在哪呢？

课件依次出示图片——请学生上台指出"藏"字。

酒的图片：封藏窖酒　　　　师：这是一种酒。

绘本封皮：大章鱼藏猫猫　　师：这是一本绘本故事。

师：在我们的生活中，你留心去发现，就会找到很多我们学过的生字，这种识字方法就叫"生活识字"。（板贴：生活识字）

字理识字，学习"网"。

师：你见过蜘蛛网吗？哪位小画家来画一画？（指名画《一张网》）

师：仔细看看同学画的蜘蛛网，你发现了什么？

生：和"网"字长得很像。

师：你发现了其中的奥秘。所以古人在造字时按照这个蜘蛛网的样子创造了"网"字。我们来看看"网"字的演变过程和意思。（课件出示"网"字演变过程。板贴：字理识字）

师：谁能给"网"找找朋友？

生：蜘蛛网、渔网、上网、网络、球网……

（师将学生组的词进行分类）

第一类：蜘蛛网、渔网、球网……

师小结：这一类"网"是真实可见的网。

第二类：上网、网络、通讯网……

师小结：这一类"网"是在我们身边却看不见的网。

加一加识字："迷、造、运"

师：仔细观察，你发现了什么？

生：都有"辶"。

课件出示：辶+米=迷　辶+告=造　辶+云=运

师：带"辶"的字多与路程或行动有关。你还能说出几个这样的字吗？

生：过、进、远……

师：这些字都是走之加上我们学过的熟字组成的新字，所以熟字加一加是一个识字的好办法。（板贴：熟字相加）

"食、粮"

师：你怎么记住这两个字？

生：都是"良"加上了不同的偏旁组成了不同的字。

课件出示：人+良=食　米+良=粮

师：请你观察偏旁说说这两个字的意思。

生："食"是吃的意思，所以是"人字头"，代表人在吃；"粮"是粮食、食物的意思，所以是米字旁。

师：我们可以利用偏旁来理解生字的意思。（板书：偏旁识字）

师：你们真了不起，能够运用不同的识字方法学习生字。下面我们来进行生字游戏。

③游戏巩固。

我是小老师

要求：同桌合作，一人当学生，一人当小老师，学生把生字条上的字读给小老师听。

蚂蚁搬豆

要求：黑板左边张贴带有本课生字的豆子图片，一名学生发布口令：请你运颗豆，豆上有"网"字。另一名学生扮演蚂蚁找出相应的字粘贴到黑板右边。

（酌情选择1－2组学生参与）

【设计意图：方法比知识更重要。《课程标准》中的"教学建议"指出，识字教学要"运用多种形象直观的教学手段创设丰富多彩的教学情境"。因此在这一环节识字教学中，灵活运用图片、字理、拆拼、生活链接、游戏等多种方法，激发学生识字兴趣，教给学生识字方法，提高学生识字效率。】

3. **品读儿歌，感受韵律**

（1）创意品读。

（请一生读儿歌）

师：边听边找这些小动物在做什么？

蜻蜓　半空　展翅飞

师：看，小蜻蜓飞来了，它邀请你们和它一起展翅飞！

师：请你来演一演小蜻蜓，边演边说"蜻蜓半空展翅飞"。你这只快乐的小蜻蜓展开翅膀飞到花丛中了！

师：还有哪只小蜻蜓想要展翅飞的？请你来！你也展开翅膀飞了起来！

师：请大家把双手化作翅膀飞起来吧！你们这群小蜻蜓是多么地欢快啊！齐读——蜻蜓半空展翅飞。

蝴蝶　花间　捉迷藏

师：你做过捉迷藏的游戏吗？你是怎样做的？

（生根据生活经验分享）

师：那你想象一下，蝴蝶是怎样捉迷藏的？

生：一只蝴蝶在美丽的花朵上飞来飞去，另一只蝴蝶在旁边追逐。

……

师：这些画面太有趣了。同桌中一人扮演小蝴蝶，玩一玩捉迷藏的游戏吧！边演边读句子。

蚯蚓　土里　造宫殿

师："宫殿"是什么？

生：就是皇宫。

师：为什么说蚯蚓在土里造宫殿呢？

生：因为蚯蚓在土里钻来钻去，它跑出的痕迹就像是它的宫殿。

师：你真会想象。你看，蚯蚓多像一个勤劳的建筑工人啊！值得我们赞美，齐读——蚯蚓土里造宫殿。

蚂蚁　地上　运食粮

师：小蚂蚁会怎么运食粮呢？

生：它们很团结，喊着口号一起顶着大米往洞里运。

师：好厉害的小蚂蚁，你们喜欢吗？谁能读出小蚂蚁的忙碌与勤劳？（请生读）

师：勤劳的小蚂蚁们都出来运食粮咯！齐读——蚂蚁地上运食粮。

蝌蚪　池中　游得欢

师：现在请你把自己当成小蝌蚪，在水里游来游去。

师采访：小蝌蚪，小蝌蚪，你为什么游得这么欢呀？

生：因为在水里太舒服啦！

师：舒服的小蝌蚪请你读一读句子。

师采访：小蝌蚪，小蝌蚪，你为什么游得这么欢呀？

生：因为和小伙伴比赛游泳，我太开心了！

师：开心的小蝌蚪请你读一读句子。

蜘蛛　房前　结网忙

师：蜘蛛忙着织网，要干什么呢？

生：捕食。

师：那可得加快速度织网啦！来，我们一起来帮帮小蜘蛛吧。（做织网动作）齐读——蜘蛛房前结网忙。

（2）感受韵律。

师：我们来玩一个朗读游戏，我来问，你们答！

师：什么半空展翅飞？什么花间捉迷藏？……

师：蜻蜓哪里展翅飞？蝴蝶哪里捉迷藏？……

师：蜻蜓半空做什么？蝴蝶花间做什么？……

（生对答）

师：你发现这首儿歌的秘密了吗？

生：儿歌每一句的前面都是动物，中间是地点，后面是动物们在做什么。

师：这首儿歌很有规律。我们把这三个部分用斜线划分开（课件出示用斜线划分的节奏），读的时候，在斜线这里稍微停一下，就会像唱歌一样好听。听老师读前两句。

（生接读后四句并说感受）

生：读起来很有节奏，很欢快。

师：还有一个秘密让儿歌读起来动听。听老师读，看看你能发现吗？

（师把"藏、粮、忙"三个字的音着重读出）

生：这三个字的读音很相似，它们的拼音里面都有"ang"。

（课件单独呈列儿歌第2、4、6句，生读，感受押韵）

师：句末的字读音相似，我们把它叫作"韵脚"，有了它，儿歌读起来就会很顺口。让我们再来拍手读一读，会更有趣。

师：这样一来，你们就把儿歌的节奏和韵味读出来了。

【设计意图：本首儿歌每一句都是以"谁在哪里干什么"的结构组成，对应工整、韵调一致，因此通过创意品读、师生对读、画节奏读、拍手读等多形式朗读，引导学生感受儿歌的节奏和韵律，培养学生语感。】

4．借助跳板，背诵儿歌

师：孩子们，现在我们要来送小动物回家啦！请你填一填，再读一读。

（　　　）半空展翅飞，

（　　　）花间捉迷藏。

蚯蚓（　　　）造宫殿，

蚂蚁（　　　）运食粮。

蝌蚪池中（　　　　　），

蜘蛛房前（　　　　　）。

【设计意图：现代语文教学有一个很大的特征，就是重视阅读理解与语言实际运用能力。这两项能力离不开背诵、积累，《课程标准》中也强调语文学习的背诵。对于低段学生，背诵需要给他们提供支架，以降低难度，提高背诵效率。本环节发生在学生反复诵读儿歌，充分感受了儿歌整齐对应的规律后，以便学生能借助语义记忆快速提取信息，完成背诵。】

5．重点指导，书写得法

师：汉字之美，不仅在于其音，还在于其形。我们来学习写字。

（课件出示：迷、运、造）

师：通过前面的学习可知这三个生字的偏旁都是"辶"。那你知道怎么写吗？

（生尝试说笔顺）

师：注意带有"辶"的字，书写时要注意先里后外。老师有一首歌谣要送给大家：走之底，真辛苦，先装货再赶路。

（生读歌谣记忆"辶"笔顺规则）

重点指导"迷"字。

看一看

师边范写边讲解："米"字要写在田字格中心偏右上一些。"辶"的笔顺是：点、横折折撇、平捺。横折折撇从横中线起笔，这个字写出来才会端正、美观。

写一写

要求学生用正确的笔画笔顺在田字格里描红、临摹。注意写字姿势，做到"三个一"。

评一评

师选一份作品投影展示，师生评议。

改一改

师：字无百日功。希望孩子们能有"笔秃千管，墨磨万锭"的精神，写一手好字，获得一生财富。

【设计意图：《课程标准》低段写字板块要求，掌握汉字的基本笔画和常用的偏旁部首，能按笔顺规则用硬笔写字，注意间架结构。可见，低年级写字教学是一项重要的任务，是关系到学生终身发展的基本功。教学中，先由学生试说"辶"的笔画顺序，再运用通俗的歌诀帮助学生记忆写字要领，有效增强写字的趣味性。再通过"写、评、改"三个步骤扎实推进学生的写字，使得学生的写字能力逐步提高。教学中时刻关注学生写字姿势，以养成良好的书写习惯。】

6. 回顾所学，总结收获

师：同学们，学完这节课你有什么收获？

生：我认识了很多生字，学会了新的识字方法。

生：我发现了形声字的规律。

生：我知道了怎么读好儿歌。

……

师指黑板总结：小朋友们，这节课我们不仅认识了许多小动物，还破解了形声字声旁表音、形旁表义的秘密；学到了不少识字方法，如形声字识字、图片识字、生活识字、熟字相加、游戏识字等方法，也知道了儿歌读好听的秘密。在今后的学习中，希望你们能够运用到，成为更加厉害的学习小能手！

【设计意图：学而不思则罔，思而不学则殆。好的总结，能使学生更牢固地掌握学习过的内容，且对知识起到画龙点睛的归纳作用。让学生回顾本节课所学，畅谈自己的收获，再到教师的要点总结，就是知识的第二次学习过程，本节课的内容在学生心里会记忆更深。】

7. 作业设计

（1）朗读小明星：把儿歌美美地读给你的父母听一听。

（2）识字小能手：请你运用本节课学到的识字方法去认识更多的生字。

（3）小小解说员：观察或了解一种小动物，把学到的小动物的生活习性讲给同学听。

【设计意图：兴趣是最好的老师。以"小明星""小能手""解说员"的趣味形式激励学生完成作业，并且引导学生走出课文，走进生活，去观察、去运用，在兴趣之上学以致用，得到更大的发展。考虑到每一个学生都有"最近发展区"，分层设计作业，满足不同层次学生的需求，让每个学生都品尝到成功的喜悦，为学生的学习提供持久的动力。】

二、案例评析

教学案例《动物儿歌》整体教学节奏分明，教学重点突出，课堂氛围轻松愉悦，是一堂扎实、真实又颇富趣味的识字与写字课。结合识字与写字的教学目标与要求，重点从识字与写字教学的角度展开评析。

第一，重点突破字形教学。识字时首先入目入心的是字形，因此识字要以字形为突破口，再引导学生根据汉字或象形或形声的特点进行感知。将识字与认识事物相结合，本课生字多为带虫字旁的形声字，教学时将词语和动物图片对应感知，学生在头脑中会自动将生字音、形、义进行结合识记；依循汉字构型规律，降低识记难度，利用结构重组规律，采用在熟字基础上加偏旁、换偏旁等学习新字的方法，简化记忆程序，提高识字效率；利用汉字"随体诘诎"的造字规律，学生通过画"网"，充分体验古人造字的基本方法，再通过"网"字组词，充分感知象形字"网"的字形和字义，这种教学设计符合汉字造字用字的内在理据性。

第二，充分把握汉字音节结构。汉字具有一个字符一个音节的特点，使汉字具有鲜明的语音节奏。本课"蜻蜓、蝴蝶、蚯蚓、蚂蚁、蝌蚪、蜘蛛"都为联绵词，"半空、花间、土里、地上、池中、房前"同为方位词，二者皆为两字一顿，结合在一起便有了节奏感。句末的"捉迷藏、运食粮、结网忙"等三字一顿，且韵调一致，使得儿歌句式对称、节奏鲜明、音调和谐，读起来有悦耳动听之感。本课采用师生对读、创意美读、画节奏读、拍手读等多种朗读方式，引导学生充分感受儿歌的音韵美、节奏美。这一点，非常值得儿歌、儿童诗等韵文体教学借鉴。

第三，引导学生充分理解汉字字义。汉字是音、形、义三个因素构成的统一体，学生不单要熟悉一个个具有音和形的汉字，而且要了解一个个字的意思。本课教学采用了图片感知法，学生可直观感知"蜻蜓、蚂蚁、蜘蛛"等词语的意思；利用汉字偏旁表义的特点识字，如"食、粮"二字的教学；用动作来解释词义，比如"运食粮、捉迷藏"的表演教学。还积极引导学生通过意符识字，如虫字旁，与昆虫相关。点明"辶"的意符意义——多与路程或行动有关，并进行适当拓展——"过""进""远"，加强学生理解和感知。

第四，重视写字的规范与美观。本课的教学重点在识字上，但从简短的写字教学设计上，可以看出对写字教学要求的驾驭和把握。一是准确把握汉字笔顺笔画的规则，如带有"辶"的字，书写时要注意先里后外，并用有趣的儿歌帮助学生记忆。二是准确讲解汉字间架结构，并示范书写，学生通过描红、临摹来感知汉字的形体美。三是对汉字书写进行评讲，引导学生有针对性地改进书写过程中的不足。在写字教学过程中，重在良好习惯的培养。

思考·探究

1. 结合学段特点和《课程标准》的要求，探究部编版小学语文教材中如何利用汉字构字规律进行识字与写字的编排。

2. 结合识字与写字的内涵、特点、能力要求等，观摩与评价一堂小学语文教学名师的识字与写字课。

阅读是语文教育最重要的组成部分，是识字的重要途径，是写话与习作的重要依托，也是口语交际的重要支撑。阅读有助于发展学生的思维、认知、审美、情感等综合能力和素养。阅读能力和素养是衡量学生语文能力和素养的主要指标之一。

第一节　阅读概述

阅读提要

了解阅读、阅读能力的基本内涵，理解和掌握阅读的基本特征，理解阅读对学生发展的价值。

一、阅读的定义

阅读是一个复杂的活动过程，学界对阅读的界定尚没有定论。《中国大百科全书》将阅读定义为："阅读是一种从印的或写的语言符号中取得意义的一种心理过程。"（中国大百科全书总编辑委员会《教育》编辑委员会，1985：505）该定义简明扼要且较为权威，引用率较高。奥地利理查德·巴姆博尔杰对阅读的定义也得到了广泛认可，他提出："阅读首先是一种感觉活动，人们通过视觉器官认识语言符号，这些语言符号反映到大脑中转化为概念，许多概念又组合成较大的单位，成为完整的思想，然后发展成为更复杂的活动，联想、评价、想象等。"（转引自倪文锦，2003：75）从这些定义中，可以得出阅读的基本定义：通过书面语言符号所传递的信息，刺激读者的大脑皮层，产生联想、评价、想象、创造等一系列思维活动，以促进读者认知、思维、情感、审美等方面的发展。

二、阅读的基本特点

（一）阅读是吸收知识、开阔视野的过程

人类创造了书面语言文字，就是通过书面语言文字来记载、传递和发表自己的思想和观点，抒发自己的情感和体验。因为书面语言文字传播思想具有跨时空性，可以有效地将人类的活动与思考、人类的梦想与发现、人类的知识与智慧代代相传。书籍就成了人类知识的宝库、精神的粮食。人们通过阅读，能以最快捷的方式回顾和反思几千年的人类思想和经验，能以最有效的方式汲取人类的知识、经验和教训。因此，阅读成了人类认知自我和认知世界最基本的方式之一。通过阅读，阅读者可以吸收大量的知识，有助于开阔视野和胸襟，去除无知与愚昧；通过阅读，阅读者可以加深对自我和他人、自然与社会的理解和思考，加强对内心世界和外部环境的认知和关注；通过阅读，阅读者可以深化对人类文化和传统精神的关心与理解，丰盈自己的内心世界。

（二）阅读是一个复杂的思维过程

阅读心理学的研究表明，阅读是一个复杂的心理过程。阅读时，读者先用视觉感知文字符号，然后再通过分解、综合、概括、判断、推理等思维活动对感知的阅读材料进行加工，把经过理解、鉴别的内容归入或并列于已有的知识结构中，加以存储，根据需要随时提取并运用。阅读心理过程大致可分为如下四个阶段：字词视觉感知阶段、句子结构分析与释义阶段、篇章结构理解阶段、语义信息存储与提取阶段。

（三）阅读是一种复杂的语言技能活动

阅读是一种复杂的语言技能活动，它是一系列过程和行为构成的总和。阅读的基本技能包括了认读技能、解读技能、口诵技能等。认读技能是指对书面

语言文字符号的感知与辨识。解读能力是指在识别的基础上能对字词句段进行理解，能对文章的观点进行判断，还能根据文中的意义进行推断、评价和赏析等。口诵技能包括默读、朗读、速读、诵读等语言技能。

（四）阅读是一种复杂的情感活动

阅读是一种复杂的情感活动。刘勰在《文心雕龙·知音》中说"夫缀文者情动而辞发，观文者披文以入情"（刘勰，2015：277），点明了情感在创作和阅读时的重要作用。阅读是一场与作者心灵和情感交流对话的过程，阅读者根据语言文字的叙述，调动自己的前理解和认知图式，从而产生了情感、认知的共鸣。读者也在阅读作品的过程中体验不同的情感，获取情感的愉悦和审美的体验。

三、阅读能力

关于阅读能力，学者们主要从认知科学、行为主义、心理学等不同角度展开研究。武永明认为，阅读能力的主系结构应该涵盖四种能力：认读能力、理解能力、评价能力与创造能力（武永明，1990：10－13）。《阅读学概论》中将阅读能力分为理解能力、思维能力、记忆能力、想象能力、表达能力与快速阅读能力（高瑞卿，1987：65）。本书基于阅读是一种从书面语言符号中取得意义的一种心理过程，主要从认读能力、理解能力、鉴赏能力和运用能力四大方面展开探讨。第一，认读能力。认读是阅读的基础。认读能力即对语言文字的感受能力，包括认识字形、读准字音、理解字义、了解句意及篇章结构，感知作品中的感情等。第二，理解能力。理解是对阅读的基本要求，是阅读能力的核心，包括文本重要言语内容与言语形式的理解、文本创作背景和语境的理解、文本的结构和表现形式的理解、文本主旨和意蕴的理解等。第三，鉴赏能力。鉴赏能力是阅读能力的较高层次，要求在全面理解和感悟的基础上，对作品的思想感情、语言形式、文体风格特征进行鉴赏和评价。第四，运用能力。运用能力是阅读能力的高级形式，是阅读的整合、迁移、运用能力。阅读者根据阅读材料提取信息、分析和理解信息，结合阅读中获得的信息与自己原有的知识和经验，进行综合判断并构建出新的意义，然后运用于学校和日常生活的各项活动中。

此外，在阅读能力之外，国际学生评价项目提出"阅读素养"这个概念，阅读素养是阅读者为了达成个人目标、积累知识、开发个人潜力、参与社会等目的，理解、利用、反思和使用书面文章的能力。国际学生评价项目认为，我们不仅要强调阅读者能够理解所读文章的内容意义，还要强调阅读者应具备通过阅读获取知识信息，以此满足需求的能力。

四、阅读的价值与意义

关于阅读的价值，苏霍姆林斯基说过："三十年的经验使我深信，学生智力的开发决定于良好的阅读能力。"（苏霍姆林斯基，2018：68）可见，阅读对一个人的成长与发展有多么重要的意义和价值。阅读在小学语文教育中的价值和意义，可以从如下四个角度展开。

（一）阅读有利于汉字的习得

在识字教学中，随文识字是一种非常重要的教学方式，因为汉字存在一字多音、一字多义的现象，只有把它放到具体语境中，才有确切的含义和读音，阅读就能给汉字提供良好的具体语境。从汉字掌握规律来看，阅读中生字新词的出现和讲解都在具体的语言环境中进行，有助于学生对汉字字义的准确理解、把握和运用。从汉字识记的规律来看，字形的记忆与识别是难点，需要多次的输入和刺激，阅读恰恰可以为汉字提供足够多的复现机会，为记忆提供了一定的线索，有助于学生对汉字字形的识记。同时对阅读材料进行反复阅读，增加了汉字出现的频率，有助于学生对汉字字形的识别达到自动化的程度。

（二）阅读有利于提高言语表达能力

阅读和言语表达紧密相连。一方面，不管是口语表达还是书面语表达，都是言语表达，都需要言说主体调动词汇、语法储备，做到言语表达逻辑清晰、观点明确。大量阅读刚好可以让言说主体积累词汇、习得语法，获得不同的思想和观点，掌握丰富的表达方式。另一方面，大量阅读也会让言说主体拥有更广博的学识，以及更高的人格品位和更敏捷的思维，能帮助言说主体获得更强的表达能力。

（三）阅读有利于开发智力

阅读有利于开发智力，这是古今中外不少名家的共识。著名的教育家苏霍姆林斯基就非常重视阅读对智力开发的积极影响，他说："阅读是'困难'学生智力教育的重要手段。""'困难'学生阅读的东西越多，他的思想就越清楚，他的智力就越积极。"（苏霍姆林斯基，2018：70）一般而言，智力包括记忆力、想象力、观察力、感受力、思维力等。阅读可以促进学生各方面智力的发展。阅读中学生可以进入作者通过语言文字构建的言语世界，这个过程就是学生对已有的表象信息进行改造和重组产生新表象的心理过程，即想象的过程。通过语言文字，学生也调动自己的经验想象出了由言语建构的世界，无形中发展了想象力。借助作者的语言文字，学生感知和发现了自己未曾发现的新的领域和世界，这就是作品的价值，同时也是吸引读者阅读的根本原因之所在，阅读有助于提高学生的观察力和感受力。阅读促进思维的发展，因为反复的阅读可以将书面语言文字深深地移植入大脑，在大脑中产生深刻的记忆，这种记忆促进了神经元之间的内在联系，而这种联系恰恰是大脑开始判断和思考的起点。所以阅读的广度和深度直接影响着学生思维的广度和深度。

（四）阅读有利于提高审美、陶冶情操

阅读和审美紧密相连，在阅读中提高学生的审美情趣和审美品位，是语文教育的内在追求。阅读教学中入选作品的基本标准就是文质兼美。一个优秀的作品在形式上与内容上都体现了审美的内在要求。从形式上看，包括了语言美、音韵美、结构美，给人以赏心悦目的审美体验；从内容上看，蕴含着意境美、心灵美、情感美，给人以心灵的震撼和灵魂的启迪。通过阅读，学生学会鉴赏文本的自然美、社会美、艺术美；通过阅读，学生学会感受美、鉴赏美、创造美，从而提高自己的审美品位，养成健康高尚的审美情趣。

第二节　阅读的目标与内容

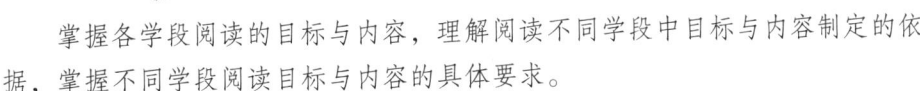

阅读提要

掌握各学段阅读的目标与内容，理解阅读不同学段中目标与内容制定的依据，掌握不同学段阅读目标与内容的具体要求。

《课程标准》在课程设计中明确提出了对阅读的总体要求："具有独立阅读的能力，学会运用多种阅读方法。有较为丰富的积累和良好的语感，注重情感体验，发展感受和理解的能力。能阅读日常的书报杂志，能初步鉴赏文学作品，丰富自己的精神世界。能借助工具书阅读浅易文言文。背诵优秀诗文240篇（段）。九年课外阅读总量应在400万字以上。"（中华人民共和国教育部，2012：7）《课程标准》中小学三个学段具体的阅读的目标与内容如下。

第一学段（1~2年级）

（二）阅读

1. 喜欢阅读，感受阅读的乐趣。养成爱护图书的习惯。

2. 学习用普通话正确、流利、有感情地朗读课文。学习默读。

3. 结合上下文和生活实际了解课文中词句的意思，在阅读中积累词语。借助读物中的图画阅读。

4. 阅读浅近的童话、寓言、故事，向往美好的情境，关心自然和生命，对感兴趣的人物和事件有自己的感受和想法，并乐于与人交流。

5. 诵读儿歌、儿童诗和浅近的古诗，展开想象，获得初步的情感体验，感受语言的优美。

6. 认识课文中出现的常用标点符号。在阅读中体会句号、问号、感叹号所表达的不同语气。

7. 积累自己喜欢的成语和格言警句。背诵优秀诗文50篇（段）。课外阅读总量不少于5万字。

（中华人民共和国教育部，2012：8）

第二学段（3~4年级）

（二）阅读

1. 用普通话正确、流利、有感情地朗读课文。

2. 初步学会默读，做到不出声，不指读。学习略读，粗知文章大意。

3. 能联系上下文，理解词句的意思，体会课文中关键词句表达情意的作用。能借助字典、词典和生活积累，理解生词的意义。

4. 能初步把握文章的主要内容，体会文章表达的思想感情。能对课文中不理解的地方提出疑问。

5. 能复述叙事性作品的大意，初步感受作品中生动的形象和优美的语言，关心作品中人物的命运和喜怒哀乐，与他人交流自己的阅读感受。

6. 诵读优秀诗文，注意在诵读过程中体验情感，展开想象，领悟诗文大意。

7. 在理解语句的过程中，体会句号与逗号的不同用法，了解冒号、引号的一般用法。

8. 积累课文中的优美词语、精彩句段，以及在课外阅读和生活中获得的语言材料。背诵优秀诗文 50 篇（段）。

9. 养成读书看报的习惯，收藏图书资料，乐于与同学交流。课外阅读总量不少于 40 万字。

（中华人民共和国教育部，2012：10－11）

第三学段（5~6 年级）

（二）阅读

1. 能用普通话正确、流利、有感情地朗读课文。

2. 默读有一定速度，默读一般读物每分钟不少于 300 字。学习浏览，扩大知识面，根据需要搜集信息。

3. 能联系上下文和自己的积累，推想课文中有关词句的意思，辨别词语的感情色彩，体会其表达效果。

4. 在阅读中了解文章的表达顺序，体会作者的思想感情，初步领悟文章的基本表达方法。在交流和讨论中，敢于提出看法，作出自己的判断。

5. 阅读叙事性作品，了解事件梗概，能简单描述自己印象最深的场景、人物、细节，说出自己的喜爱、憎恶、崇敬、向往、同情等感受。阅读诗歌，大体把握诗意，想象诗歌描述的情境，体会作品的情感。受到优秀作品的感染和激励，向往和追求美好的理想。阅读说明性文章，能抓住要点，了解文章的基本说明方法。阅读简单的非连续性文本，能从图文等组合材料中找出有价值的信息。

6. 在理解课文的过程中，体会顿号与逗号、分号与句号的不同用法。

7. 诵读优秀诗文，注意通过语调、韵律、节奏等体味作品的内容和情感。背诵优秀诗文 60 篇（段）。

8. 扩展阅读面。课外阅读总量不少于 100 万字。

（中华人民共和国教育部，2012：13）

从上述阅读教学的整体要求以及分学段目标与内容中可以看出，《课程标准》对阅读教学的基本要求，主要从如下三个方面着手。

一、着重培养阅读理解能力

小学语文阅读教学的基本目标在于培养学生独立的阅读能力。在阅读的认读能力、理解能力、评价能力和运用能力当中，小学阶段阅读教学着重培养的是阅读理解能力。阅读理解能力是阅读评价能力和阅读运用能力的前提和保证。《课程标准》对阅读理解能力根据不同的学段提出了不同的要求。

（一）对词句的理解

理解词句是理解文本的基础，准确地理解词语在具体语境中的意义，尤其是感知重点词句的语境意义，是学生阅读理解的起点和基础。因此，《课程标准》明确提出词句理解能力的具体要求：第一学段"结合上下文和生活实际了解课文中词句的意思"；第二学段"能联系上下文，理解词句的意思，体会课文中关键字句表达情意的作用"；第三学段"能联系上下文和自己的积累，推想课文中有关词句的意思，辨别词语的感情色彩，体会其表达效果"。同时，《课程标准》明确要理解的词句，可以是"课文中词句""关键字句""有关词句"等；理解的要求有"了解意思""体会表达情意的作用""体会表达效果"等。此外，《课程标准》提出了借助"上下文""生活实际""字典词典"等理解词汇的具体方法，努力引领学生在理解词句的基础上提高运用词句的能力。

（二）对重要内容和观点的理解

对重要内容和观点的理解，是学生阅读理解的重点和关键。文本的重要内容和主要观点就是作者写作的目的，就是文本交流的核心。阅读理解的关键和重点是对文本重要内容和观点的理解和把握，如人物的思想品质、文章阐述的道理、作者的思想感情等。《课程标准》根据学生的认知特点，第二学段提出"能初步把握文章的主要内容，体会文章表达的思想感情"，第三学段提出"体会作者的思想感情""了解事件梗概""大体把握诗意""能抓住要点""找出有价值的信息"等，这些都指向了对文本内容和观点的理解和把握。

（三）对文章结构和表达方式的理解

阅读时只有把握住文章的结构，理清文章的层次，把握文章的表达方式，才有可能真正理解文章，达到读懂文章的目的。

文章结构就是根据表达的需要，将掌握的材料加以剪裁，按照一定的思路去安排材料。分析文章结构可以理清作者的创作思路，把握文脉。表达方式是文章的写作方法，以及这种方法所表现出来的语言形式特点。一定的内容采用不同的表达方式，可以产生不同的效果，对文章叙述、描写、说明、抒情、议论等基本的表达方式理解和把握，有助于学生更好地理解和把握文章的主旨和意图。《课程标准》中提出"了解文章的表达顺序""领悟文章的基本表达方法""了解文章的基本说明方法"等，就是关于理解文章结构和表达方式方面的具体体现。

整体而言，《课程标准》对阅读理解的内容有较为明确的阐释，并在阅读理解的准确性方面提出了较高的要求。在"如何理解"方面也有一些涉及，只是不够完备。如"能简单描述自己印象最深的场景、人物、细节，说出自己的喜爱、憎恶、崇敬、向往、同情等感受"，"能复述叙事性作品的大意，初步感受作品中生动的形象和优美的语言，关心作品中人物的命运和喜怒哀乐，与他人交流自己的阅读感受"，"在交流和讨论中，敢于提出看法，作出自己的判断"等，其中的"描述""复述""讨论""交流"等就是对理解方式的探讨。

《课程标准》中的阅读理解更多指向的是接受式阅读，关键在于引领学生习得优雅的汉语表达，获得纯正的母语语感，形成正确的价值观和人生观，如《课程标准》提到的"受到优秀作品的感染和激励，向往和追求美好的理想"，传承和发扬中华优秀传统文化等，都指向接受式阅读。阅读的鉴赏、评价和运用能力，是在阅读理解的基础上展开的，鉴赏侧重对语言审美的鉴赏，运用主要表现在以读促写和以读促说的言语运用，也主要是在接受式阅读的范式之下展开。至于分析、比较、阐释、质疑等批判式阅读教学的取向，并不是小学阶段语文阅读教学的基本取向。

二、习得多种阅读方法和技能

《课程标准》重视在阅读教学中培养学生的阅读方法和阅读技能，旨在让学生通过阅读方法和技能的学习，获得独立的阅读能力。其涉及的阅读方法和技能包括朗读、诵读、默读、略读、浏览、背诵、复述、精读等。

（一）朗读

朗读即用清晰响亮的声音照着文字念出来。《课程标准》中提出了对朗读的基本要求："正确、流利、有感情地朗读课文"。"正确"，是要求朗读时用普通话读准每个字的字音，吐字清楚、声音响亮，不读错字、不添字、不颠倒、不唱读、不回读；"流利"，是要求朗读时语气连贯、节奏自然、速度恰当；"有感情"，是要求朗读要用接近于生活中自然谈话的语言，读出陈述、感叹、疑问等贴近生活的语气，情感自然到位。第一学段的"学习用"，强调的是普通话朗读的学习过程，教师应加强指导与示范；第二学段的"用"，强调的是用普通话朗读的实践过程，学生应多模仿、多实践；第三学段是"能用"，强调的是学生已经习得普通话朗读的基本技能，在阅读中能够自觉主动使用朗读技能，更好地获取文本信息、理解文本。

（二）诵读

诵读即用清晰响亮的声音、高低抑扬的腔调念出来。从文字上看，诵读较之于朗读，增加了一个特点：高低抑扬的腔调。可知，诵读更强调语言表达的高低变化、抑扬顿挫，更注重对停连、延音、重音的处理，强调韵律、节奏、腔调等各种口诵技巧以及内心丰富的情感注入，是较之朗读更为艺术化的语言表达。

《课程标准》中诵读主要运用在优秀诗文中，第一学段是诵读"儿歌、儿童诗和浅近的古诗"，第二、三学段都是诵读"优秀诗文"。在对优秀诗文的鉴赏和品味中，诵读无疑是一种最佳的选择。因为优秀诗文往往音律和谐、节奏鲜明、语言凝练、言简意赅，作者的情感与表达融为一体，特别适合诵读。清代学者姚鼐在《尺牍与陈硕士书》曾指出："大抵学古文者，必要放声疾读，只久之自悟；若但能默看，即终身作外行也。"（转引自潘文国，2002：134）因为"放声疾读"可以通过诵读者的声音激活作者潜藏在文字里的声音，更好地体会作者蕴含在声音里的节奏、气息、情感；默读就是不出声地读，就过滤了潜藏在文字里的声音，对依附在声音里的情感自然也难以深入触及。可见，诵读对理解和感知古诗文的意义和价值。叶圣陶也曾说过："吟诵的时候，对于讨究所得的不仅理智地了解，而且亲切地体会，不知不觉之间，内容与理法化而为读者自己的东西了，这是最可贵的一种境界。学习语文学科，必须达到这种境界才会终身受用不尽。"（叶圣陶，2020：77）可见，在我国的语文教育中诵读法是诗文阅读非常重要的方法之一。

《课程标准》中重视诵读的情感体验和审美体验，对儿歌、儿童诗、古诗的诵读，要求"展开想象，获得初步的情感体验，感受语言的优美"，对优秀诗文的诵读，提出"在诵读过程中体验情感，展开想象，领悟诗文大意"，注意通过"语调、韵律、节奏等体味作品的内容和情感"。诵读的情感体验，即通过诵读可以获得丰富的情感体验，感受作品中蕴含的微妙情感。因为优秀诗文往往在语言文字的音响节奏、声律气韵中，附着了丰富的内涵和情感。诵读者就可以通过诗文中声律和节奏的变化，感知和体会作者的情感变化，更好地走进作者的心灵世界，与文本展开对话。诚如周振甫在《技能的训练和理论的研讨》中所言："读时分轻重缓急，恰好和文中情事的起伏相应，足以帮助对于文章的了解，领会到作者写作时的情绪；懂得音节和情绪的关系，到写作时，自会采用适宜的音响节奏来表达胸中的情意。"（周振甫，2015：1）诵读的审美体验，即通过诵读可以获得丰富的审美体验。诵读中最容易被启动的是蕴含在语言文字中的音乐美，语言的音乐美又被称为韵律美、声韵美，表现为押韵、平仄、双声、叠韵、叠字等语音特征所形成的听觉上的审美感受。在诵读中可以体验到诗歌语言的音乐美，并受到情感的熏陶。通过诵读，还可以想象诗文中意境美、画面美，这是一种审美的体验、感知和教育，重在欣赏和品味。

（三）默读

朗读和默读是阅读的两种基本形式，是理解课文的最重要的方法。和朗读一样，《课程标准》中也非常重视默读。默读的学习要求贯穿了小学语文教育的全阶段。从第一学段的"学习默读"，到第二学段的"初步学会默读，做到不出声，不指读"，再到第三学段的"默读有一定速度，默读一般读物每分钟不少于 300 字"，都旨在让学生通过学习默读、学会默读，提高自身的阅读能力和阅读效率。

在默读的要求中，有两点值得注意。第一，默读要求"不出声，不指读"，这和朗读的放声而读完全不同。默读的"默"，就是要抑制口头发音，避免耳朵受语音的干扰，实现书面语言信息的眼脑直映，让书面语言更直接和便捷地转化为读者个体的内部语言，大大加快了阅读的速度。同时，默读的发音器官被抑制，读者的注意力就可以分配给思考、比较、分析、推敲、总结等，有助于读者更好地理解作品的内容和思想。第二，默读的速度。默读是眼睛和大脑的直接合作，默读可以扩大阅读视域的广度，可以是一目一词、一目一句、一目一段甚至是一目十行，大大提升了阅读的速度。在规定时间内完成一定量的阅读材料，是训练默读的良好方式。在信息飞速发展的当下，默读是一种非常必要的阅读技能。

（四）略读与浏览

《现代汉语词典》将"略读"中的"略"定义为"简单（跟'详'相对）"（中国社会科学院语言研究所词典编辑室，2017：857），即简单地读。"浏览"定义为"大略地看"（中国社会科学院语言研究所词典编辑室，2017：

834），两者所指相差不大，都是指快速阅读文章以了解其内容大意的阅读方法，大致类似于古人所言的"不求甚解""观其大略"。相对于朗读和默读，略读和浏览更应引起阅读教学的重视：一方面，长期以来，略读和浏览都较被忽视，学生在该方面获得的技能技巧相对欠缺；另一方面，略读和浏览在实际阅读中却被广泛运用。由于生活节奏加快和信息更加多元，现代人们越来越需要运用略读和浏览的方式来快速获取自己需要的信息。

顺应现实的需求，《课程标准》明确提出了略读和浏览的目标要求：一是"学习略读，粗知文章大意"（第二学段），二是"学习浏览，扩大知识面，根据需要搜集信息"（第三学段）。表述看似简单，却把核心要素表达得非常清楚。略读和浏览，目的在于了解文章的大意、梗概，读者可以根据自己的需求有选择地进行阅读，可以重点抓住一些关键信息，跳过某些细节或某些部分，以求抓住文章的大概，从而加快阅读速度，提高阅读的效率。略读和浏览的价值在于快速广泛地搜集到自己需要的信息，提高学习质量和工作效率。

（五）背诵和复述

背诵是强化记忆作品内容和语言形式的阅读方法。背诵也贯穿了小学语文教育的全过程。《课程标准》从第一学段开始就要求背诵优秀诗文，并且有数量要求，《课程标准》附录上优秀诗文背诵推荐篇目共计 75 篇。背诵作为一种最为古老而传统的语文阅读方式，虽一度曾被人诟病，却也一直是活跃在阅读教学之中。

复述指把作品的内容用自己的话表达出来，用自己的言语重复作品的主要内容，有加深记忆、加强理解、促进表达的效果。《课程标准》在第二学段中提出"复述叙事性作品的大意"的阅读要求，因为叙事性作品往往在时间、地点、人物、事件方面较为客观明确，为复述提供必要的人物背景和时空背景，便于学生开展复述训练。更重要的是，叙事性作品的主要特征即"叙事"，叙事中故事情节的生动、具体、曲折、连贯，会决定作品的艺术价值。因此，叙事性作品对情节往往精心设计、反复锤炼，这种情节性也非常适合学生进行复述训练。

《课程标准》中倡导交给学生常见的、实用的、适用的各种阅读方法，并且根据不同的阅读内容、不同的阅读目的采用不同的阅读方法，从刚开始的"领着学"到"学着用"再到"学会用"，都旨在教会学生使用恰当的阅读方法，培养独立阅读的能力。

三、选择适宜的阅读文本

阅读文本，是汉字、标点、语法、修辞等语言知识的承载者，更是阅读内容的直接呈现。阅读文本的选择，直接影响着语言基础知识的习得，影响着阅读的质量和阅读的效果，影响着学生阅读兴趣和阅读习惯的养成，还直接关涉学生自我精神的建构、民族文化和民族精神的传承。《课程标准》对阅读文本的定位和引领，可以从阅读文本的类型、阅读文本的数量、阅读文本的主题、阅读文本的难易度等角度展开。

（一）阅读文本的类型

阅读文本的类型主要有文学类文本和信息类文本，《课程标准》虽然没有很明晰的阅读文本类型的分类，但是对文学类和信息类的基本类型也都有所涉及。第一学段包括童话、寓言、故事、儿歌、儿童诗和浅近的古诗等文学类文本。第二学段文学类文本涵盖了叙事性作品（小说、叙事诗、叙事散文、戏剧等）和抒情性作品（抒情诗、抒情散文、中国的戏曲文学等）。第三学段除了文学类文本，还增加了信息类文本，如广告、说明书、提要、提示、规则、章程、解说词、科学小品等。不同的文本类型，有不同的价值取向，叙事性作品和抒情性作品有助于培养学生阅读的欣赏趣味，信息类文本有助于构建学生多元的知识结构。阅读文本类型的丰富性、多元性，有助于培养学生的阅读兴趣和阅读能力。尤其值得一提的是，《课程标准》中非常重视优秀古诗文的背诵。古诗文是我国古典文学中的瑰宝，集母语表达、文人情感、民族审美、民族精神、文化品格于一身。小学阶段对优秀古诗文的背诵，不但为学生烙上一生的精神底色，也有助于中华民族文化的传承。

（二）阅读文本的数量

阅读是一个持之以恒、熟能生巧的过程，这就涉及阅读量的积累，只有当阅读量达到一定的程度，才会有阅读能力质的飞跃。《课程标准》中对阅读量提出了明确的要求。除了小学语文教材中文本的阅读，还有各学段阅读量的明确要求：第一学段"背诵优秀诗文50篇（段）""课外阅读总量不少于40万字"，第二学段"背诵优秀诗文60篇（段）""课外阅读总量不少于100万字"，第三学段"背诵优秀诗文80篇（段）""课外阅读总量不少于260万字"。扩大阅读量，才能拓展学生的认知水平，增强学生的知识积累，同时也有助于培养学生良好的阅读习惯。

（三）阅读文本的主题

《课程标准》的总体目标明确提出："在语文学习过程中，培养爱国主义、集体主义、社会主义思想道德和健康的审美情趣，发展个性，培养创新精神和合作精神，逐步形成积极的人生态度和正确的世界观、价值观"；"认识中华文化的丰厚博大，汲取民族文化智慧。关心当代文化生活，尊重多样文化，吸收人类优秀文化的营养，提高文化品位"（中华人民共和国教育部，2012：6）。这是对学生思想观念、审美情趣、情感态度、文化品位和价值取向的定位和要求。语文教育中对该方面的落实最重要、最有效的途径就是阅读，即"以文化人""以文育人"。因此，阅读文本的主题至关重要，它是文本的灵魂，也是文本的统帅。诚如《易传》所言"圣人立象以尽意"（《易学百科全书》编辑委员会，2018：332），这里的"意"即一个作品最基本的内容和最核心的意义，也正是我们所说的主题，是一个作品的根本价值之所在，对读者有精神对话与价值引领的作用，与《课程标准》中所提的"受到优秀作品的感染和激励，向往和追求美好的理想"（中华人民共和国教育部，2012：13）一脉相承。

这里特别需要提出的是，《课程标准》中对文学类作品的重视程度颇高，尤其重视对文学作品思想感情和主旨的体会和把握，第一学段的"获得初步的情感体验"，第二学段的"体会文章表达的思想感情""在诵读中体验情感，展开想象，领悟诗文大意"，第三学段的"体会作者的思想感情""大体把握诗意"，都在强调阅读对作品主题、思想、情感把握的重要性。这与我们语文课程育人目标相一致，更是语文课程育人目标的内在要求。因为文学对学生的人格塑造和自我精神的构建有着特殊的功能，世界上有永久价值的文学作品，对人心灵世界的重构有着不可磨灭的影响。语文教育就是充分发挥和借助文学这股强大的影响人心的力量，启迪学生的心智，润泽学生的心灵，培养社会主义事业的接班人。

（四）阅读文本的难易度

阅读文本的难易度比较难以明确区分。《课程标准》中也没有明确提出，只是在第一学段中指出"阅读浅近的童话、寓言、故事""诵读儿歌、儿童诗和浅近的古诗"，第三学段中提出"阅读简单的非连续性文本"，这里在童话、寓言、故事、古诗前的"浅近的"和对非连续性文本前的"简单的"，都在示意阅读文本应结合学生的年龄特点有难易的不同。阅读文本的难易度可以从定性和定量两个维度展开：定性维度上，包括文本含义、目的、意义、语言结构、语言特点、所要求的背景知识等，只能由读者通过专心的阅读才能测量出难度；定量维度上，包括了词汇长度或词频、句子长度、文本连贯性等，这方面可以通过计算机软件精准测出。阅读文本的难易度除了与文本自身的难度相关，还与读者有关，所以判断文本难易度时，还应考虑读者与任务的维度，该维度包括了读者的特点（如动机、背景知识和经验等）以及阅读任务的特点（如阅读目的、任务的复杂度及问题难度等）。阅读文本的难易度方面还有待语文教育界进一步探索。

需要补充说明的是，阅读文本是学习和积累语言基础知识的绝好材料。阅读文本由语言文字组成，学生可以通过文本阅读学习汉字、标点、语法、修辞等有关语言文字及其运用的相关知识，掌握与阅读文本有关的相关背景知识。部编版教材非常重视通过阅读的方式积累语文知识，提高语文素养。《课程标准》中阅读的分学段目标与要求都有语言知识积累的要求：第一学段"积累自己喜欢的成语和格言警句"，第二学段"积累课文中的优美词语、精彩句段，以及在课外阅读和生活中获得的语言材料"，第三学段"能联系上下文和自己的积累，推想课文中有关词句的意思，辨别词语的感情色彩，体会其表达效果"。

第三节　阅读编排的基本情况及特点

阅读提要

熟悉部编版小学语文教材阅读的编排基本情况，掌握编排体例、编排内容及呈现方式上的特点，并能根据相关的理念自主探究和提炼部编版小学语文教材阅读编排的特点。

阅读能力的培养是小学语文教育的重要组成部分，小学语文教材对阅读的编排也有多方面的探索，出现过以文体为主线、以文学发展史为主线、以主题单元为主线、以语文知识为主线等不同的编排方式。部编版小学语文教材在阅读的编排上汲取经验，取长补短，锐意革新。

一、编排体例

部编版小学语文教材阅读板块在编排体例上具有三大特点：一是以单元主题和语文要素两条线索齐头并进的方式组织单元，在单元主题和语文要素两者的共同作用下精选阅读文本、处理阅读文本，并通过单元导语、课后习题、语文园地的相关栏目加强语文要素的设计；二是编排时有意识地将阅读和习作深度融合，充分体现读写结合、以读促写的编排思想；三是编排时注意读写听说相互照应，形成综合学习体，整体提升学生的语文能力和语文素养。

（一）阅读板块以单元主题和语文要素两条线索组织单元

部编版小学语文教材阅读板块以单元主题和语文要素两条线索组织单元，阅读板块的单元主题涵盖了人文主题、文体、阅读策略、经典作家等方面，阅读文本的选择优先满足每个单元主题的要求。阅读板块的语文要素具体呈现为阅读知识、阅读能力、阅读方法、阅读习惯等，贯穿于"课后习题""交流平台""字词句运用""日积月累"等之中，教材中对语文要素的细化处理，旨在将阅读的知识、技能、方法、习惯等进行科学化的分解，尽量将阅读知识与能力、方法与习惯可视化、可模仿、可操作。以四年级上册阅读板块的编排来看（见表5-1），全书一共编排了八个单元，除第五单元以习作为中心外，其余都是以阅读为中心的学习单元，可见阅读在语文教育中具有举足轻重的地位。教材在单元导语中明确提出该单元的主题和语文要素。单元主题的言语表达往往简明扼要、引经据典、彰显文化底蕴，如"江流天地外，山色有无中""为学患无疑，疑则有进""天下兴亡，匹夫有责"，等等。语文要素侧重阅读知识、技能、方法的提示，是《课程标准》对阅读内容和要求的具体呈现。如"边读边想象画面，感受自然之美""阅读时尝试从不同角度去思考，提出自己的问题""关注主要人物和事件，学习把握文章的主要内容"等，与《课程标准》中对本学段的阅读目标与要求相一致，是《课程标准》中"能初步把握文章的主要内容，体会文章表达的思想感情。能对课文中不理解的地方提出疑问"（中华人民共和国教育部，2012：10）的具体落实。语文园地"词句段运用"栏目中"成语想人物或故事""读句子感受想象的神奇"以及"日积月累"栏目中"提问、质疑的名言警句"等，都是紧扣单元主题和语文要素进行细化和强化设计，直接服务于本单元的单元主题和语文要素，有助于提升学生的阅读能力和阅读素养，也凸显了语文课程"人文性与工具性相统一"的基本特点。

表5-1　部编版小学语文教材四年级上册阅读板块编排一览表

单元	单元导语		课文	交流平台	词句段运用	日积月累	快乐读书吧
	单元主题	语文要素					
第一单元	江流天地外，山色有无中。——[唐]王维	边读边想象画面，感受自然之美	《观潮》《走月亮》《晚秋的江上》《花牛歌》《繁星》	描写想象画面，想象描写的声音、味道。	根据词语想画面，选事物描绘	古诗《鹿柴》	
第二单元	为学患无疑，疑则有进。——[宋]陆九渊	阅读时尝试从不同角度去思考，提出自己的问题	《一个豆荚里的五粒豆》《蝙蝠和雷达》《呼风唤雨的世纪》《蝴蝶的家》	提出问题，善于提问，不同角度提问。		提问、质疑的名言警句	
第三单元	处处留心皆学问	体会文章准确生动的表达，感受作者连续细致的观察	《暮江吟》《题西林壁》《雪梅》《爬山虎的脚》《蟋蟀的住宅》阅读链接《燕子窝》	细致观察，连续观察，观察要看、听、想。		准确表达季节的名言警句	
第四单元	神话，永久的魅力，人类童年时代飞腾的幻想	了解故事的起因、经过、结果，学习把握文章的主要内容，感受神话中神奇的想象和鲜明的人物形象	《盘古开天地》《精卫填海》《普罗米修斯》《女娲补天》	神话充满想象，神话人物个性鲜明，神话表达对世界的认识。	成语想人物或故事，读句子感受想象的神奇	嫦娥	中国神话世界神话
第五单元	我手写我心，彩笔绘生活	了解作者是怎样把事情写清楚的	《麻雀》《爬天都峰》	习作例文《我家的杏熟了》《小木船》			

单元	单元导语		课文	交流平台	词句段运用	日积月累	快乐读书吧
	单元主题	语文要素					
第六单元	童年啊！是梦中的真，是真中的梦，是回忆时含泪的微笑。——冰心	学习用批注的方法阅读，通过人物的动作、语言、神态体会人物的心情	《牛和鹅》《一只窝囊的打老虎》《陀螺》	批注的方法、使用时机、效果等。	选词语用动作描写来表现	八字成语	
第七单元	天下兴亡，匹夫有责	关注主要人物和事件，学习把握文章的主要内容	《出塞》《凉州词》《夏日绝句》《为中华崛起而读书》《梅兰芳蓄须》阅读链接《难忘的一刻》《延安，我把你追寻》	题目有时能提示文章的主要内容。弄清事情的起因、经过、结果，能帮助我们把握文章的主要内容。弄清文章的事件，把握文章的主要内容。	"精忠报国"等词语形容哪些人	古诗《别董大》	
第八单元	时光如川浪淘沙，有史留名多俊杰	了解故事情节，简要复述课文	《王戎不取道旁李》《西门豹治邺》《扁鹊治病》《纪昌学射》	复述课文要熟悉课文，抓住课文的主要内容，按照事情发展顺序进行。	长句和短句表达上的不同	人物描写的词语	

（二）阅读板块和习作板块深度融合

部编版小学语文教材编排中，有意识地将阅读和习作深度融合，充分体现了读写结合、以读促写的编排理念。从第二学段开始，部编版教材80%的单元都是阅读和习作相互融合编排，并在思想、情感、观点"如何表达"上，找到了两者之间的关联点。在阅读中习得作者如何表达的方法，在习作中尽量有意识地运用相应的表达方法，达到一箭双雕的效果，同时提高阅读效率和习作能力。比如四年级下册第四单元的《白鹅》课后习题设计为："课文里有许多表现鹅高傲的词语，如'引吭高歌''傲然''架子十足'。找一找，分类抄下来，再体会作者是如何把'高傲'写清楚的。"（温儒敏，2019b：56）编者在引导学生思考文本"表达了什么"的同时引导学生思考文本是"如何表达"的问题。这"如何表达"的思考就是在充分挖掘经典课文作为学生习作范文的价值，有意识地训练学生的习作思维和习作能力。本单元习作设计就是"我的动物朋友"，习作要求着重思考写动物的哪些方面以及这些方面有哪些特点，这正是课文中编者立足于阅读文本时思考的要点，"体会作家是如何表达对动物的感情的"，同时也是"如何写出动物的特点"在习作中的具体运用，充分体现以读促写的编排理念，让学生在阅读文本中习得"如何表达"的具体方法。习作中尝试运用相应的表达方法，使阅读和习作在吸收和表达上紧密相连，达到部编版小学语文教材在阅读板块和习作板块的深度融合。

即使在习作单元的编排中，读写结合的理念也体现得十分明显。在习作单元中，不但编排了阅读文本，还专门编排了习作例文。如五年级下册第五单元是"描写"的习作单元，教材中编排了《人物描写一组》（精选了《摔跤》《他像一棵挺脱的树》《两茎灯草》三个经典片段）和《李子刷》分别从动作描写、外貌描写、典型事例描写、语言描写的角度"学习描写人物的基本方法"。教材中还给出了两篇的习作例文《我的朋友容容》《小守门员和他的观众们》，在内容和语言上都贴近学生生活，便于学生模仿借鉴；并在例文上给出了相应的旁批，以便更好地阐明习作知识的具体内涵及具体运用，以完成本单元的习作要求《形形色色的人》"初步运用描写的基本方法，具体地表现一个人的特点"。从经典片段的节选，到片段间不同角度的安排，再到朋辈间作品的借鉴以及相应的旁批，足见编者在以读促写上所花的功夫，充分挖掘了范文引路的功能。

（三）读写听说相互照应，形成综合学习体

部编小学语文教材的编排中，阅读板块和口语交际、习作、语文园地各个板块之间相互照应、相互关联，在单元导语的统领之下，形成语文知识、语文能力、语文素养的综合学习体。同时阅读、口语交际、习作、语文园地之间的编排又相对独立，完成各自独立的使命和任务。如四年级上册第三单元，单元导语"处处留心皆学问"点明单元主题为观察，直接统领了阅读文本的选择和习作内容的编排。入选教材的古诗（《暮江吟》《题西林壁》《雪梅》）、现代文（《爬山虎的脚》《蟋蟀的住宅》）以及阅读链接的《燕子窝》，是分别从连续、细致观察，不同角度观察，观察中融入情感等角度遴选的名篇佳作，为学生理解观察、掌握观察方法以及在习作中表达观察所得，提供了直接的示范。同时，该单元习作安排的是"写观察日记"，口语设计的是"爱护眼睛、保护视力"，"交流平台"中总结了观察的方法。此外，该单元"日积月累"中还收集了准确表达季节的名言警句，这些名言警句是中华民族长期对自然界的观察和经验的提炼与总结。整个单元紧扣"观察"展开，将读写听说巧妙相融，形成语文综合学习体，试图从整体上提升学生的语文能力和语文素养。

二、编排特点

（一）单元主题既有人文传承又有新拓展

1. 有效沿用以人文主题组元的编排方式

部编版小学语文教材的单元主题充分吸收了以往语文教材编排中采用的人文主题，紧扣人文属性，分别从人文与自我、人文与社会、人文与自然的角度遴选出不同的人文主题。人文与自我类编排了"童年真善美""童年""成长的故事""难忘小学生活""舐犊之情""英杰人物""生命价值""美好质量""伟大人格""人物质量"等主题。这些主题是学生所熟悉的生活内容，散发出浓郁的生活气息，洋溢着童真童趣，能够唤起学生对美好生活的向往。与之同时，教材重点编排了提升学生道德情操和人格品位的人文主题，包括纯正高尚的道德质量、舍己为人、关爱他人、尽职尽责、顽强拼搏、坚强意志等。这些主题所展示的内容是中华民族优秀儿女的人格品位和道德情操的具体体现，为学生思考自我该成为怎样的人做出了积极的引领和示范。人文与社会类有"祖国，我爱你""中国传统文化""家国责任""革命岁月""爱国""艺术""科技""科学发现""习俗"等主题。这些主题重在培养学生的家国情怀，增强学生的民族自豪感和荣誉感，增进民族情感和民族文化的归属感，以期待在丰富的民族文化和民族精神的滋养下，孕育出一批为中华民族崛起而奋斗的民族栋梁之材。人文与自然类有"大自然的礼物""美妙的自然界""天地间的奥秘""四时景物皆成趣""大自然的生灵""寄情山水""山川湖海""大地""乡村""动物""美景"等主题。这些自然主题重在引导学生感受自然的美妙与神奇，欣赏大自然的美丽和魅力，唤醒学生尊重自然和保护自然的意识，珍爱人类的栖息地，以构建人与自然和谐共处的生存模式。

2. 单元主题向"文体组元"和"阅读策略组元"方面拓展

部编版小学语文教材在对"主题"定位上有了进一步拓展与延伸。表现在三个方面：一是紧扣阅读文本的文体类型和特点，编排独立的文体单元；二是紧扣阅读方法，编排以阅读策略为主题的独立单元；三是紧扣文学教育，编排以"文学名著"和"经典作家"为主题的独立单元。

第一，紧扣阅读文本的文体类型和特点，编排独立的文体单元。

紧扣阅读文本的文体类型和特点，从第二学段开始分别编排了独立的文体单元，包括寓言、童话、故事、神话、诗歌、说明文、民间故事、小说等文体，单元导语、课后习题、交流平台、快乐读书吧等紧扣文体特征展开编排。这大大增强了阅读教学中的文体意识，加强了阅读教学对文体的理性认知。这是阅读教学多年以来忽视文体之后对文体的一次理性回归。文体是文章作品在结构形式和语言表达上所呈现的具体样式和类别，它体现了人们在长期的读写实践中对文章作品本身的规律和特质的认识与把握。关于文体在写作和阅读中的重要价值，刘勰在《文心雕龙·熔裁》和《文心雕龙·知音》中早就表述得很清晰明确，且也一直以来为历代文学批评家所高度推崇。《文心雕龙·熔裁》中提出创作三准论："是以草创鸣笔，先标'三准'：'履端于始'，则设情以位体；'举正于中'，则酌事以取类；'归余于终'，则撮辞以举要。"（刘勰，2015：197）创作中的第一条就是"设情以位体"，即根据情理确定文章体裁进行创作。《文心雕龙·知音》中提出文学鉴赏的六观说："是以将阅文情，先标'六观'：一观位体，二观置辞，三观通变，四观奇正，五观事义，六观宫商。"（刘勰，2015：277）六观说将"观位体"置于首位，此处的"体"即文体，足见文体在历代文学创作和鉴赏中的重要地位和价值。部编版小学语文教材对文体单独组元，有助于学生形成一定的文体意识，让学生能根据不同的文体对文本的内容选择、结构安排、技巧运用和语言表达等进行专业解读，能根据不同的文体自觉选择适宜的阅读方法，提高阅读文本的理解能力和鉴赏能力，提高阅读效率。

第二，紧扣阅读方法，编排以阅读策略为主题的独立单元。

部编版小学语文教材编排了以"提问""批注""阅读速度""读书""根据阅读目的，选用恰当的阅读方法""整体阅读"等阅读策略为主题的独立单元，这种单元组织形式是这套教材在主题组元方面的创新之举，也是将阅读策略提到了显性的位置上来进行"明里探讨"。秉持"授之以鱼不如授之以渔"的教学理念，教材通过教授学生适当的阅读方法和策略，着力培养学生自主阅读、终身阅读的良好习惯。以四年级上册第二单元为例，本单元以"提问"策略为主题组元，单元导语"为学患无疑，疑则有进。——［宋］陆九渊"简明扼要地点名了主旨。语文要素是："阅读时尝试从不同角度去思考，提出自己的问题。"阅读文本《一个豆荚里的五粒豆》，在阅读之前有阅读提示：

"读课文，积极思考，看看你能提出什么问题。"阅读之后有课后习题："读完课文，把你的问题写下来。""小组交流，仿照下面的问题清单整理大家提出的问题，说说你有什么发现。"（该习题有提示语："我发现有的问题是针对课文的一部分内容提的，有的问题是针对全文提的。"）在阅读文本《蝙蝠和雷达》《呼风唤雨的世纪》《蝴蝶的家》中基本编排思路一致，分别针对课题和内容从不同的角度提出问题，帮助学生打开思路，进行提问有效性的筛选，并能根据问题清单学着对文本进行提问。该单元语文园地的"交流平台"对"根据阅读需要提出问题""不同角度提问""养成善问好问的习惯"等进行了单元主题的梳理，"识字加油站"和"词句段运用"引导学生积极主动发现问题，"日积月累"栏目中就古代关于质疑、提问的名言警句进行了梳理，完成了该单元一以贯之的整体设计。

第三，紧扣文学教育，编排以"文学名著"和"经典作家"为主题的独立单元。

关于语文概念的界定，有语言文字说、语言文章说、语言文学说、语言文化说，更有语言文字文章文学文化综合说等。其中，语言文学说受到了学界不少学者的认可，如王尚文就在《语文是什么？——呼吁"语文"一分为二》中专门提道："'汉语'和'文学'基本上是两股道上跑的车。'汉语'教育是从语言学的角度进行有关汉语言文字的基本知识、技能的教学，主要目的在于培养学生正确理解和运用汉语言文字的能力。文学教育是人格教育、心灵教育、情感教育、审美教育，它不能去讲关于语言文字本身的系统完整的知识，也不能以培养学生的语言能力为主要责任。"（王尚文，2004d：4-5）我国基础教育的课程设置中虽然没有文学课程，但是文学对国民精神、心灵、审美、人格的影响依旧存在。部编版小学语文教材积极落实基础教育对文学教育的诉求，专门独立编排了以"文学名著"和"经典作家"为主题的单元，这是教学主题拓展的一种有益探索，也是对文学教育重要性的积极回应。

部编版小学语文教材在五年级下册、六年级下册分别编排了"中国古典名著"和"外国文学名著"单元，六年级上册编排了以经典作家鲁迅为主题的独立单元。"中国古典名著"单元的编排颇见功力，为引导学生初步接触中国古典文化，激发阅读古典文学的兴趣，编者精选了四大名著的适宜版本和适合学生阅读的章节。第一篇《草船借箭》是现代文，根据人民文学出版社出版的《三国演义》（1973）改编，课后的"阅读链接"中的片段则是节选自该版本第四十六回"用奇谋孔明借箭　献密计黄盖受刑"的原文。之后的《景阳冈》《猴王出世》《红楼春趣》皆选用原文，以让学生初步感受古代白话小说的语言风格。编排上先易后难，辅之注释、插图等，领着学生初步接触原汁原味的古典小说，在阅读中感受中华传统文化的魅力，增强学生的文化认同感和民族自豪感。外国文学名著的编排采用节选的方式，分别选用了《鲁滨逊漂流记（节选）》《骑鹅旅行记（节选）》《汤姆·索亚历险记（节选）》，在开拓视野的同时引领学生进行整本书的阅读，可谓一举多得。

经典作家组元，也是部编版小学语文教材单元主题的一种方式。教材在六年级上册第八单元编排了以鲁迅为主题的单元，有鲁迅的简介，有鲁迅的经典作品《少年闰土》《好的故事》，有写鲁迅的经典作品《我的伯父鲁迅先生》《有的人——纪念鲁迅有感》，还有阅读技能技巧的要求，如该单元导语中明确提出本单元的学习要注意学会"借助相关资料，理解课文的主要内容"。整体而言，该单元旨在引导学生更全面地认识鲁迅、走近鲁迅、理解鲁迅，促进学生主动阅读鲁迅的作品，更好地与鲁迅进行心灵的对话与交流。

（二）阅读文本既有量的保证又有质的提升

一套教材阅读文本质量的高低，直接决定了这套教材质量的高低。部编版小学语文教材在阅读文本的数量、质量等方面都有可圈可点之处。

1. 通过各种途径提供大量阅读文本，扩大阅读面

部编版小学语文教材对阅读板块重视程度高，阅读板块占比大：教材通过各种途径和方式提供大量阅读文本，提高学生的阅读量，扩大学生的阅读面。第一学段中，教材主要有拼音识字、课文、口语交际、语文园地这四个板块，在这些板块中，阅读文本的出现率高。低段识字单元的编排，充分依托儿歌、对韵歌、姓氏歌、猜字谜等展开；拼音板块的编排，也是以儿歌等文本展开，随拼音分别编排了《轻轻跳》《说话》《在一起》《过桥》《绕口令》等儿歌。随文识字中文本的选编是主角，语文园地中的"我爱阅读""日积月累""快乐读书吧""和大人一起读"都是在努力让学生接触阅读、爱上阅读。第二学段开始，每册教材的编排分为 8 个单元，每册会有 1 个单元是习作单元，以阅读为主体的单元编排，约占了 80% 以上。同时，习作单元的编排也离不开阅读文本，因为以读促写依旧是本套教材编写的基本思路。在综合性学习单元的编排中，阅读也是不可缺席的重要组成部分。语文园地中的"快乐读书吧""日积月累"等栏目都在推广阅读，高段还引领学生进行整本书的阅读，以完成《课程标准》中提出的六年累计不少于 150 万字的阅读量。

2. 阅读文本沿用经典又大胆推新

部编版小学语文教材在文本选择上，充分沿用了经典课文，又大胆开发新

课文，以保证学生阅读文本的高质量。

在经典课文的沿用上，编者不但从十余套 2001 年以来教育部审定颁布的全日制义务教育课程标准实验教科书中吸取，如《美丽的小兴安岭》《掌声》《圆明园的毁灭》等，还从人民教育出版社不同时期编写的小学语文教科书中遴选，如部编版小学语文教材一年级上册的《秋天》选自《五年制小学课本语文第一册》（1988 年版），《升国旗》选自人民教育出版社《九年一贯制试用课本（全日制）语文第一册》（1960 年版），一年级下册《小公鸡和小鸭子》选自人民教育出版社《全日制十年制学校小学课本（试用本）语文第一册》（1978 年版），甚至还有课文是从语文独立分科以来的民国时期的小学语文教科书中提取，一年级下册《春夏秋冬》选自商务印书馆《最新初等小学国文教科书第一册》（1912 年版）。这些课文在文本的原生价值和教学价值上都经历过教学实践的洗练，得到了广大师生的认可，再次入选教材，有助于增加部编版教材选文的经典性。

部编版小学语文教材的选文整体上呈现出如下特点：一是第一学段儿歌、儿童诗、古诗等韵文体作品占比大，二是增加传统文化类、革命传统类作品，三是重视实用文体方面的更新与完善。这些特点加强了部编版小学语文教材选文的时代感，进一步提升了教材的育人价值。

第一，第一学段儿歌、儿童诗、古诗等韵文体作品占比大。部编版小学语文一年级上册共选入教材 45 篇，韵文体就占了 75.5%，通过韵文体的诵读，以增强学生对汉语言文学的音韵感知能力和审美能力。此外，这些入选的作品还分别有自己的教学价值。在汉语拼音中，编排了《轻轻跳》《说话》《在一起》等儿歌，旨在通过儿歌来帮助学生认识拼音、读准拼音。在"和大人一起读"中编排了《剪窗花》《春节童谣》《谁会飞》等童谣，旨在加大传统文化的元素，增强学生的民族文化认同感。课文中编排了《动物儿歌》《日月明》《猜字谜》等，旨在从字理识字、趣味识字的角度出发，增强学生对汉字的热爱之情。课文中还编排了《青蛙写诗》《影子》等儿童诗，旨在从童真童趣的儿童认知心理出发，增强学生对儿童诗的体验和热爱。"日积月累"中编排了《咏雪》《悯农》《风》等古诗，旨在加强学生对浅易古诗词的吟诵和传承。根据第一学段学生的识字少和听觉敏感的学龄特点，以韵文体为主要载体编排阅读文本，通过让学生反复诵读，可以有效提高学生对汉语语音的敏感度，让学生充分感受汉语表达的韵律美。

第二，增加传统文化类、革命传统类作品。部编版小学语文教材高度重视传统文化类作品，最显著的表现除了将教材中出现的古诗词增加到 125 首，还选入了古代蒙学读物《三字经》《古对今》《人之初》，民间传说《牛郎织女》《大禹治水》，古代寓言《河蚌相争》，古代神话《羿射九日》，描写传统节日的《端午粽》，经典的警句、格言以及古代名家的经典语录等，配之以经典的国画，大大加强了教材的传统文化底蕴。教材选入革命传统类作品共计32篇，各个学段对革命传统选文都有所涉及，并且呈现出逐级增加的趋势。这些选文传承了传统的经典文本，如《吃水不忘挖井人》《朱德的扁担》《狼牙山五壮士》《我的战友邱少云》《七律·长征》《有的人——纪念鲁迅有感》《少年中国说（节选）》《落花生》《黄继光》《为中华之崛起而读书》《手术台就是阵地》《金色的鱼钩》等作品，同时还新推出了《梅兰芳蓄须》《延安，我把你追寻》《千年梦圆在今朝》《小英雄雨来（节选）》《军神》《清贫》等作品。可见部编版小学语文教材对革命传统选文育人价值的高度重视，重视革命传统选文对学生正确的价值观、人生观的积极引领，着力培养学生的民族自尊心和爱国主义情感。

第三，重视实用文体方面的更新与完善。部编版小学语文教材在实用文体方面新增了《昆虫备忘录》《纸的发明》《海底世界》《宇宙生命之谜》《故宫博物院》等文本。新增的文本主要从以下三个角度考虑。一是文本紧跟时代性和科学性，如《纳米技术就在我们身边》《什么比猎豹的速度快》，有助于学生紧跟时代的脉搏，感知科学技术的神奇，拓宽科学视野。二是文本选择凸显文化信息，如《纸的发明》介绍了我国四大发明之一的造纸术，《故宫博物院》介绍了我国传统精巧的建筑艺术，《金字塔》介绍了古埃及令人惊叹的建筑成就。三是文本选择凸显科学求知意识和探索精神，如《昆虫备忘录》《海底世界》《宇宙生命之谜》等课文激起了学生追求真知、不断探索的科学精神。同时，部编版小学语文教材对人民教育出版社2001年版的小学语文教材有较多的继承，共沿用了《太空生活趣事多》《赵州桥》《一幅名扬中外的画》《花钟》《蜜蜂》《蝙蝠与雷达》《呼风唤雨的世纪》《爬山虎的脚》《蟋蟀的住宅》《向蓝天的恐龙》《太阳》《松鼠》《只有一个地球》《真理诞生于一百个问号之后》《琥珀（选读部分）》等15篇课文。但是在再次入选时，部编版对这些作品言语表达、字词段落等方面进行了进一步调整与完善。如将人教版中《太空生活趣事多》在太空中喝水的"塑胶杯"改为"饮水袋"，用词更规范；将人教版《蜜蜂》"走了两里多路"改为"四公里"，更符合原文中"2.5英里"的实际距离，使得文本的表达更加精确和严谨。将人教版中《松鼠》的语句段落进行删减：第一自然段凸显松鼠的外貌特征，删除了描写松鼠饮食习惯的语句；第三自然段凸显松鼠的生活习惯，删除了关于松鼠用树皮和尾巴渡溪的传说，使得说明文的逻辑更加严密，表达更加清晰。这些删改使得课文更符合说明性文体精确性、严密性的文体要求。

3. 阅读方法科学化的引导

除了编排主题的进一步拓展、阅读文本量与质的提升，部编版小学语文教材对阅读方法的科学化引导也是一大亮点。教材编排中出现了专门以阅读方法为主题的教学单元，这一点，在前文已经有专门探讨，不再赘述。另外，教材还有意识地将阅读方法的指导融入阅读文本之中。一是猜读法的运用，以便学生能更快进入大量阅读；二是带任务阅读，以提高阅读目的性；三是思辨性阅读，以便学生在阅读中培养思考能力；四是批注式阅读，以便提高学生的阅读鉴赏力。

（1）猜读法的运用。在第一学段中，部编版小学语文教材有意识地引领学生对不认识的汉字进行猜读。如一年级下册"在课文中找出不认识的字，猜猜它们的读音"（温儒敏，2016b：108），"在课文中找出不认识的字，猜猜它们的读音和意思，再说说你是怎么猜出来的"（温儒敏，2016b：112），这些要求与以往阅读中不认识的字就查字典或请教的方法不同，而是引导学生根据上下文或画面提示或汉字构型特点进行猜测，然后继续阅读。这避免了学生阅读时因为不认识的字而中断，从而干扰了学生对文本信息的提取，同时也锻炼了学生根据语境推测字词意义，根据汉字构型特点认识汉字等必备的阅读能力。这无疑是一种积极的探索。同时，汉字的构型特点非常复杂，猜读也很容易造成误读、错读的现象，部编版小学语文教材在课文等阅读材料中，对出现的生字词主要还是采用生字上直接注音的方法，以便学生准确读准字音，这是一种明智的选择。根据语境推测词义是一种必要的阅读技巧和能力，有助于学生尽快自主阅读。

（2）带任务阅读。部编版小学语文教材在略读课文的编排中，改变以往提问主要在课后习题中出现的编排方式，而是在题目之下文本之前，就有一个阅读提示，将阅读这篇文章时要完成的主要任务明确提出。如四年级上册《女娲补天》中题目之下文本之前，就设置了："'女娲补天'这个神话故事，处处充满着神奇的想象。默读课文，说说故事的起因、经过和结果。发挥自己的想象，试着把女娲从各地捡来五种颜色石头的过程说清楚，说生动。"（温儒敏，2019b：54）这样的编排方式，不但有助于提高学生的阅读效率，同时有助于培养学生带任务去阅读材料的意识，对学生在以后学习和生活中有目的地搜集资料有积极的帮助。

（3）思辨性阅读。整体而言，思辨性阅读是小学语文教育中需要着力加强的部分。部编版小学语文教材中也体现了对思辨性阅读的一些思考。五年级上册《忆读书》课后习题："你是否赞同作者的这种读书方法？和同学们讨论，说明理由。我决定咬了牙拿起一本《三国演义》，自己一知半解地读了起来，居然越看越明白。虽然字音都读得不对，比如把'凯'念作'岂'，把'诸'念作'者'之类，因为只学过那个字的一半。"（温儒敏，2019c：110）这的确是一个值得探讨的问题，而且教材在低段时就积极引领学生猜读，鼓励提前读，学生也肯定有过同样的读书经历，结合学生的阅读体验，引导学生对文本中的观点进行反思，这个思辨点的切入非常值得赞扬，有助于学生思辨能力的真正形成。

（4）批注式阅读。批注法是我国传统读书法中非常重要的一种读书方法，有助于读者有效地掌握文本中的内容。部编版小学语文教材中将这种方式广泛地运用在习作例文上，通过旁批注明习作中需要引起学生注意的关键点。除此之外，教材还引领学生通过批注法进行阅读。在部编版小学语文六年级上册《宇宙生命之谜》中，由于学生要读懂这篇科技性文本有一定的难度，编者就采用批注法，帮助学生更有效地提取文本的内容。"前面排除了那些不具备生命存在条件的行星，这一段提示火星上有可能存在生命，关于火星的内容很重要。"（温儒敏，2019e：41）类似的批注文本中一共出现了6处，这些批注一方面在梳理文章的脉络，另一方面在提醒学生提取关键信息。这些批注，可以帮助学生阅读时更加专心致志，更有效地理解文本，同时也锻炼了学生的思考力。

部编版小学语文教材采用人文主题和语文要素双线编排的思路，阅读板块就是该编排思路最重要的支撑和最明显的落实。编者根据《课程标准》对阅读的目标与内容要求，以及学生提升阅读能力和素养的内在需求，拓展了人文主题的内涵和外延，丰富了阅读文本的选择范围，加大了阅读方法的教学引领，将阅读习惯和阅读兴趣融合在阅读教学之中。整体而言，这是一种较为成功的探索和编排。

第四节 阅读的教学案例及评析

阅读提要 ....

通过研习部编版小学语文教材阅读的教学设计案例，理解阅读教学的基本要求。

....

一、教学案例：《蜘蛛开店》①

所用教材：部编版小学语文二年级下册

版次：人民教育出版社，2021 年 12 月，第一版第五次印刷

（一）教学内容

1. 教材内容及学情分析

《蜘蛛开店》是部编版小学语文二年级下册第七单元的一篇童话故事，作者鲁冰。课文讲述了一只蜘蛛因寂寞无聊而开编织店却屡遭失败的有趣故事。该单元由四个童话故事组成，指向单元主题——改变。单元核心的语文要素是借助提示开展故事。《蜘蛛开店》涉及的语文要素是借助示意图讲故事。文中三幅插图设计精美，颇富儿童式的夸张想象。三幅插图和课文紧密相连，与课后练习中的示意图也一一对应，组合成更直观、有趣的线索，是"讲故事"的重要补充素材。

本课旨在帮助学生构建讲故事的基本框架，让学生能借助示意图等方法讲故事。这个故事契合儿童的经验和想象，富有童趣，便于学生理解，难度不大。教学中根据学生对课文的理解程度，借助课文中的插图和课后示意图辅助教学，以实现教学目标。

---

① 本案例由 2019 级 8 班小学教育专业张潇月、邓慧敏、范宇、廖姚同学设计，是绵阳师范学院"小学语文教学设计与实训"课程实践的成果之一。

2．教学目标

（1）能够梳理整篇故事的脉络和细节，理清蜘蛛开店失败的原因。

（2）能借助示意图等把《蜘蛛开店》的故事完整生动地表达出来，并能续编故事。

（3）能体会到做好每一件事都是不容易的，养成不怕困难、迎难而上的美好品质。

3．教学重点

（1）梳理整个故事的脉络与细节。

（2）掌握借助示意图讲故事的方法，完整生动地讲故事。

4．教学难点

（1）朗读课文，体会蜘蛛的心情，梳理情节，形成示意图。

（2）掌握借助示意图等讲故事的方法，完整生动地讲故事。

5．教学课时

2课时。

（二）教学方法

情境创设法，角色扮演法，讲授法，讨论法等。

（三）教学过程

表情动作——卖袜子。

1．设疑过渡

经过前面的学习，我们知道了蜘蛛卖过口罩和围巾，接下来它又准备卖什么？我们一起往下学习。

【设计意图：通过提问，自然过渡。在前面的故事中，学生知道蜘蛛卖口罩和围巾都失败了，接下来又会卖什么？通过设疑激发学生的想象力，培养学生的学习兴趣。】

2．研读细节

师：咱们继续读读接下来的自然段，找出蜘蛛接下来又要卖什么？

（学生回答：卖袜子）

【设计意图：在设疑的过程中，学生心中会有一些猜想，让学生读课文再次验证心目中的答案，有助于培养学生的阅读兴趣和能力。同时，培养学生从

文本中准确提取信息的能力。】

师：卖袜子的原因是什么？

（学生发言：袜子织起来很简单）

【设计意图：深层学习蜘蛛卖袜子这一环节，继续运用前面故事中蜘蛛卖口罩和围巾的方法，有助于学生掌握自学故事的方法。同时学生也发现了什么织起来简单蜘蛛就卖什么，这正是蜘蛛不断改变招牌和门店的原因，为后面的"明理"作铺垫。】

师：什么织起来简单就卖什么，可见蜘蛛的决定是随意的，草率的。

师：蜘蛛的招牌换成什么了？

（学生发言：袜子编织店，每位顾客只需付一元钱）

教师点拨：蜘蛛前后仅仅换了两个字，每位顾客仍然只需付一元钱。招牌很简单，可见蜘蛛的决定很随意、草率。

【设计意图：在这一环节中，教师引导学生去解读招牌的内容，发现前后招牌的变化，引导学生通过招牌变化来解读蜘蛛的性格。引导学生挖掘文本细节，培养学生的阅读兴趣和习惯。】

师：当当预言家，关上书，蜘蛛接下来会碰到哪一位顾客？顾客会有怎样的特点？

（学生发言：千足虫，毛毛虫）

教师点拨：特点就是脚很多。

【设计意图："当预言家"的设置，一方面有利于激发学生思考，培养学生的想象力和创造性；另一方面，学完前面蜘蛛卖口罩和围巾的经历，可以发现蜘蛛织每一件东西，都会遇到一个"大客户"，让蜘蛛花费很多精力和材料，还赚不了钱。在这一预言猜想中，学生可以利用前面的故事经验来猜测此次的顾客会有很多脚或者脚很大的特点。这一环节也侧面地培养了学生推理、归纳和总结的能力。】

师：出示课文蜘蛛见到蜈蚣的插图和原文。

（揭晓答案：蜈蚣）

教师点拨：强调"蜈蚣"两个字，都是虫字旁，说明蜈蚣跟虫有关。

【设计意图：这一环节会展示蜈蚣的插图。低段的小学生以具体形象思维为主，插图的使用很有必要，学生通过图片能很直观地看出蜈蚣的特点是脚多，这也预示着蜘蛛开店可能又失败了。这一环节还教授了"蜈蚣"二字，带领学生初步体会形声字的特点，落实随文识字的要求。】

师：请观察插图，结合原文，模仿一下蜘蛛见到蜈蚣时的表情和动作。

（学生模仿）

【设计意图：小学生活泼好动，对新鲜事物充满兴趣和好奇，这一"模仿"环节的设置有利于充分调动学生的积极性。学生模仿蜘蛛表情的过程，也是学生探究体会人物内心活动的过程，表面看只是简单的模仿，实则需要学生结合故事情节揣摩人物内心。】

3．讲故事大会

（1）请学生根据提示信息讲出"蜘蛛卖袜子"的故事。

（学生讲故事）

（其他同学提建议）

（2）根据学生提出的建议引出讲故事的方法四：表情动作。

（3）总结讲故事的方法：理清脉络，寻找细节，发挥想象，表情动作。

【设计意图：通过讲与评环节的设置，一方面，可以培养学生的表现能力，另一方面，让学生提建议，培养学生认真倾听、善于发现的品质。通过学生提出的建议，引导出讲故事的方法和注意事项。】

环节一：让学生根据课文内容填空（梳理整个故事）。

根据课文内容填一填

　　一只_____打算开店卖_____，他给_____织口罩用了一整天，觉得不容易。第二天改成卖_____，来了一只_____，他足足忙了_____，累坏了。后来他改成卖_____，可是来了一条长着_____脚的蜈蚣……

教师根据一个提示信息较多的脉络图（图5-2）将故事生动地讲给学生（示范作用）。

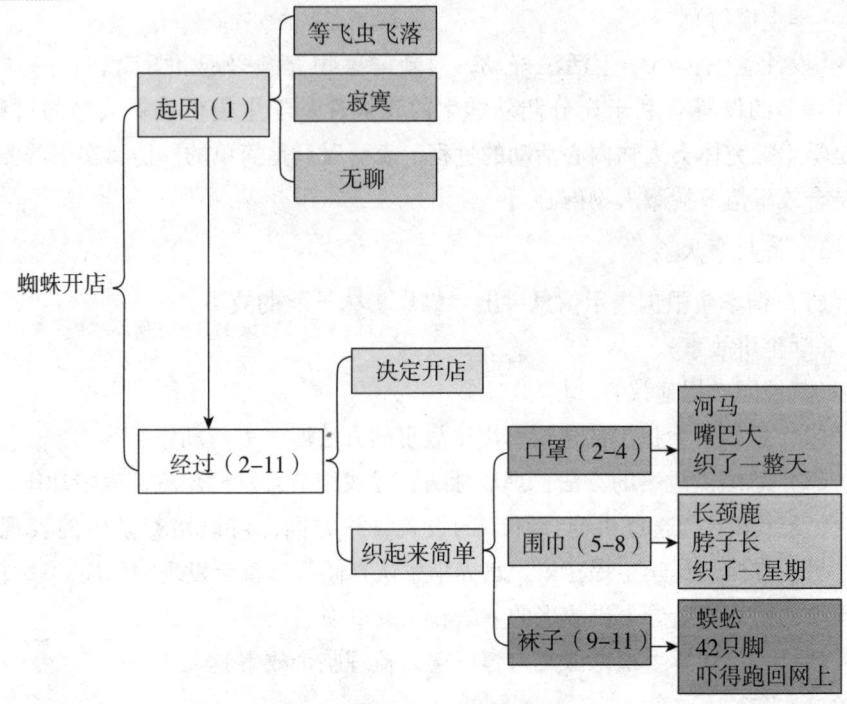

图 5-2　脉络图

环节二：谁是故事大王？让学生根据一个信息较少的框架图（图 5-3），运用学习到的讲故事的不同方法来讲故事，每个小组推选出一个故事大王来全班比拼。

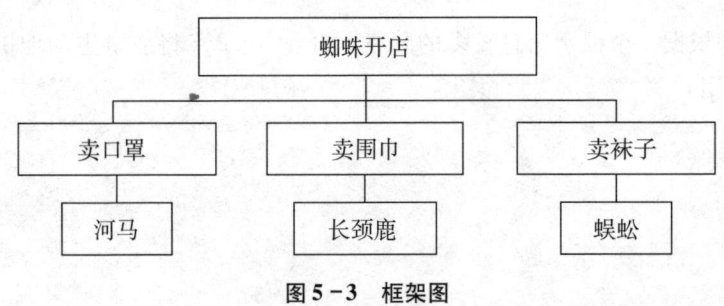

图 5-3　框架图

环节三：我是小演员。以小组为单位，将整个故事表演出来。

【设计意图：从学生根据课文内容进行填空练习，到教师结合讲故事的方法和脉络图示范讲故事，再到学生根据更少的提示来比赛讲故事，最后在没有提示信息的情况下，以小组为单位进行表演。这一过程的难度在不断加大，层层拔高，也体现了教师由易到难、不断放手的教学过程。同时这一过程也符合小学生活泼好动的性格，学生们争当故事大王，想当小演员，这些有趣的比拼会激发学生的参与欲望。这一过程有个人展示，也有小组合作，充分发挥了每个孩子的主动性和积极性。】

4. 思考与延伸

（1）通过整篇故事的学习，思考蜘蛛失败的原因。

（明确：蜘蛛的决定很草率，什么织起来简单就卖什么。招牌也很简单，每位顾客只需付一元钱）

教师点拨：我们不能像蜘蛛一样什么简单就做什么，做好每一件事情都是不容易的。

【设计意图：这一环节充分体现了"小故事悟大道理"。从蜘蛛开店的这一故事中，引导学生感悟故事中蕴含的哲理，从中吸取教训，树立正确的价值观。】

（2）我是小编剧：让学生展开想象，续编《蜘蛛开店》，引导学生续编有悲有喜的不同结局。

5. 作业布置

让学生课后写一写，如果自己是蜘蛛，可能会开一家什么店，又会写怎样的招牌。

【设计意图："我是小编剧"和"作业布置"的环节都是让学生充分发挥想象力，续编故事，培养学生的创新能力。每个学生对故事的解读都不一样，都有自己的看法，续编的故事和结局自然也有悲有喜。这是开放性的任务，不预设标准答案，鼓励每个孩子大胆想象，敢于创造。】

二、案例评析

《蜘蛛开店》的教学设计充分结合学生的学龄特点，准确把握该文本的文体特征，紧扣阅读教学的目标和单元教学要求而展开。

第一，充分结合学生的学龄特点进行设计。针对小学生以具体形象思维为主、充满想象的心理特点，通过展示各种卡通图片来帮助学生学习故事情节。在讲解夸张有趣的故事情节时，提示学生借助现实生活的各种事物进行比喻和对比，让学生在形象具体的事物中去感知和理解故事角色的特点。将故事情节通过讲故事、表演等不同形式呈现在学生面前，并且根据课文的故事情节进行拓展，续编故事，充分调动学生的想象力。

　　第二，准确围绕该文本的文体特征展开设计。《蜘蛛开店》是一篇人文性童话。人文性童话文体的基本特征之一就是通过丰富的想象、幻想和夸张来塑造形象、反映生活，对儿童进行思想情感的教育。《蜘蛛开店》中着重突出了蜘蛛决定草率、做事图简单的缺点，以幽默风趣的方式启发学生做事情要三思而后行，同时要不怕困难，迎难而上。童话文体的另一个基本特征是故事情节的生动曲折。《蜘蛛开店》也充分体现出故事情节神奇曲折、生动浅显的文体特征。卖口罩遇到大河马，卖围巾遇到长颈鹿，卖袜子遇到蜈蚣，每次都有意想不到的戏剧效果。该教学案例的设计中，充分围绕文本故事情节的生动、曲折、有趣展开，通过梳理脉络图、我是小小预言家、我是小编剧、我来写招牌等具体活动，让学生充分体验和感知故事情节的具体、生动、连贯、曲折等特点。可以看出，整个教学设计中准确把握了童话文体的两大特点：一是思想情感品格的熏陶，二是故事情节的生动曲折。

　　第三，积极落实单元教学的语文要素。该教学案例中紧扣单元要求，让学生在学习故事的同时，还要掌握讲故事的方法。在讲故事的方法上，设计者提供了具体可操作并逐步推进的支架，帮助学生更好地讲故事，这一点非常值得赞扬。如何引导学生利用表格、思维导图等方式梳理课文故事脉络，让学生能够脱离文本复述故事，同时提醒学生在讲故事的过程中要注意故事细节、发挥想象，在讲故事的时候还要注意表情动作，并且要在课堂中进行呈现，这是初学者比较难驾驭的。该教学案例中设计了"根据课文内容进行填空训练，完成课文故事脉络的梳理"等内容，通过教师结合脉络图示范讲故事，完成引导学生借助框架图讲故事的过程。再通过讲故事比赛和表演，有助于学生更好地驾驭故事情节和表情动作，是一种较为成功的设计。

思考·探究

　　1. 结合学段特点和《课程标准》的要求，探究部编版小学语文教材阅读文本选文的特点。

　　2. 自主选择一个阅读单元，从单元导语、课后练习、资料袋、阅读链接、习作、语文园地等助学系统，探究这一单元在编排上蕴含的编排理念和特点。

写话与习作是小学阶段写作训练的不同形式，适应小学生书面语运用能力发展阶段的不同要求，综合体现学生认知、思维、情感、品格、语言表达等方面的能力和素养。写话与习作核心在于通过语言文字就世界和自我进行创造性表达与交流，旨在培养学生的书面语言表达能力。

第一节　写话与习作概述

阅读提要

了解写话与习作的基本内涵，理解和掌握写话与习作的基本规律，掌握写话与习作的核心要素，理解写话与习作对学生发展的价值。

一、写话与习作的内涵

（一）写话

写话就是把要说的话写下来，怎么想就怎么说，怎么说就怎么写，这是小学低年级最初的习作训练（江平，2017：174）。写话就是让学生以书面语言的形式记录口语，写话是从口头表达到书面表达的一种过渡形式（夏家发，刘云生，2014：255）。可见，写话着眼于儿童口头语言与书面语言之间的相互衔接转换，突破儿童在口头表达与书面表达之间的鸿沟，充分利用口语表达的基础来进行书面语创作，提升书面语表达能力。

（二）习作

"习作"即练习写作，其中"习"有学习、练习之意，强调通过学习、练习发展书面语言运用能力。习作是低年级写话的继续和发展，是小学语文教育中写作的重要训练方式。

写话与习作的实质就是写作，《课程标准》将"写作"在小学 1－2 年级称为"写话"，在 3－6 年级称为"习作"。这是在小学语文教学领域中，从学生身心特点和写作教学需求的角度，促使学生习得和提高写作能力的一种探索和思考。但写作是用语言文字符号创造精神产品的思维活动过程，这一基本内核不会因名称的不同而改变。写作就过程而言，它是记录；就形式而言，它是语言文字符号；就本质而言，它是人类思维活动的结果。

（1）就过程而言，写作是记录。写作的具体过程主要分为三个阶段。首先是摄取阶段，是写作主体对客观外物的捕捉和提取；其次是运思阶段，是写作主体对所摄取的人、事、情、理进行感知和思考；最后是成文阶段，是写作主体用语言文字符号对所见所感所思所想进行记录、修改和完善。物、意、文三者之间彼此关联，相互转换，相互促进。

（2）就形式而言，写作是语言文字符号。写作是一种连贯的语言文字符号的创造，语言文字符号是写作的基本工具和方式。它以语言文字符号为基本的载体，在语言文字符号的基础上构成语句、语段和篇章，进行自我的表情达意和信息的沟通交流。

（3）就本质而言，写作是人类思维活动的结果，具有思想性和精神性。写作是用语言文字符号传递思想、表达观点、抒发情感的过程，注意运用语言文字符号的是一个个活生生的创作主体，是富有情感和思想的真实的生命存在。人们写作的过程正是寻求生命价值和存在的过程，写作本质上就是人类自身生命的一种存在方式。

二、写话与习作的构成要素

写话与习作的基本构成要素涉及四个要素：第一个要素是写作主体，即进入写话与习作行为和思维的学生；第二个要素是写作客体，写话与习作的对象可以是自然万物、社会生活、人生百态、精神世界等，是所有学生观察和思考的客观外物；第三个要素是作品，即写话和习作的成果（文章、作品）；第四个要素是欣赏者，即读者，作品为他们而创作或会引起他们的关注。

（一）写作主体

在小学语文教育中，写作主体是进入写话与习作思维和行为中的小学生。小学阶段，学生的学龄差异非常明显，在写话与习作中呈现出明显的阶段性特征。《课程标准》中有意识地将小学阶段的写作分为"写话"和"习作"，就是基于不同学龄的学生对写作思维和行为的不同认知。

在小学第一学段（1－2年级）中，写作教学针对低段学生的写作思维和行为特点展开，以写话为主。第一，这一阶段的学生内部言语发展还不健全，写作时需要借助听力把自己说的内容记录下来，或是通过听觉反馈，对自己所说的内容进行词句调整及语序疏通之后表述出来。边说边写、先说后写、说清再写、说写结合是小学生创作的基本特点。第二，这一阶段的小学生观察上还难以准确抓住事物的关键和核心特点，感知事物较为笼统、主观，记忆处于短时记忆，持久性不强，思维跳跃性比较强，可以借助图画、实物、列写作提纲等方式帮助学生有效观察、减轻记忆负担、理清思路、加强表述的准确性和丰富性。第三，这一阶段的学生，注意力容易被生动有趣、具体形象的事物所吸引，想象力非常丰富。这种对外界事物强烈的好奇心和求知欲，恰恰是激发学生产生写话兴趣的良好起点。可以通过提供丰富的感知内容，创设多元的写作情境，帮助学生充实对外物的感知能力和增强情感体验，助力学生提升言语表达能力。

在小学第二学段（3－4年级）和第三学段（5－6年级）中，写作教学针对中高段学生的写作思维和行为特点展开，开始进入"习作"阶段。第一，这一阶段学生的内部言语得到了进一步的发展，注意稳定性时间增强，注意力更加集中，记忆力也相对更持久，对外界事物认知和理解能力也明显提升，学生的对比、判断、推理等思维能力也有显著提升，为学生逐步进入习作阶段打下良好的身心基础。第二，这一阶段随着学生识字量的增加，阅读视域的拓展，理解能力的增强，概括、对比、分类等逻辑思维能力的推进，学生的学识基础和习作能力进入新的阶段。第三，这一阶段，随着语言的积累，生活阅历的逐步丰富，语文能力和综合素养的提高，学生的书面语表达能力进一步加强，为习作打下良好的创作基础。

在写话与习作中，写作主体始终起着主导作用。准确把握写作主体的身心特点、认知特征，是提高学生写话与习作能力的根本途径。

（二）写作客体

写话与习作的对象常被称为写作客体。写话与习作的对象是小学生认识视野中的一切认识对象，包括人、事、情、理等，只要进入学生视野的写作素材都可以纳入其中。写作客体一旦经过学生的写作进入言语作品成为言语内容，就自然而然渗入了学生自身对写作客体的体验和感知。诚如王尚文所言："言语对象一旦进入言语作品成为言语内容，它就已因言语主体主观世界的'过滤'，而渗入了仅仅属于言语主体的某种成分。"（王尚文，2004c：11 - 13）在写话与习作当中，要求以学生的视角观察、感知、体会和思考这个与自我息息相关的大千世界，并用书面语的方式表达出来。"习作指处于这个学段的学生细心观察周边生活，将自己所经历过的事情、所听到过的事物、所谈论的事情、所联想的事情，通过书面文字表达出来。"（李珍珍，2020：4）这就对写话与习作教材的内容选择与安排提出了要求，所选的内容应该符合学生的认知经验，贴近学生的生活，能够唤起学生的兴趣、激发学生的创作动机和欲望。可以通过各种活动，增加学生对外界事物的感知和体验，增加写作的素材。

（三）作品

作品是完成写话与习作的最终成果，主要以语言文字、标点符号、语句、段落、篇章为载体，承载着作者的思想与情感、观点与价值等精神主旨。作品中最直观地呈现出学生写话与习作的水平和能力。语言文字的积累和运用、标点符号的正确使用、篇章段落的结构布局、主旨的提炼与揭示、写作手法的恰当运用等，都一一体现在学生作品之中。这也决定了在写话与习作教学中对语言文字知识的高度关注，对用词、造句、构段、谋篇、立意、选材、结构等写作技能的重视，这也构建起以不同类型、不同层级的知识技能为线索展开的写话和习作训练体系。

（四）读者

在写作的四个要素中，读者是一个不容忽视的重要因素。语言的本质属性是交际性，写作是书面语的表达，本质上也应该是学生与读者之间的交际与交流，潜在的读者意识就会影响写作主体（学生）对书面交际语言的积极构建。叶丽新曾指出："有了读者意识和作者意识，写文章时能更清楚明白自己的写作目的、意图、思维架构，更自信、更生动的表达内心想法，以一种正面、积极、真诚的形象，与读者进行沟通和交流。"（叶丽新，2017：5）在学生初步接触写话与习作时，应有意识地培养学生的读者意识，引导学生重视书面语言的交际功能。将写话与习作作为一种自我表达和交流交往活动的内在需求和基本的表达方式，将有助于学生提高写话和习作的能力。

写话与习作的四大构成要素是一个完整的有机统一体，写作主体先对客观外物摄取、感知，产生创作动机，然后经过运思，借助语言文字表达成文，再到读者对作品进行阅读与反馈，彼此之间相辅相成，构成一个完整的写作循环系统。

三、写话与习作的价值

写话与习作是小学语文教学的重要组成部分，能综合体现学生的语文能力和语文素养。写话与习作对学生个体成长与发展的价值主要有如下三方面。

（一）提升学生的书面语言表达能力

语文教育的根本目的在于提高学生的语言运用能力，包括口语表达能力和书面语言表达能力。写话与习作的核心就是培养学生的书面语言表达能力。口语和书面语有着千丝万缕的关系，但绝不是一一对应的静态关系。以文字为载体的书面语是超越时空的表意符号系统（陈倩，2015：11 - 13），在信息传播、情感抒发、审美体验方面有特殊的意义和价值，书面语在汉语词汇使用的规范性、同音词表义的明确性、语法使用的严谨性，以及表情达意的准确性、丰富性、严密性、优雅性等诸多方面有着口语无法比拟的优势。学生学习书面语言表达，一方面在提升遣词造句、谋篇布局、表情达意的能力，另一方面也是在提升逻辑思维能力和培养情感态度价值观。书面语言表达中不仅仅是学生内部的言语生成能力和文字书写能力的体现，还是学生的认知视野、人格品位、思想情操和审美情趣的综合体现。写话与习作教学有助于提高学生的书面语言表达能力，也有助于提升学生的语文能力和语文素养。

（二）促进学生形成思想，提升思维品质

写话与习作可以有效促进学生思考，使学生形成自己的思想。写话与习作正是将零散的印象提炼为自己思想的过程，是将模糊的认知整理综合成自己思想的方式，也是提高认知世界和自我的重要途径。胡适曾提出："我们平常所吸收进来的思想，无论是听来的，或是看来的，不过在脑子有一点好或坏的模

糊而又零碎的东西罢了。倘若费一番功夫，把它删除的删除，整理的整理，综合起来作成札记，然后那经过整理和综合的思想，就永久留在脑中，于是这思想就属于自己的了。"（胡适，2003b：130）从这个意义上说，写话与习作促使学生有意识地将所听、所见、所说记下来，将所思、所想、所感写出来，将零散的印象、经验、想法记录和表现成语段或篇章，是学生认知世界和形成自我思想的有效途径。

写话与习作是有意识的思维过程，有助于提升学生的思维能力和思维品质。写话与习作不是对外部信息的静态反映，而是对外部信息的提取和加工处理。在写话与习作时学生需要将这些信息综合成个体经验进行协调的表达，这一书面语言的建构过程是积极的、主动的、创造的、推理的，是一个高阶的思维活动过程，它可以有效锻炼和提升学生对外物的观察能力、信息的摄取能力、创造能力和思维能力。这种思维活动的形成依赖于严谨、正确的语言表达，学生在写话与习作中恰恰可以依托书面语言文字的可视性，完成这种复杂而又真实的思维活动。也正是由于写话与习作凭借具体的语言符号，可以使事件叙事更连贯、因果关系更明确、所思所想更深入、思维更严谨缜密，写话与习作对提升学生的思维能力和思维品质具有积极作用。

（三）培养学生良好的习惯和品格

写话与习作是学生养成良好习惯的过程，也是塑造人格品行的过程。学生要想在写话与习作中有素材可写，就必须留心观察周围的事物，这无形中培养了学生留心观察外界事物的能力和习惯，开阔了学生的认知视野。写话与习作的过程，最能锻炼学生认真、严谨、一丝不苟的写作态度，这也有助于学生养成一丝不苟、认真踏实的人生态度。写话与习作要求心中有读者意识，这有助于培养学生从他人的角度看问题，无形中增强了学生与人交际交流交往的能力。写话与习作强调自我观点的表达，有助于培养学生不盲从、独立思考的独立人格。写话与习作除了言论自由，还更强调文责自负，这有助于培养学生的负责任、敢担当的精神品质。写话与习作在学生认知自我、认知他人、认知世界的过程之中，有助于开发学生心智，陶冶学生情操。总而言之，写话与习作有助于培养学生良好的习惯和态度，有助于重塑学生的人文素养和人格品位。

第二节　写话与习作的目标与内容

阅读提要 --

　　掌握写话与习作各学段的目标与内容，理解写话与习作不同学段中目标与内容制定的依据，掌握写话与习作不同学段目标与内容的具体要求。

　　《课程标准》在课程设计中明确提出了对写话与习作的基本要求："能具体明确、文从字顺地表达自己的见闻、体验和想法。能根据需要，运用常见的表达方式写作，发展书面语言运用能力。"（中华人民共和国教育部，2012：7）在《课程标准》中，小学三个学段写话与习作的具体目标与内容如下：

第一学段（1~2年级）

（三）写话

　　1. 对写话有兴趣，留心周围事物，写自己想说的话，写想象中的事物。

　　2. 在写话中乐于运用阅读和生活中学到的词语。

　　3. 根据表达的需要，学习使用逗号、句号、问号、感叹号。

（中华人民共和国教育部，2012：8-9）

第二学段（3~4年级）

（三）习作

　　1. 乐于书面表达，增强习作的自信心。愿意与他人分享习作的快乐。

　　2. 观察周围世界，能不拘形式地写下自己的见闻、感受和想象，注意把自己觉得新奇有趣或印象最深、最受感动的内容写清楚。

　　3. 能用简短的书信、便条进行交流。

　　4. 尝试在习作中运用自己平时积累的语言材料，特别是有新鲜感的词句。

　　5. 学习修改习作中有明显错误的词句。根据表达的需要，正确使用冒号、引号等标点符号。

6. 课内习作每学年 16 次左右。

（中华人民共和国教育部，2012：11）

第三学段（5~6年级）

（三）习作

1. 懂得写作是为了自我表达和与人交流。

2. 养成留心观察周围事物的习惯，有意识地丰富自己的见闻，珍视个人的独特感受，积累习作素材。

3. 能写简单的记实作文和想象作文，内容具体，感情真实。能根据内容表达的需要，分段表述。学写读书笔记，学写常见应用文。

4. 修改自己的习作，并主动与他人交换修改，做到语句通顺，行款正确，书写规范、整洁。根据表达需要，正确使用常用的标点符号。

5. 习作要有一定速度。课内习作每学年 16 次左右。

（中华人民共和国教育部，2012：13）

《课程标准》对写话与习作的基本目标与内容的要求，主要有如下五个方面值得重视。

一、兴趣和热爱是写作的源动力

《论语》说："知之者不如好知者，好知者不如乐知者。"大致意思是懂得它的人，不如爱好它的人；爱好它的人，又不如以它为乐的人。这一言论长期被作为学习兴趣重要性的经典引证。兴趣和爱好历来被学界公认为持续学习的源动力。激发学生的写作兴趣，努力让学生学会写作、爱上写作、享受写作，也正是《课程标准》着力要传递和坚守的基本理念。《课程标准》在具体学段的目标与要求中的第一条，就是关于写作兴趣、乐趣的引领："对写话有兴趣""在写话中乐于运用阅读和生活中学到的词语""乐于书面表达，增强习作的自信心。愿意与他人分享习作的快乐"。这些观点的提出，就是努力帮学生摆脱对写作的畏惧心理，帮助学生构建起对写作积极主动的情感态度和价值观。在小学阶段，积极引领学生树立起用书面语言描摹事物、抒发情感、发表议论的意识，让学生具有用书面语言表达自我观点和思想的兴趣，让学生能够用书面语与他人交流对人世、自然、社会现象的各种看法，并获得自我价值的认可和尊重，享受写作带来的情感满足与乐趣。这些对写作情感态度的引领，旨在为学生写作提供内在的驱动力。有了写作的兴趣这一内在驱动力，学生就会主动去观察外物，探求写作的技能和方法，积极构建言语、传递思想，从而提高写作能力。

二、观察与感知是写作的基本源泉

只有通过观察与感知，外界事物才能进入写作主体的主观世界，成为作者笔下的写作素材。观察与感知是写作的真正源泉之所在。因此，《课程标准》中非常重视引导学生有意识地观察和感知周围世界，积累写作素材。第一学段提出应"留心周围事物，写自己想说的话"。第二学段提出要"观察周围世界，能不拘形式地写下自己的见闻、感受和想象，注意把自己觉得新奇有趣或印象最深、最受感动的内容写清楚"。第三学段要求"养成留心观察周围事物的习惯，有意识地丰富自己的见闻，珍视个人的独特感受，积累习作素材"。逐步培养学生的观察意识、观察能力、观察习惯。通过留心观察周围世界，感知外界事物的具体形象和本质特征，无形中丰富了学生的认知世界。学生在观察外物世界的同时，外物的形象与特征也会刺激学生的感官世界，令学生产生喜怒哀乐的情感活动，丰富了学生的情感世界。学生通过观察周围世界，外界事物的感性形象就在学生的大脑皮层上留下表象，大脑皮层就可以借助这些表象进行区分和联结，有助于推动学生思维的发展。这就意味着：学生在观察中提高了认知能力，丰富了情感体验，促进了思维发展，这为写作提供了最根本的保障。更重要的是在观察中还可以促进学生语言的发展。"儿童在观察事物的时候，观察的客体和词语之间会建立相应的联系，发生'视觉经验的词语化'。也就是说，词和形象链接起来，让词带着形象，活生生地进入儿童的意识。这样，通过观察促进了事物与词之间建立联系，成为丰富儿童词汇、发展儿童语言的极好途径"（李吉林，2012：51）。建立起事物与词之间的内在联系，是学生写作时提取写作素材、进行写作运思、开展言语表达的关键一环。可见，观察与感知对写作活动的开展具有非同寻常的意义。

三、知识与技能是写作的基本支架

写作知识包括学生为达到写作目的或与不同的读者交流，需要掌握的事实、概念、原理、技能、策略、态度等，这些知识是完成写作的基本支架，是写作教学的重要组成部分。诚如邓彤所言："写作知识是写作教学的基本抓手，是形成写作能力的主轴和基础。"（邓彤，2019：10）

一般来说，知识可分为陈述性知识、程序性知识和策略性知识。《课程标准》中也涉及写作知识，对写作知识的要求也可以从陈述性知识和策略性知识这三个方面展开梳理。

第一，写作的陈述性知识，涵盖了以下几个方面：写话、习作的基本内涵；小学阶段要接触和学习的基本文体知识包括书信、便条、纪实作文、想象作文、读书笔记、应用文等；基本的语言知识包括词语、词句、语段，以及逗号、句号、问号、感叹号、冒号、分号等标点符号。这些写作的陈述性知识，是构成写作的基础。对这些重要概念的基本内涵，学生需要有明确清晰的认知。

第二，写作的程序性知识，就是怎么完成写作任务与要求的知识。例如，确定写作主题，根据主题构思立意，根据立意选择写作材料，草拟文章大纲，选择合适的表达方式来表述自己的情感，这些就是完成写作的基本操作步骤。程序性知识的重点在于把握如何完成写作的操作性建议，完成"怎么做"的问题。

第三，写作的策略性知识，是指学生在学习情境中对写作任务的认识，对学习方法的选择和学习过程的调控。写作策略性知识，即如何调动学生的思维去思考、观察、想象、联想等。从知识分类的观点看，策略性知识也属于程序性知识的范畴，其实质也是一套如何学习、记忆、思维的规则和程序，它控制着人的学习、记忆和思维活动。

写作过程是一个充分调动陈述性知识、程序性知识以及策略性知识的过程。学生对基本文体知识的掌握、写作程序性知识的理解、必要写作策略的运用，都将有助于写作的完成，也会影响写作的质量。

四、修改与完善是写作的基本途径

好文章是改出来的，修改是写作的一个必要环节。《课程标准》中明确提出学生要有修改习作的能力和意识。如第二学段习作的目标与内容中提出："学习修改习作中有明显错误的词句。根据表达的需要，正确使用冒号、引号等标点符号。"第三学段要求："修改自己的习作，并主动与他人交换修改，做到语句通顺，行款正确，书写规范、整洁。"错词、错句、标点符号使用不当等都是从语言文字的规范表达角度展开的对习作的基础性修改和完善，重在培养学生修改的意识和能力。就写作修改来看，还可以从审题立意、框架结构、材料选择、思路逻辑、详略安排等角度展开，并根据表达的需要，进一步明确主旨、精选题材、合理布局。修改的好处在于可以借助已经表达出来的语言文字符号和习作的框架结构，写作主体在调整和梳理文章文脉时，就有了一个基本的附着点，有效减轻了记忆的负担，使得模糊的思考变成更为清晰的表达。总之，修改有助于提高写作的质量和水平。

五、表达与交流是写作的最终目的

关于写作的目的，《课程标准》明确提出："懂得写作是为了自我表达和与人交流"，简明扼要地提炼出写作的价值追求和目的在于表达与交流。《课程标准》在学生接触写作之时，就尽早让学生明白写作的目的和价值，意义非凡。学生对写作有一个正确的认识，明白写作不仅仅是完成作业、通过考试等这样一些外在的事件，而是一个表达自己的思想、情感的内在需求，是认知世界和自我的基本途径，是与人沟通交流的基本方式，在写作中所传递的认知、思想、情感可以改变他人的认知方式和行为方式，进而对他人的生活产生积极的影响。对写作目的的这些认知，有助于学生更好地学习写作、实践写作。而且为了更好地写作，学生会更有意识地去发现和捕捉生活中那些有意义的场景和瞬间，更习惯性对生活中的事件进行观察、描述、理解和反思，同时也能更好地理解自己和世界。

第三节　写话与习作编排的基本情况及特点

阅读提要

熟悉部编版小学语文教材写话与习作的编排基本情况，掌握编排体例、编排内容及呈现方式上的特点，并能根据相关的理念自主探究和提炼部编版小学语文教材写话与习作编排的其他特点。

写作能力的培养是困扰小学语文教育的一大难题，小学语文教材对写话与习作的编排也从不同的角度进行了探讨，如从语言文字知识训练系统、思维能力训练体系、思想修养培育系统、写作过程训练体系以及以书面语言交际功能为主线等不同角度展开。部编版小学语文教材在写话与习作的编排上博采众长、推陈出新，并有了进一步的拓展和创新。

一、编排体例

（一）增设习作单元，彰显习作的独立地位

部编版小学语文教材从三年级上册起每册教材中增设了一个习作单元（见表6-1），围绕着写作的核心元素，选取了写作主体的观察和想象，叙事、描写、抒情、写景、说明等写作的基本表达方式，以及写作载体的主题提炼（立意），进行整体的单元设计和编排。较之以往的小学语文教材，部编版习作的地位和分量大大增强。发展学生书面语的表达能力成了部编版小学语文教材编排关注的焦点。

表6-1　部编版小学语文教材习作单元统计一览表

教材位置	单元主题	单元导语	习作
三年级上第五单元	观察	生活中不缺少美，只是缺少发现美的眼睛。——［法国］罗丹 体会作者是怎样留心观察周围事物的。 仔细观察，把观察所得写下来。	我们眼中的缤纷世界
三年级下第五单元	想象	想象力比知识更重要。——［美国］爱因斯坦 走进想象的世界，感受想象的神奇。 发挥想象写故事，创造自己的想象世界。	奇妙的想象
四年级上第五单元	叙事	我手写我心，彩笔绘生活。 了解作者是怎样把事情写清楚的。 写一件事，把事情写清楚。	生活万花筒
四年级下第五单元	写景	妙笔写美景，巧手着奇观。 了解课文按照一定顺序写景物的方法。 学习按浏览的顺序写景物。	游_____
五年级上第五单元	说明	说明文以"说明白了"为成功。——叶圣陶 阅读简单的说明性文章，了解基本的说明方法。 搜集资料，用恰当的说明方法，把某一事物介绍清楚。	介绍一种事物

续表6-1

教材位置	单元主题	单元导语	习作
五年级下第五单元	描写	字里行间众生相，大千世界你我他。 学习描写人物的基本方法。初步运用描写人物的基本方法，具体地表现一个人。	形形色色的人
六年级上第五单元	立意	以立意为宗，不以文为本。——萧统 体会文章是怎样围绕中心思想来写的。从不同方面或选取不同事例，表达中心思想。	围绕中心意思写
六年级下第三单元	抒情	让真情在笔尖流露。 体会文章是怎样表达感情的。选择合适的内容写出真情实感。	让真情自然流露

　　习作单元的设计栏目整齐划一，包括单元导语、文本阅读、交流平台、初试身手、习作例文、习作这六个部分。单元导语简明扼要地点明该单元的人文主题和语文要素，文本阅读紧扣单元主题展开阅读教学，为习作做好铺垫和引路。交流平台和初试身手，主要针对单元主题，通过学生交流合作的形式，对单元要点进行梳理和小实践。习作例文主要作用在于范文引路，为凸显单元主旨，编者给习作例文加上了旁注，并有针对性的习题设计。习作是完成本单元的主要任务，也是设计的重点所在，对题材的选择、呈现方式、习作的要求以及习作完成后的交流修改都有精心的安排和设计。

　　以三年级上册第五单元的习作单元为例，本单元主要围绕习作中的"观察"展开，下面将从单元导语、阅读文本、交流平台、初试身手、习作例文、习作六个部分具体展开论述。

　　第一，单元导语。明确本单元的人文主题是："生活中不缺少美，只是缺少发现美的眼睛。——［法国］罗丹"语文要素是："体会作者是怎样留心观察周围事物的。仔细观察，把观察所得写下来。"（温儒敏，2018a：63）本单元的主旨非常明确、集中，传递给学生的是习作中非常重要的一环：观察是习作的基本源泉，日常生活中要学会观察、留心观察、仔细观察。

　　第二，阅读文本。该部分选取了《搭船的鸟》和《金色的草地》两个文本，在课后习题设计上刻意落实本单元的语文要素："读课文，想想作者对哪些事物做了细致观察，说说你是从哪里看出来的。"（温儒敏，2018a：65）"仔细读读第3自然段，把下面的内容补充完整，体会作者观察的细致。早上，草地＿＿＿＿，因为蒲公英＿＿＿＿；中午，草地＿＿＿＿，因为蒲公英

_____；傍晚，草地_____，因为蒲公英_____。""只要我们稍加留意，就会发现事物是变化着的。如向日葵会随着太阳转动，含羞草被触碰后会'害羞'地低下头……你留意过哪些事物的变化？和同学交流。"（温儒敏，2018a：67）通过阅读文本和课后习题的明确引领，让学生对习作中非常重要的一环"留心观察、仔细观察周围的事物"就有了具体可感的内容。阅读教学的指向非常明确，为完成本单元的习作任务做好了铺垫。

第三，交流平台。结合阅读文本，集中引导："留心周围的事物，我们就会有新的发现""细致的观察可以让我们对事物有更多更深的了解"（温儒敏，2018a：68）。这是对单元导语中语文要素的重申，通过同学们的合作与交流，将观察时要注意的要点，在学生大脑皮层中建立起自主链接。

第四，初试身手。以学生的视角用几句话写出生活中的观察所得，并给出例句。如："雨停了，我和妈妈去买菜，在路上看到了好几只蜗牛正慢悠悠地过马路。"（温儒敏，2018a：68）这些例句可供学生在习作时参照和仿写。

第五，习作例文。教材中安排了《我家的小狗》和《我爱故乡的杨梅》两篇例文。例文编排的亮点在于旁批和习题设计紧扣单元主题观察而展开，如《我爱故乡的杨梅》有段文字："有一次杨梅吃得太多，感觉牙齿又酸又软，连豆腐也咬不动了。"旁批写道："作者把杨梅的味道写得具体可感，让人想亲自尝一尝它的滋味。"（温儒敏，2018a：71）观察是通过眼看、耳听、手摸、鼻闻、嘴尝全方面地感知外部世界，例文通过具体的语言文字将这一点变得具体可感。习题设计是："认真读课文，填写下面的表格，体会作者观察的细致。分别填写杨梅外形、颜色、味道的特点。"（温儒敏，2018a：71）这样的设计让学生对"观察的细致"有切身的感知。

第六，习作。习作的题目是《我们眼中的缤纷世界》，习作的要求就是"将最近观察时印象最深的一种事物或一处场景写下来"。要求学生先观察，然后用语言文字表达这个缤纷的世界，并交流观察的基本要求：观察要细致，要手耳鼻嘴等感官并用，要注意事物变化等。习作完成后，同学们相互交流、改进，在实践中完成本单元的教学主旨。

整个习作单元的设计，以写作核心知识为主线、写作能力为目标指向、学生自主合作为学习方式、语言实践创作为基本途径，融合了仿写、读写结合、修改完善、具体指导等多种写作方法。这些写作上的专业引领，是小学语文教材编排上的一大亮点和创新点。

（二）全方位、立体式编排习作训练

部编版小学语文教材在写话与习作的编排上，除了精心设计和编排习作单元，还采用全方位、立体式的编排方式，在阅读、口语交际、语文园地、综合性学习等板块中充分融入写话与习作的训练要求，同时在写话与习作的内容选择上对接课内与课外、生活与课堂、想象与现实，构建起全方位、立体式的写话与习作训练综合体。教材充分挖掘各个板块、日常学习生活的各个维度中写话与习作训练的优势，全面致力学生书面语表达能力的培养。

阅读板块中，充分利用传统读写结合、以读促写的有效经验，每个阅读文本都是言语内容和语言形式的积累，同时也是书面语言表达的生长点。教材充分利用阅读文本，延伸写话与习作训练。如五年级下册第一单元的《古诗三首》的课后习题设计"根据故事内容，展开想象，选择其中一首改写成短文"（温儒敏，2019d：3）就是对写作中改写能力的训练。改写，是一个全新的构思、裁剪、布局的过程，是一次非常有难度的写作训练，同时改写也促进了学生对古诗词的理解和感知，可谓读写相得益彰。

语文园地中有"字词句运用"栏目，直接关涉写话习作的训练。如一年级上册语文园地八"字词句运用"中设计了一次写话训练："新年快到了，给家人或朋友写一句祝福的话吧。"（温儒敏，2016a：112）这个写话设计充分注意了书面语表达的情境性、交际性。再如二年级上册语文园地五"字词句运用"中设计了一次仿写训练："注意下面句子中加点的词语，仿照例子在括号中加上合适的词语，再读一读。细长的葫芦藤上长满了绿叶，开出了几朵雪白的小花。"[①]（温儒敏，2017a：68）这个仿写练习有助于学生将事物描写得更具体更生动。

口语交际的话题选择和习作的题材相互关联，在同一单元设计同类话题，通过说写结合，促进学生书面语表达能力的发展。如部编版小学语文五年级上册口语交际"父母之爱"，习作是"我想对您说"。六年级上册口语交际"意见不同怎么办"，习作是"学写倡议书"，倡议书可以是当你有一个想法希望得到大家的支持，并一起去实施时所写。口语交际的话题和习作的题材保持一致，从说到写，先说后写，降低学生书面语表达的难度。更容易促进学生将心中的观点更好地用书面语表达出来，毕竟口语和书面语都是人们表达交流的基本方式。

---

① 此引文中"细长的""雪白的"的下标点是原文所有。

综合性学习板块的习作训练更为明显。综合性学习最明显的特点就是在实践中培养学生听说读写的综合能力和素养，而写作本身就是综合性学习的重要组成部分。部编版小学语文教材也是在综合性学习中充分落实写作的要求。如三年级下册的综合性学习"中华传统节日"中，有一项重要的活动内容就是："写一写过节的过程。选一个传统节日，写一篇习作。可以写自己家过节的过程，也可以写节日中发生的印象深刻的故事。"（温儒敏，2018b：44）

诚如张化万指出，部编版小学语文教材"全册贯彻加强书面表达能力培养的意图"，"把加强书面语言表达能力落实到每一课、每一教学板块中"（张化万，2019：69－72），构建起读写结合、说写结合、词句段运用相结合的综合化程度高、实践性强的习作训练新体系。

二、编排特点

部编版小学语文教材在写话与习作的编排上呈现出三大特点。

（一）立足写话与习作的交际功能

部编版小学语文教材编写的基本理念之一就是让写话与习作回归真实的交际需求，培养学生用书面语言与他人、与自我进行沟通交流的意识与能力。鉴于此，部编版小学语文教材通过提供习作真实的交际对象，凸显写话与习作的交际功能。

部编版小学语文教材编排设计时，非常重视确定习作的交际对象，让学生的每一次习作，都有明确的、真实的交际对象，或同学，或朋友，或教师，或父母，以便学生树立起创作是为了与人交流的意识。以三年级上册的 8 次习作为例（见表 6 - 2），在习作要求里，直接提到同学之间相互交流自己习作的有7 次，占了 87.5%，显然编者有意识地将习作回归交际本质。比如，"猜猜我是谁"就有很强的交际性和互动性。再如，三年下册习作"身边那些有特点的人"，教材提醒："如果有可能，还可以给你写的那个人看看，听听他的评价。"这就让习作发生在真实的交际情境中，习作有了明确的读者，也会促使学生在创作过程中写作的行为更具有交流交往交际的性质。习作的交际性，也更容易促使作者根据读者的需求来表达自己的真实体验和感受。习作的交际性还可以更贴近真实作文的要求，有助于促进学生告别以往作文中出现的假大空现象。李海林曾指出："'真实的作文'的含义：真实的言语任务；真实的言语环境；真实的言语成果。""真实的作文，不是指写的内容的真实性，而是指'写作'这个行为的真实性。"（李海林，2005：2）当学生的习作，有了真实的读者作为创作的对象，习作的内容和行为也更具有真实的指向，习作就有了更明显的生活价值。

表6－2　部编版小学语文教材三年级上册习作编排情况一览表

教材位置	主题	要求	呈现形式
三年级上第一单元	猜猜他是谁	1. 选择一个同学，用几句话或一段话写一写他。 2. 写的时候，注意空两格。 3. 写好后，让同学猜你写的是谁。	1. 以游戏形式展开。 2. 图文结合。 3. 以发散式圆圈图展示人物特点。 4. 提供范例。
三年级上第二单元	写日记	1. 与同学交流：①写日记的好处；②日记的内容；③日记的格式。 2. 提倡养成坚持写日记的习惯。	1. 给出范文，自主探究日记的内容及格式。
三年级上第三单元	我来编童话	1. 根据给出的词语编童话。 2. 构思时注意：故事里的角色、发生的时间、地点以及事件。 3. 完成后小声读，句子是否通顺。 4. 拟定题目，并注意题目要居中。	1. 给出词语。 2. 提供构思基本思路。
三年级上第四单元	续写故事	1. 下面的图讲了什么事情？（过生日） 2. 接下来可能会发生什么？ 3. 小声读，并用修改符把错误的地方改过来。 4. 更喜欢谁写的故事。	1. 图文结合提供故事的情节和背景。
三年级上第五单元	我们眼中的缤纷世界	1. 将观察时印象最深的一种事物或一处场景写下来。 2. 和同学交流和展示观察所得。 3. 观察心得：观察要细致，要手耳鼻口等感官并用，要注意事物变化。	1. 整个单元都围绕着观察—习作的角度展开，阅读为习作做出铺垫。 2. 将观察要细致、调动多种感官、注意事物变化等要求具体化。
三年级上第六单元	这儿真美	1. 把身边的美景介绍给别人。 2. 围绕一个意思写。 3. 可以用上新学的词语。 4. 写好后读一读，改正错别字，并与同学交流你发现的美景。	1. 发现生活中的美景并介绍给同学。 2. 给出具体的写作思路和建议。

教材位置	主题	要求	呈现形式
三年级上第七单元	我有一个想法	1. 针对你发现的生活中的问题，表达自己的想法，提出改进建议和解决办法。 2. 把想法写清楚，写出改进建议。 3. 与同学交流，对方是否明白你的想法，以及同学对该问题的想法。	1. 提供范例。 2. 提出表达明白的基本要求。
三年级上第八单元	那次玩得真高兴	1. 喜欢玩什么？玩得特开心、印象特别深的是什么？ 2. 注意写出玩的过程，注意正确使用标点符号。 3. 表达当时快乐的心情。 4. 与同学交流，弄清楚同学不够明白之处，修改完善。	1. 借助图画提供场景，帮助学生提取记忆中的开心场景。 2. 发散式思维导图的运用。

（二）提供贴近学生生活的创作题材

在部编版小学语文教材的习作编排中，提供贴近学生生活的创作题材，充分关注学生在习作中的主体地位，重视培养学生创作的自我意识和独立精神。

根据《课程标准》提出的"写自己想说的话""能不拘形式地写下自己的见闻、感受和想象""珍视个人的独特感受"，写话与习作的教学中应倡导学生自我意识的培养和独立精神的养成，凸显学生在写话与习作中的主体地位。写作在部编版小学语文教材编排中低段为写话，写自己想说的话，让学生能自由地发表思想，做到想怎么说就怎么说，有什么话就怎么说。要做到让学生有话可说、有话可写，写话创作的题材必须是学生所熟悉、有感知和体验的内容。如一年级下册"字词句运用"中设计了"你有过下面这些心情吗？说一说，写一写。高兴、生气、害怕、难过"（温儒敏，2016b：114）。这样的写话很容易唤起学生的已有经验，发表自己的体验和感受，彰显出每个人都是一个独立的生命个体，在写话中唤醒学生的自我意识。中高段为习作，在习作过程中，部编版小学语文教材所编排的题目都是以学生为中心展开，选择贴近学生生活的创作题材。所编排的题目都尽量做到能引起学生的创作兴趣、能激发学生收集资料的欲望、能使学生充分运用已有的经验和学识。以三年级上册习作题目为例，分别编排了以下题目："猜猜他是谁""写日记""我来编童话""续写故事""我们眼中的缤纷世界""这儿真美""我有一个想法""那次玩得真高兴"（具体编排的要求和呈现方式如表6-2所示）。这些题目都有共同的特点，即都源于学生的日常生活，贴近学生生活，容易唤起学生的已有经验和创作兴趣，作文注重学生在生活实践过程中对事物的独特发现。这是部编版小学语文教材充分重视学生的主体地位，也是充分发挥学生主体性的重要表现。如"写日记"就是记录自己身边所发生的个人觉得有记录价值的内容，是一种最没有束缚、最自由、最容易表达自己思想感觉的一种文体。教材中不但安排写日记，还要求学生持之以恒写日记，目的就在于在日记的书写中培养学生的自我意识和独立精神。在习作完成后与同伴互评，也突出了学生在评价中发挥的主体作用，较之传统习作教学以教师为主体的评价方式，能更充分地凸显学生的参与性和主体性。

（三）习作过程的指导具体、操作性强

部编版小学语文教材在习作的编排上加强了习作指导的开发力度，在习作教学的可操作性上有了显著提升。部编版小学语文教材对习作过程有效的指导表现在对习作前的构思、习作中的思路拓展、习作后的评价修改完善直至习作的发表交流，以及每个阶段学生应该完成什么、怎么完成，都提出了具体、细致、明确的操作性指令，使得习作变得有章可循。如三年级上册习作"我来编童话"的习作编排。本次习作属于想象作文，很容易空泛而无所依托，教材给出了人物（国王、啄木鸟、玫瑰花）、时间（黄昏、冬天、星期天）、地点（厨房、森林超市、小河边），提出了具体要求："根据以上词语，你的脑海中浮现出怎样的画面？你想到了什么样的故事，发挥想象，把故事写下来。"这就比单纯编一个童话要具有可操作性。教材中还有构思指导："故事里有哪些角色？事情发生在什么时间？是在哪里发生的？他们在那里做了什么？他们之间发生了什么故事？"这个构思指导就引导学生写童话时要注意抓住故事里的角色、发生的时间、地点以及事件等方面展开，给学生一个基本的创作抓手。教材还提供了习作修改的指导，"完成后小声读，句子是否通顺"，甚至对题目的格式有都明确的要求，"拟定题目，并注意题目要居中"（温儒敏，2018a：40）。这些都使得习作指导更具有可操作性。

除此之外，部编版小学语文教材还从习作的知识和能力要素入手，梳理出构成作文能力的八大基本要素：观察、想象、叙事、写景、说明、描写、立意、抒情，通过分项训练提高书面语表达能力，每一项训练不只是提出要求，而是落实指导的过程。如立意的训练，不只是让学生明白立意为宗，写文章应围绕中心意思来写，更重在帮助学生理解和掌握如何做到围绕中心思想来写。

为此，部编版小学语文教材在阅读板块的课后习题就紧扣"让学生体会文章是怎样围绕中心意思来写"展开。如："第2自然段写出了生物在夏天里飞快生长的状态。读一读，说说写到了哪些动植物，是怎样体现这一段的中心意思的。"（温儒敏，2019e：71）在"初试身手"中安排了："下面是一位同学围绕'戏迷爷爷'这个题目选的材料。判断一下，哪些材料可以用来表达中心意思，在后面的括号里打'√'。"（温儒敏，2019e：76）这就是具体教会学生怎样根据中心思想进行材料选取，培养学生根据文章立意的需求选取具体、典型、新颖材料的能力。学生在这一系列分项的活动过程和具体化的指导中获得"围绕中心意思写"的习作知识与技能。教材还提供了习作例文《爸爸的计划》《小站》，让学生有模仿的对象。最后编排习作练习，在实践中践行所学的知识和技能，以促进习作能力的提高。

整体而言，部编版小学语文教材在写话与习作的编排上特点鲜明，重点落实了《课程标准》中写话与习作的目的在于"表达自我和与人交流"；在写话与习作的题材选择上，重视学生的日常生活体验和感知，有助于学生主体地位的确定和自我意识的形成；尤其可贵的是，大大加强了写话与习作过程指导的可操作性，让写话与习作变得更加有章可循，有助于提升学生的写话与习作能力。

第四节　写话与习作的教学案例及评析

通过研习部编版小学语文教材写话与习作的教学案例，理解识字与写字教学的基本要求。

一、写话教学案例：《猫和老鼠》①

所用教材：部编版小学语文二年级上册

---

① 本案例由隆昌市隆华路小学陈子菊老师设计。

版次：人民教育出版社，2019年1月，第1版第3次印刷

（一）教学内容

1. 教材内容及学情分析

《猫和老鼠》选自部编版小学语文二年级上册第七单元语文园地的写话，相对于一年级的看图写话而言，二年级看图写话不仅要求孩子们能仔细地观察图片，讲清楚一件事，更重要的是在此基础上充分发挥自己的想象力。本次看图写话要求孩子细心观察、合理想象，也强调故事情节的完整和连贯。因此，孩子的写话内容不局限于画面之中，可以充分发挥想象，补充故事情节，尽量使图画变成一个饶有趣味的小故事，为后期的习作打下良好基础。

学生在一年级时已接触过看图写话，对看图写一段话这样的要求并不陌生。但将一段话变成小故事需要老师在情节的衔接上给予一定的引导和帮助；同时，根据低段学生活泼好动、注意力集中时间较短的特点，设计了视频导入、角色扮演等形式激发孩子的写话兴趣，调动学生写话的积极性。

2. 教学目标

（1）观察小老鼠在干什么，结合生活情境想象故事的起因、经过、结果。试着用上积累的词语把图意说清楚，写明白。

（2）通过运用扩充修饰性词语等方式，增强语言表达效果。

（3）学会有序细致观察画面，提高对写话的兴趣。

3. 教学重点

观察小老鼠在干什么，结合生活情境想象故事的起因、经过、结果。试着用上积累的词语把图意、事情说清楚，写明白。

4. 教学难点

学会有序细致地观察画面，提高对写话的兴趣。

5. 教学课时

1课时。

（二）教学方法

情境创设法、对话法、角色扮演法等多种教学方法。

（三）教学过程

1. 创设情景，导入新课

师：同学们，上课！在正式上课之前呀，老师想和同学们分享一段有趣的视频，让我们一起来看看吧。（播放提前准备的视频）

师：看完视频，让你们想到了什么有趣的故事呢，哪位小朋友想要分享？（学生结合生活实际分享《猫和老鼠》这部动画片中有趣的故事情节）

师：嗯，这位小朋友故事讲得可真精彩，能将故事讲得绘声绘色，掌声送给他！其实呀，今天我们所要学习的内容也与猫和老鼠有关，这次在猫和老鼠之间又会碰撞出怎样精彩的火花呢？让我们一起去课文中一探究竟吧！（揭示课题——"猫和老鼠"）

【设计意图：《课程标准》中指出低段的写话要求是让学生对写话有兴趣，写自己想说的话。因此，在课堂开始之前将学生熟悉的动画人物引入课堂，不仅吸引小朋友的注意力，同时能就趣味十足的故事情节进行交流，为学生后期故事情节的想象积累素材。这样的导入既贴合学生的生活实际，又明确指向本课的主要内容，同时为课中突破重难点做好铺垫。】

2. 观察图片，展开教学

（1）朗读提示，明确要求。

师：在观察图片之前，让我们一起读一读荧幕上方的写话提示吧，哪位细心的小朋友能告诉同学们本次的写话有几条提示呢？

生：三条：小老鼠在干什么？计算机荧幕上突然出现了谁？接下来会发生什么？

师：没错，复述得真准确！那面对这么多提示，我们该怎么做呢？

生：一条一条有序地完成。

【设计意图：处于低段的学生，在面对看图写话时比较茫然，不知道如何观察，从何动笔。通过朗读写话提示，有助于学生明确写话要求，为写话提供基本的支架。】

（2）观察图片，表达内容。

师：没错呢！接下来让我们仔细观察图片——小老鼠在干什么？

生：小老鼠跌倒在地上，看起来特别害怕什么东西。（板书"害怕"）

师：先别着急坐下，老师还想问问你，你从什么地方看出小老鼠感到害怕呢？

生：老师，我从小老鼠那惊恐的大眼睛中看出小老鼠很害怕。

师："惊恐"一词用得特别贴切，为什么眼睛睁得大大的表示恐惧、害怕呢？

生：因为我在平常的生活当中，如果遇到了让我害怕的事情，我会睁大眼睛表示惊讶、恐惧。

师：嗯嗯，"惊讶""恐惧"，非常好。同时你能结合自己的生活实际来理解图片中的小老鼠的心情，老师给你点个赞！你们还从哪些地方观察到小老鼠特别害怕呢？

生：老师，我还从小老鼠眼睛旁的一滴泪珠感受到了它的害怕。它被什么东西吓得眼泪都出来了。（板书"眼泪"）

师：观察得特别仔细！连怎么微小的细节都被你找到了！那这滴眼泪又是什么样的呢？看看哪位小朋友能把这滴眼泪形容得更生动、具体，让我们进一步感受到小老鼠的惊慌失措。

生：小老鼠吓得惊慌失措，大滴大滴的眼泪顺着脸颊滚落下来。

师：说得多么生动啊，我们仿佛真的看到了小老鼠哭泣的样子！

【设计意图：引导学生有序观察图片、仔细观察细节，并将观察到的内容用语言准确地表达出来。以增强学生对画面的观察能力和对语言的表达能力。】

师：嗯，还有同学想要补充！

师：没错，小老鼠它不仅被吓哭了，同时它的腿也被吓软了，这里小老鼠的动作是"跌倒"吗？老师又想到另一个词语——"瘫坐"，是指没有力气，顺势就坐在了地上。你们觉得哪个词语更好一些呢？

生："瘫坐"。因为小老鼠受到惊吓，没有力气，顺势就坐在地上，而"跌倒"主要是被什么东西绊倒。

师：分析得不错，结合自己的理解分别解释两个词语的含义！（板书"瘫坐"）

生：老师，我还有新的发现！

生：我发现小老鼠的汗毛都立了起来（PPT放大汗毛直立的画面），只有很害怕，我们的汗毛才会竖立起来！

师：观察得可真仔细，连老师都没注意到，这个细节的确能让我们感受到小老鼠的恐惧！（板书"汗毛"）

师：小老鼠为什么会这样的害怕呢，它看到了什么？（PPT展示计算机荧幕中的大脸猫）

生：小老鼠看到了大脸猫！猫和老鼠是天敌，猫会吃掉小老鼠！

师：所以小老鼠才会？

生：害怕！

生：恐惧！

生：惊慌失措！

师：嗯嗯，在刚刚的回答中，你们最喜欢哪个词语？

生：惊慌失措！

师：有谁想要说说理由呢？

生："惊慌失措"十分符合小老鼠遇到大脸猫那种手忙脚乱的状态。

师：嗯嗯，老师也觉得这个词语来形容手足无措的老鼠特别贴切。（板书"惊慌失措"）

师：那看到的大脸猫是什么样子的呢？谁想第一个分享呢？

生：大脸猫张着血盆大口，仿佛下一秒就会把小老鼠吃掉！

生：大脸猫嘴中还藏着一颗颗尖锐的牙齿，那牙齿就像一把把锋利的小刀！

师：嗯嗯，你们可真会学习！使用了自己积累的词语，同时将大脸猫尖锐的牙齿生动地表达了出来，让我们感受到了这是一只怎样的大脸猫呢？

生：凶猛！

生：可怕！

（3）展开想象，补充情节。

师：是呀，那小老鼠在看到这么凶猛的大脸猫之前它会在干什么呢？

生：它可能正在桌上偷吃东西，尾巴不小心扫到鼠标上。

生：它可能准备放松放松，看看电影，却没想到计算机荧幕上方出现大脸猫的样子。

生：它可能正在和自己的小伙伴聊着有趣儿的事。

师：是呀，在出现可怕的大脸猫之前，小老鼠可能在吃东西、看电影、聊天，那我们如何将这件事表达清楚呢？需要几个关键的要素？有哪位小朋友记得？

师：这位小朋友举手举得真快，想必是信心十足！

生：一件事说清楚需要时间、地点、人物三要素。

师：概括得十分准确，那现在同学们再说一说小老鼠在看见大脸猫之前可能在做什么吧？

生：在一天周末的下午，小老鼠汤米坐在计算机前面正津津有味地看着电影。

师：嗯嗯，说得十分清楚，其他小朋友也跟同桌说一说小老鼠之前在干什么吧。

师：看同学们说得津津有味，连老师也忍不住想加入你们，让我们一起来讲这个故事吧！老师讲前面，你们补充后面，小耳朵仔细听。

师：在一天周末的下午，小老鼠汤米坐在计算机前面正津津有味地看着电影。突然，它看见了——（老师用板书、图片提示学生表达小老鼠的外貌特征）

生：一只张着血盆大口的大脸猫，它的牙齿特别的尖锐，就像一把锋利的小刀，同时那双睁得大大的眼睛好像警告着对方注意自己的小命。

生：小老鼠顿时吓得手足无措，霎时瘫倒在地上。

生：它的汗毛都竖了起来，眼泪不争气地从眼睛中不断涌出来，就像断了线的珍珠项链，一滴一滴地从脸颊中划过。

生：它的嘴巴仿佛在说："猫猫大人！饶了小弟吧，不小心踏入了您的领地，小弟深感愧疚！"

【设计意图：通过师生共同创编故事，不仅调动学生表达的积极性，而且有利于帮助学生在头脑之中梳理整个故事的起因、经过、结果，将小老鼠的表现再次呈现，降低学生后期书面表达的难度，通过"说写结合""以说促写"，帮助学生从口头语言过渡到书面语言。】

师：同学们编的故事可真精彩！通过小朋友的共同努力，一个个有趣的故事将要诞生了。如果一个故事讲到这里是不是有一种戛然而止的感觉，我们还缺什么呢？

生：老师，我发现在写话提示中有"故事接下来会怎样？"我觉得我们的故事还差一个结尾。

师：真聪明，学会利用写话提示来学习！故事接下来会发生什么呢？让我们前后四位同学组成学习小组，发挥自己的想象力，想一想后面小老鼠和大脸猫之间会碰撞出怎样的火花，故事情节想象完毕后可以试着将后面的情节演出来，看谁演得小老鼠最像！（学生小组讨论，教师巡视）

师：我看到第一小组的同学已经迫不及待地想要和同学们分享后面的精彩故事了，掌声有请第一小组的代表。

生：小老鼠突然缓过神来，心想："这只是计算机荧幕上的图片，是不会吃掉我的，我可真胆小。"就在这时，计算机荧幕上方的大脸猫嘴角好像悄悄地向上扬起，趁小老鼠放松时，一口就将小老鼠吞进肚子里面，小老鼠还来不及反应就一命呜呼了。最后，大脸猫满意地摸摸肚子，擦擦嘴，得意扬扬地离开了。

师：第一小组的想象力可真丰富，把荧幕上方的大脸猫变活了，你们可真厉害，那我们请两位同学来演一演？（同学分别扮演小老鼠和大脸猫，展示故事情节变化）

师：老师在同学们的笑容当中感受到了这个故事的精彩！还有哪个小组有不同的故事走向呢？嗯，第五小组有不同的看法。

生：小老鼠瘫在地上不停地求饶，但大脸猫却一动不动，小老鼠小心地用尾巴轻轻地触摸着计算机荧幕，看大脸猫没有反应，这才长舒一口气，慢慢地从地上爬了起来，两只手还抚摸着两条吓软的腿，一瘸一拐地自言自语："好险，我以为是一只真的猫。"（说完后上台演示）

师：嗯嗯，在刚刚的表达中，我们可以看到这位同学使用了大量的动词刻画出小老鼠当时忐忑的心情"触摸""舒""爬"用得十分生动。

【设计意图：在此阶段设计角色扮演，不仅调动了孩子的写话兴趣，还有效解决了写话时无话可写的难题。在孩子表演中经历了故事发展的过程，对整个故事的理解和把握就有了真实的体验和感受，自然降低了学生对看图写话的畏难情绪。同时分小组交流故事结尾，充分发挥学生的想象力，尊重学生的个性化表达。】

（4）当堂写话，师生互评。

师：老师领着大家观察了图画，知道了图上画的是：小老鼠看见荧幕上出现一只猫，非常害怕。现在该学生大显身手，展开丰富的想象，写出当时的情景了。请拿起铅笔，按照老师的提示写起来吧，记得30分钟内完成。（PPT出示故事框架，学生发挥想象，将故事补充完整）

（学生按时完成写话内容，教师巡查指导）

师：提前完成的小朋友可以再读一读自己的故事，检查句子写的是否通畅，标点符号是否使用准确，格式是否正确。

师：大部分的同学已经完成了自己的故事。嗯，这位同学想起来分享他的故事。（学生分享）

师：同桌说一说，这个故事怎么样？

生：十分精彩，特别是形容小老鼠害怕的神态，感觉十分生动。

【设计意图：通过作品分享和师生互评环节，完成了学生写话作品的交流和改进。有助于检查教学效果，也有助于提升学生的写话兴趣和用书面语交流的意识。】

3. 课堂小节，总结提升

师：是呀，在善于用所积累的词语准确的表达自己所想表达的同时，在写话中，我们也需要结合生活实际展开合理的想象，让故事的情节变得趣味横生。

师：伴随着一个个精彩的故事，今天的课堂也快接近尾声了，希望还没有完成故事的同学可以在课后抽空完成，下节课我们再一起分享，下课！

二、案例评析

这是一个充满情趣、童趣又颇富张力的教学案例，无论是教师精心的设计与点拨，还是孩子们准确的观察与表达、精彩的想象与表演，都让人有不期而遇的美好！课堂教学设计中有效地将观察与表达相结合，体验与表达相结合，口语表达与书面语表达相结合，自我创作与交流分享相结合，较立体地呈现出看图写话的基本教学理念。

第一，观察与表达相结合。教材中提供的《猫和老鼠》的看图写话，话题选择充分考虑了学生的视觉经验和感知，符合学生的心理特点和认知特点。但在教学过程中，熟悉的主题也很容易让学生忽视对画面的细致观察。教师引导学生从小老鼠的表情、眼泪、汗毛等细节处入手，展开言语表达，这是一个很精准的切入点，为后面故事情节的合理想象做好了铺垫。最令人欣喜的是，学生对画面观察非常细致，表达丰富、准确、到位。

第二，体验与表达相结合。让学生补充后续故事，并用自己的表情和肢体语言进行表演，这是非常有趣的环节。孩子的课堂参与性特别高，强烈的参与动机，可以有效激发孩子们的想象。同时因为故事人物的有些表情、动作，也许孩子已经想到了，但还很难用语言准确表达，就可以借助动作、表情来传递。表演过程有助于拓展故事情节，拓展孩子们的想象空间，表演和观看表演的过程丰富了孩子们的情感体验，为写清楚故事起因、经过、结果提供了丰富的素材。

第三，口语表达与书面语表达相结合。结合低段学生的语言表达特点，口语表达优于书面语表达。该教学案例就充分借助学生的口语表达来推进学生书面语的表达，采用"先说再写"的教学策略。课堂教学中先引导学生用口头语言表达出观察到的内容，完成"说出来"，并对表达恰当妥帖之处进行重点诠释，如"惊恐""惊慌失措""瘫坐"等词的解析，告知学生"这样说，说得好"，这就为学生从口语表达自然过渡到书面语表达提供了一座桥梁，积极引领学生用准确的语言进行写话创作。除此之外，教师还通过"小老鼠见到大脸猫之前在做什么？""小老鼠见到大脸猫之后又会怎样？"等问题帮助学生勾勒出故事的前因后果。接着通过师生合作讲述故事情节，帮助学生进一步理清整个故事的起因、经过、结果，建立起故事情节的基本框架，为学生接下来的写话提供思路和支架。

第四，自我创作与交流分享相结合。结合部编版小学语文教材所倡导的书面语表达为了交际的基本理念。本次看图写话安排了同伴之间作品分享、交流的环节。一方面，通过同伴的分享，学生能学习别人写话的优秀之处，改进自己的表达；也在同伴的交流之中得到反馈，让自我修改完善更具针对性。另一方面，由于作品是要分享的，是有真实的读者的，也可以促进学生更认真地投入创作。

三、习作教学案例：《书信》①

所用教材：部编版小学语文四年级上册

版次：人民教育出版社，2019 年 1 月，第 1 版第 3 次印刷

（一）教学内容

1. 教材内容及学情分析

《写信》是部编版小学语文教材四年级上册第六单元的习作。要求学生学会用正确的格式写一封信，做到表达清晰，同时知道如何将书信通过邮局寄给收信人，旨在让学生学会用书信与别人互通消息、交流情感，感知中华民族书信的优秀传统文化。

四年级的学生正处于小学中高年龄阶段，学生已会写许多汉字，具有利用日记等表达自我的能力，但是学生生活中对书信接触较少。部编版小学语文教材在学生口语表达的基础上，设置多种情境，激发学生学习的兴趣与好奇心，提升学生的书面语言表达能力。

2. 教学目标

（1）了解书信、信封的正确书写格式，懂得写信的实用价值。

---

① 本案例由小学教育专业 2019 级 6 班陈玲嘉、何林、周显艳、谢莎莎、申雪梅同学设计，是绵阳师范学院"小学语文教学设计与实训"课程实践成果之一。

（2）学会用正确格式写信，书信的内容要清楚明白、语言得体。

（3）能够运用书信与他人进行思想、感情的交流沟通。

3．教学重点

（1）掌握书信的基本格式，学会写书信。

（2）知道信封的组成部分，并能正确书写。

4．教学难点

（1）把握书信语言的特点，正确地表情达意。

（2）培养学生对书信的热爱，用写信的方式表达自己的情感。

5．教学课时

2 课时。

（二）教学方法

有讲授法、谈话法、讨论法、练习法、情境教学法等多种教学方法。

（三）教学过程

1．绘本激趣，导入新课

师：同学们好呀，今天在老师开始讲课之前，想问大家这样一个问题，大家收到过信吗？我听见很多同学说没有，这里有一只蛤蟆跟大多数人一样，他也没有收到过信，因此他感到很不开心，就让我们一起来看看他的故事吧。一只蛤蟆整天都在信箱旁等信，神情很失落，他的朋友青蛙看见了，问他出了什么事，他说没有，只是总是等不到信。青蛙思考了片刻，跑了出去，大家猜他出去做什么了？

生：给蛤蟆写信！

师：是不是真的呢？让我们一起来看看吧。确实，他去给蛤蟆写信了。写完后，他交给了信差蜗牛，让他送给青蛙。之后他来找青蛙，发现他不在，青蛙失落地说："不会有人给我写信的。"蛤蟆安慰他说，一定会有的。于是陪他一起等信。大家说为什么信还不来呀？

生：因为蜗牛很慢。

师：是呀，因为信差是蜗牛呀。终于四天过去了，信来了，有没有哪位同学为我们读一下信的内容？

生：亲爱的蛤蟆，我有你做我的朋友，真是幸福，你的朋友青蛙。

师：你的声音很洪亮，感情很充沛，请坐。假如你是这个蛤蟆，你收到这封信，你会有什么样的感受呢？

生：幸福，开心，激动……

师：那如果我们一起来续写一下这个绘本，当蛤蟆收到这封信之后，他可能会给青蛙——

生：回信。

师：那他们的友谊就更加——

生：深厚了。

师：也就是说，信有交流情感的作用。（板书：交流情感）

【设计意图：课堂以绘本《寄给蛤蟆的信》导入课堂，激发学生学习兴趣，吸引学生走进课堂。点明书信是交流情感的重要方式之一。通过绘本导入并明确了本课的主要教学内容，又与知识总结相呼应，还为课中突破教学重难点做好铺垫。】

师：其实在过去，信也被称作尺素、尺书等。老师带来了两幅图片，第一幅，大家看这是什么呢？

生：骑马送信。

师：是的，就是我们在电视剧里看到的八百里加急。那第二幅呢？

生：飞鸽传书。

师：也就是说信还有互通消息的作用。（板书：互通消息）

师：我静静地写，你默默地读，当你想给远方的亲人或朋友传达思念之情的时候，你也可以通过写信，信是思念的翅膀，沟通的桥梁，情感的纽带。信还是什么呢？我们一起来读一读吧。

生：距今有几千年历史，是中华传统文化一部分，传承中华几千年文明与文化的独特魅力。传递人与人之间的情感。是人类精神的寄托，心灵的安慰。

师：那如今我们通过什么方法来互通消息，交流情感呢？

生：QQ，微信，信息……

师：是的，随着科技的发展，传递信息的方式越发多元化，但老师觉得写亲笔信是最传统、最正式、最浪漫的，最能让人一个人静下心来沉淀自己的情感。

【设计意图：向学生介绍中国古代交流信息、互通消息的方式，加深学生的印象。通过对比中国古代和现代传递消息的方式不同，让学生明白书信是中华传统文化的一部分，我们应该将这种传统文化传承下去。】

2. 展开教学

（1）学习书信结构。

师：书信是一种应用文。它曾经是人们和远方亲人朋友互通消息、交流情感的主要方式，现在仍然是重要的联络手段。下面是小杰写给叔叔的一封信。

师：请同学们自由朗读这封信，观察书信的格式。

师：首先，写信要先写——

生：称呼语。

师：称呼语写的时候要顶格写。小杰在称呼叔叔前面加了三个字"亲爱的"。如果我们要写给自己的爸爸妈妈等其他关系亲密的人也可以用——

生：亲爱的。

师：如果我们要写给一些德高望重的人，比如爷爷奶奶，我们就可以用——

生：敬爱的。

师：称呼语写完要写问候语，问候语写的时候要独占一行，空两格。一般对长辈我们用"您好"，对朋友可以用"你好"。

师：称呼语和问候语写完了，要写正文。正文的格式和写作文的格式一样，要分段写，每段开头空两格。在小杰的信中，他第一段对叔叔寄信表达了感谢，第二段告诉了叔叔搬进新校园的事情，最后一段表达了自己的问候。

师：为什么在正文中小杰一直用第二人称"您"来称呼叔叔？这样有什么好处？

生：能更好地表达对叔叔的尊敬之情。

师：正文写完后，接下来要写的是——

生：祝福语。

师：祝福语的"祝"要独占一行，空两格，祝福语要起一行，顶格写。

师：最后是落款，要分别写上姓名和写信时间，注意署名要写在日期前面，文字居右。

师：为了方便大家记忆，老师准备了一个书信格式顺口溜。我们一起来读一读，把书信格式牢记心中。

称呼顶格打冒号，先向亲友问个好；

正文每段空两格，一件一件不乱套；

署名日期别漏掉，工整写在右下角。

师：请同学来按照顺序说一说书信格式的要求。（请同学说一说）

师：和我们学过的留言条相比，书信格式有什么不同？

生：书信不用写标题。书信除了称呼语，还有问候语。书信结尾有祝福语。

师：书信就是加强版的留言条，内容更加详细丰富，重在交流，而留言条的作用只是告知。

【设计意图：首先，小学中段的学生应学会用便条、简短的书信进行表达与交流，感受语言文字的丰富内涵。因此，通过教学引导学生了解书信的基本格式，丰富语言文字的内涵，创设不同的情境，体会第一人称、第二人称在书信中起到的不同作用，深化情感体悟，体会语言表达的精确妥帖。其次，根据学生的年龄特点，编出书信格式顺口溜，调动学生学习的积极性，让学生熟读成诵，将书信格式牢记心中。最后，在学生已有知识经验的基础上，比较书信与留言条的不同点，学思结合，提升学生的语言运用能力。】

（2）评一评，改一改。

师：同学们，在之前课程的学习中，我们一起学习了书信的格式和内容，老师也叫同学们写了信。现在老师拿了三位同学写的信，同学们一起看一看他们写得好不好？好在哪儿？不好在哪儿？

师：好，我们看第一封，这是小李同学写给她姐姐的信，我们请小李同学给我们读一下吧。

师：听了小李同学给我们读的信，大家觉得她写得怎么样啊？

生：她的格式没写对，"你好"应该另起一行，空两格；祝福语应该顶格写；署名应该写在日期前面。

生：她的情感很丰富，表达了对姐姐、对以往自由生活的思念，对小时候的行为懊悔。

师：这位同学找得真仔细，把小李同学信中的错误全部找出来了。

师：我们来看第二封信，这是小英写给她爸爸的信，我们也先请小英给我们读一下吧。

师：同学们觉得小英写得如何啊？

生：她的书信格式都是正确的，表达了对爸爸的心疼，不过"失望"一词表达不得体，第二段对于事件的描述不够清楚具体。

师：第三封就由老师给大家读吧。

师：大家觉得这位同学写得怎么样啊？

生：她的情感很丰富，表达了对妈妈的爱。

师：这位同学只说了内容方面的，我们书信除了内容还有格式，同学们看看她格式上有什么错误呢？

生：没有署名，也没有问候语和祝福语。

师：通过对这几位同学的书信评析，我们知道写信要格式正确，内容清楚明白，还要情感真挚。那接下来同学们就根据这三点书信的注意事项再读一读、改一改自己的信，之后再同桌互换，让他替你检查一下是否还有遗漏之处。

师：现在我们信也写好了，那接下来我们要做什么呀？

生：寄信。

师：同学们再仔细想想，在之前老师给同学们讲的绘本中，青蛙给蛤蟆寄信前做了什么？

生：把信装进信封。

师：没错，老师这就有一个信封，同学们观察一下，信封上有几个部分啊。

生：四个。

师：那同学们知道这四个部分分别代表什么吗？老师来为同学们介绍一下吧。

师：现在我们信也写好了，也装进了信封，并且信封上的信息也填好了，现在我们就要把它投进邮筒，等邮差叔叔将它寄出去。其实，除了纸质书信，我们还可以写邮件来沟通交流。

【设计意图：语文课程核心素养包括文化自信和语言运用，而书信的写作就包含着丰富的礼仪内容，具有中华民族浓厚的文化色彩。在评析同学书信的过程中还能够锻炼学生的语言表达能力，加强学生对书信格式与内容的理解与掌握，并且在一定程度上也便于教师了解学生对书信知识的掌握情况。】

3. 课堂总结，课外拓展

师：在前面的学习中，我们通过青蛙先生的故事，知道了信是桥梁，能够互通消息，交流情感，然后我们学习了如何书写书信。

师：首先是书写书信的正确步骤。

师：写好书信第一步？

生：确定写给谁。

师：写好书信第二步？

生：称呼顶格打冒号。

师：写好书信第三步？

生：问候语。

师：写好书信第四步？

生：写正文。

师：正文可以写一件事，也可以写——

生：多件事。

师：写好书信第五步？

生：要有祝福语。

师：可以表达思念，也可以表达——

生：心情。

师：祝福语可以是词，也可以是——

生：句。

师：写好书信第六步？

生：一定要有落款，落款写清楚姓名、日期。

师：书写书信的要求是——

生：格式正确。

师：我们前面还制定了口诀，接下来同学们就以四人为一小组来为我们的口诀编排动作，现在开始。

师：时间到，现在，全体起立，每个小组一边做动作一边读上面的口诀。

生：称呼顶格打冒号，先向亲友问个好。

正文每段空两格，一件一件不乱套。

事情谈完祝福语，健康快乐常祝祷。

署名日期别忘掉，工整写在右下角。

【设计意图：借助书信结构的板书引导学习，能帮助学生理清思路，更加有画面感。小组讨论，编排动作，通过肢体语言与大脑信息相结合的方式，加深记忆，发挥学生创造力、想象力。】

师：那书写书信除了要做到格式正确，还应该做到内容清楚，情真意切，这让我想起了曾经的一份职业——代写书信。

师：同学们，请思考：第一，你眼中代写书信是一个怎样的职业？

生：帮别人写信。

师：第二，为什么会有代写书信这样的职业出现？

生：因为当时的人没有钱，不能上学读书，所以他们都不会写字。

师：那现在还有代写书信这样一种职业吗？

生：没有。

师：但事实上还是有的。可是为什么呢？在我们现在的社会，文盲已是寥寥无几，为什么还会有这样的职业出现呢？

生：不会呀，不想写。

师：老师总结一下，是不是大多数就是写不来和不想写呀？可是书写书信的目的就是为了传达情感，当我们能够写信，却让别人帮我们带笔，写的时候，还能传达一种真挚的情感吗？

生：不能。

师：那接下来呢，让我们一起读一读金波爷爷的这首诗。"我学会了写信，用笔和纸，用手和心……给自己，我也要写一封封信，让自己的心，和别人的心，贴得紧紧、紧紧……"

师：从诗中你读到了什么呢？

生：写信不仅要用笔和纸，也要用手和心。

师：老师希望呢，同学们在上了今天的这一堂课后，也能用写信这样一种方式与爸爸妈妈或者是其他人进行交流沟通，让彼此的心贴得更紧，好吗？

【设计意图：语文是一门人文性与工具性相统一的课程，而本课所讲授的书信也是人际交流与情感的结合。再多的技巧方法都抵不过一颗真诚的心，本节课不仅仅要让学生学习书写书信的方法和技巧，更要让学生明白表达自己的真情实感。为学生拓展中国传统的职业——"代写书信"，便是让学生进一步明白书信所传达的情感。用金波的诗句作为结尾，升华主题，书写书信"不仅要用纸和笔，也要用手和心"。】

四、案例评析

该教学设计充满创意和探索的精神，设计者想将自己所遇所想中最精彩的部分都展现给课堂，也许有诸多需要改进和完善之处，但带给我们更多的是惊喜和冲击。

第一，以绘本《给蛤蟆的一封信》导入课堂，有趣、贴切，并充分将绘本与课堂教学内容紧密相结合，既点明书信是交流情感的重要方式之一，又引出了书信的正确格式要求，包括信封格式的要求。该绘本的导入不仅仅活跃了课堂气氛，更突破了教学重难点。这是设计中的精巧之处。

第二，书信中巧妙融入了中国古代书信的别称"尺素""尺书""鸿雁""雁足"，中国古代送信的方式"飞鸽传信""骑马送信"，以及古老的代写书信的职业，而且对这些教学内容度的把握非常重要，只能有所涉及、有所呈现，但是不能冲淡书信基本要求和基本规范的教学。设计者这方面处理得当，教学中往往在过渡语中适当提及，将主要精力和时间放在书信的格式、内容、语言规范的教与学上。这样的引入，一方面加强了课堂中华传统文化的元素，开阔了学生的视野，加强了课堂教学的文化底蕴；另一方面有助于增强学生学书信写作的内在驱动力。这是设计中的开阔之处。

第三，紧扣教学重难点精心设计教学内容。通过《小杰写给叔叔的一封信》学习书信写作的基本要求，直观、明确地展示教学要点，充分利用范文引路的优势进行教学。学生体会不同人称表达不同情感可能存在一定困难，生活中学生写信的机会少之又少，对书信表达情感的体悟更是相对匮乏，因此设计了根据不同写作对象书写不同内容的提纲，其实就是为学生搭建了一个书信写作的支架，助力学生完成书信写作。为落实书信基本格式的教学要求，采用顺口溜的方式帮助学生记忆书信格式。为了解学生书信写作的掌握情况，设计了习作评讲的教学环节。评讲环节，重视书信格式规范的改进，更重视书信的沟通信息、交流情感的文体要求，对语言表达的得体、准确进行重点点拨。这是设计中最有内涵之处。

整体而言，该教学设计虽略显稚嫩，但充满灵气，充满对教学理想化的追求。结语处引用金波的一首小诗，板书设计为一只飞鸽的造型，这些细节的安排都可以更好地吸引学生的注意力，加深学生对书信的理解和认知。

思考·探究

1. 结合学段特点和《课程标准》的要求，探究部编版小学语文教材中有关"写人"主题的编排特点。

2. 任选部编版小学语文教材五年级习作编排的某一个单元，探究习作编排的教学价值。

口语交际作为一门综合性的语言艺术，是人与人在日常交往中最常用、最直接的沟通方式，体现着一个人对语言的综合应用能力。小学语文教育中培养的口语交际能力，是现代公民语文素养的重要组成部分。

第一节　口语交际概述

 阅读提要

了解口语交际的基本内涵，弄清口语交际的基本要素，掌握口语交际的基本特征。

一、口语交际的内涵

（一）口语

口语，即人们日常生活中口头交流时所使用的语言，有别于"书面语"，主要是一个人的发音器官发出的声音，借以表达自己的思想与情感。口语主要指口头表达，更侧重于说话者的单向言说。

（二）口语交际

口语交际是指交际双方为了达到交际意图，在一定的语言情境中以口头语言为主要交际手段，以表情、动作、姿态等为辅助性交际手段，相互交流和沟通的社会实践活动。交际，即人与人之间的交往。因此，"口语交际"较之"口语"就多了交流和互动，它更侧重的是交际者之间的双向交流，是倾听能力与言说能力在实际交往中的应用。

二、口语交际的要素

口语交际具备三大基本要素：第一，交际发生在一定的语言环境中，交际的发生、发展受到不同语境的影响；第二，交际者的交际意图决定了交际话题的生成、交际言语的构建与选择；第三，交际过程中的表达手段以口头语言为主但并不只有口头语言，交际过程是交际者全身心参与的过程，交际者的表情、动作、姿态、情感、心理等辅助性交际手段也会直接影响交际的进程。

三、口语交际的特征

口语交际呈现出以下几方面的基本特征。

第一，综合性。口语交际作为一门综合性的语言艺术，是人与人在日常生活中最常用、最直接的沟通方式，体现着一个人对语言的综合应用能力。

第二，情境性。口语交际发生于一定的情境中，是交际双方在一定情境中产生的交流和互动，口语交际的内容、方式、结果等都取决于具体的情境。

第三，交际性。口语交际具有"交际"的属性，这直接决定了口语交际是一种面对面的信息交流与互动的过程，交际双方的信息沟通是敞开的、动态的、双向的互动生成过程，交际过程中双方处于互动、回应的状态。口语交际本质上是人与人之间交流与沟通的过程。

第四，实践性。人际交往的不断实践促进了人类语言的产生与发展。人际交往本身就是一个社会实践的过程。口语交际产生于人们的社会实践，同时口语交际也发生在社会实践之中。口语交际是一种实践性很强的人类活动。

此外，有学者提出口语交际具有"动态性、复合性、临场性、简散性"（倪文锦，2010：126）这四个基本特征。动态性，强调的是口语交际的话题在交互式的交流中，在双方配合下，逐步推进。复合性，体现在言语个体和言语行为上：就言语个体来说，交际过程中既是发话者，也可能是受话者；就言语行为来说，完成口语交际必须有思维、情感、体态等多种系统参与配合才能完成。临场性，指口语交际在特定的对象和特定的语境下完成，要根据具体的语境和具体的反馈信息，灵活采用解释、重复、停顿、迂回、猜测、转换话题等交际策略。简散性，"简"为用语简略，"散"为结构松散，这是从口语交际所表达的语言特点角度提炼的特点。由于口语是由语音表现的音节、词、句构成的达意传情系统，具有实时性，结构简单的短句才能被更好地表达与理解。口语表达中甚至有语义不完整，有重复、脱节、补充、插说、冗余等结构松散的语言现象存在，口语交际往往是面对面地交往，有特定的情景，说话者可以借助手势、表情、体态等非语言因素来补充传递信息。听话者可以通过听辨语音、语气、词义，体察对方的动作、表情和态度，准确理解对方的意思。

四、口语交际能力

口语交际能力包括交际过程中为了让交际活动顺利开展交际双方所需的语言组织能力、表达能力、理解能力、倾听能力、思维能力以及交流能力等多方面的综合能力和素养。对口语交际能力的认知，有学者综合各家观点，梳理出口语交际是一项包括了言语能力和非言语能力的复杂的智力活动，认为口语交际能力构成要素（邱娟飞，2008：5），具体如表7-1所示：

表7-1　口语交际能力构成要素表

构成要素		构成次要素
言语能力（听说能力）		言语的感知与记忆能力；言语的理解和组织能力；言语的创造；发音能力，听音能力。
非言语能力	智力因素	文化知识背景；思维的敏感性、条理性和深刻性；对话题和情景的把握能力；临场应变能力。
	非智力因素（心理因素）	与人交往的兴趣；平等待人的习惯；尊重他人的意见，尤其是包容不同意见；放松的表情，自然适度的手势；文明的姿态。

《课程标准》明确指出："口语交际能力是现代公民的必备能力。应培养学生倾听、表达和应对的能力，使学生具有文明和谐地进行人际交流的素养。"（中华人民共和国教育部，2012：24）《课程标准》简明扼要地从倾听能

力、表达能力和应对能力三个方面对口语交际能力进行了定位，对小学语文口语交际教学具有直接的引领作用。

五、口语交际教学

口语交际教学是小学语文教学中与识字与写字教学、阅读教学、写话与习作教学、综合性学习教学并列的一个教学领域。"口语交际教学是教师引导学生在具体的口语交际活动中，规范口语表达、提高口语交际能力、培养口语交际素养的教学活动。"（张中原，徐林祥，2007：192）一般可以从培养学生的语言表达能力、倾听能力、交际策略和素养等方面展开口语交际教学。

第二节　口语交际的目标与内容

阅读提要 --

掌握口语交际各学段的目标与内容，理解口语交际不同学段中目标与内容的连续性，弄清口语交际不同学段目标与内容的差异。

《课程标准》在课程设计中明确提出了对口语交际的基本要求："具有日常口语交际的基本能力，学会倾听、表达与交流，初步学会运用口头语言文明地进行人际沟通和社会交往。"（中华人民共和国教育部，2012：7）在《课程标准》中，小学三个学段具体的口语交际目标与内容如下：

第一学段（1~2年级）

1. 学说普通话，逐步养成说普通话的习惯。
2. 能认真听别人讲话，努力了解讲话的主要内容。
3. 听故事、看音像作品，能复述大意和自己感兴趣的情节。
4. 能较完整地讲述小故事，能简要讲述自己感兴趣的见闻。
5. 与别人交谈，态度自然大方，有礼貌。
6. 有表达的自信心。积极参加讨论，敢于发表自己的意见。

（中华人民共和国教育部，2012：9）

第二学段（3~4 年级）

1. 能用普通话交谈。学会认真倾听，能就不理解的地方向人请教，就不同的意见与人商讨。

2. 听人说话能把握主要内容，并能简要转述。

3. 能清楚明白地讲述见闻，说出自己的感受和想法。讲述故事力求具体生动。

（中华人民共和国教育部，2012：11）

第三学段（5~6 年级）

1. 与人交流能尊重和理解对方。

2. 乐于参与讨论，敢于发表自己的意见。

3. 听人说话认真、耐心，能抓住要点，并能简要转述。

4. 表达有条理，语气、语调适当。

5. 能根据对象和场合，稍作准备，作简单的发言。

6. 注意语言美，抵制不文明的语言。

（中华人民共和国教育部，2012：14）

一、从语言表达的角度看，学会现代汉语的口语表达

《课程标准》中提出"学说普通话，逐步养成说普通话的习惯"，这就规定了小学语文教育中口语交际使用的语种就是现代汉语，即普通话。这一规定就在语音、词汇、语法上做出了基本的规范要求。口语交际中学习汉语、使用汉语是小学语文课程根本任务的体现，也符合国家推广国家通用语言文字的基本策略，有助于各民族之间的人际交往，也有助于中华民族共同体的建立与繁荣。

在日常会话中用汉语表达要做到语音正确，语调自然，语气恰当，语法正确；能根据重音和语调的变化，理解和表达不同的意图和态度，理解和领悟词汇在特定语境中的意义；能运用词汇描述事物，叙述事件，说明概念；能在实际运用中体会和领悟语言形式表情达意的功能；等等。《课程标准》中提到的"复述""讲述""转述""请教""商讨""发言"等语言表达的具体形式及具体要求，旨在提升学生的口语表达能力。在口语交际教学中，应紧扣口语表达的内在需求，结合《课程标准》中所提的要求，充分重视和积极指导，促进

学生准确、完整、清晰地运用普通话进行交流。如：发音上要做到吐字准确清晰，避免方言的干扰；语调语速的调控应根据具体的交际语境和交际需求来决定。

在口语表达能力上，可以归纳出说话能力结构（见表7-2）。

表7-2　说话能力结构一览表

说话能力要素	说话能力变量	说话测评项目
内部言语能力	说清楚事物； 内容一致； 中心、主题明确； 条理清晰，严密； 语气连贯，表达流畅。	语脉
快速组织言语能力	选词组句准确，符合口语表达规范； 表达的内容具体、生动； 表情达意简洁、清楚。	语汇 语意
体态语运用能力	神态自然大方； 体势、动作适中； 礼貌用语。	语态
语音、语速、语调调控能力	发音正确；吐字清晰；音强适度； 语速适宜；语调有变化。	语用

注意纠正口语交际时语言表达上的一些不恰当的方式，如略语、赘语、散语、断语、模糊语、重语、急语、缓语（程培元，2004：162）。

二、从语言倾听的角度看，侧重对现代汉语口语的理解和回应

在口语交际过程中，交际双方应注意倾听对方谈话的内容，准确理解和把握对方的交际意图与目的。语言倾听具体包括了对语音的理解、对语义的理解和对言语的回应。对语音的理解，包括对音节和音节所代表的概念意义理解，对音节连缀成义所传递的内涵信息的准确把握。对语义的理解，就是能对接收到的语义信息进行筛选、辨别和梳理，准确提取语义中的主要观点和大概意思，把握关键语义信息，能准确理解话语的真正意图。对言语的回应，是指交际者在理解对方言语之后，会有肯定、顺从、认同、赞扬、辨析、反驳、争议、拒绝等不同的心理和情感的反应。同样，交际双方在交际中也会表现出不

同的言语回应，如对言说者言说内容真伪的辨析、情感态度的体察、真实意图的揣摩等。

在口语倾听能力上，不同学者有不同的理解和认知。詹启生等认为倾听的子技能包括听、理解、记忆、解释、评估和反应，同时指出倾听能力还必须延伸到态度和认知，尤其是倾听态度，因为听者的倾听意愿对说者的倾听体验至关重要。倾听能力要求的情感层面是意愿偏向和包容接纳，即听者对于倾听本身的态度和在倾听过程中的态度（詹启生，刘美，刘新颖等，2021：788 - 794）。这种观点对我们更好地把握口语交际过程中学生倾听能力的培养有借鉴价值。在《课程标准》中，对倾听能力重点强调了"认真听"和"抓关键"，如第二学段中的"听人说话能把握主要内容"，第三学段中的"听人说话认真、耐心，能抓住要点"。在倾听能力的细化上，可以归纳出听话能力结构（见表 7 - 3）。

表 7 - 3　听话能力结构一览表

听话能力要素	听话能力变量	听话测评项目
感知	语音感知 词汇感知 细节感知 要点提取 内容识别	语音 词汇 细节 内容
理解	理解词义 理解句意 理清思路 理解内容 概括中心 推断结论 理解说话者的表情、手势、姿态等体态语	语汇 语意 语脉 体态语
评价	抓住话语主旨 推断说话人立场、观点、意图	反应和鉴别话语内容

三、从口语交际的交往层面看，侧重培养合作、尊重等交际素养

口语交际强调的是口语交际的社会交往功能，强调交际双方的协调配合，强调彼此之间的沟通与交流、合作与尊重。只有出于真诚的交往需求，交际双

方才能就一些共同的话题展开对话与交流。在口语交际过程中，一方面，言说者要清楚明白地进行言语表达，才能将信息准确传递出来。言说者要清晰地表达自己的观点，发表自己不同的意见，文明礼貌地参与讨论。在语言能力不足导致理解和表达困难时，还应学会借助手势、表情等体态语进行交流，适当采取停顿、重音、重复等手段提高口语交际能力。另一方面，要认真耐心地倾听对方言说，准确地提取对方的言语内容和信息，特别注意提取对方的语气、体态方面的细节信息，包括言语中未完成的语义信息。交际双方的合作配合才能有效地促使双方顺利开展信息沟通与交流。

在口语交际的过程中，除了口语交际能力的培养，还要关注交际双方的情感态度。如《课程标准》中提到的"与别人交谈，态度自然大方，有礼貌""有表达的自信心""与人交流能尊重和理解对方""乐于参与讨论，敢于发表自己的意见""听人说话认真、耐心""注意语言美，抵制不文明的语言"等就是对口语交际中自信、大胆、耐心、认真、尊重、有主见、文明等交际素养的积极引导。

第三节 口语交际编排的基本情况及特点

阅读提要

熟悉部编版小学语文教材口语交际的编排基本情况，掌握编排体例、编排内容及呈现方式上的特点，并能根据相关的理念自主探究口语交际编排的特点。

口语交际板块的编排遵循了部编版小学语文教材人文主题和语文要素两条线索组织单元的基本思路，同时凸显了口语交际的独立地位和价值，开拓了口语交际能力培养的新路径。

一、编排体例

（一）相对独立编排，目录中直接呈现

部编版小学语文教材将"口语交际"作为一个独立板块进行相对独立的编排，即作为一个独立的板块在教材目录中呈现，不再依附于阅读板块和写作板块。目录中清晰呈现"口语交际"板块，是编者落实口语交际的独立地位和价值的自觉追求。以三年级下册为例，在目录中直接呈现了口语交际的板块，可以从目录中直接检索到口语交际的内容"该不该实行班干部轮流制"，较之以往人教版口语交际的内容涵盖于"语文园地"中有明显不同。如2002年人教版小学语文教材三年级下册的目录中只出现了"语文园地"，口语交际"介绍家乡景物"是语文园地的一部分内容。口语交际在位置上的被覆盖，也就意味着口语交际板块在语文教育教学中未能获取自己独立的地位和应有的重视。

纵观部编版一至六年级的小学语文教材，口语交际在教材目录中呈现的位置并不固定，而是根据人文主题的大框架灵活呈现，有隔一个单元呈现，有隔两个单元呈现，也有接连两个单元均呈现的不同情况。就其所在单元内部而言，口语交际的位置相对固定，一般在阅读之后、习作和语文园地之前。

部编版小学语文教材口语交际相对独立编排还体现在话题的选择上，该版本口语交际的话题选择会适当呼应相应的人文主题，让口语交际的话题选择与整个单元主题相配合，融读写听说的语文能力为一体。典型的例子如五年级上册第三单元的编排。这个单元的人文主题是："民间故事，口耳相传的经典，老百姓智慧的结晶。"语文要素是："了解课文内容，创造性地复述故事。提取主要信息，缩写故事。"编排了如下阅读模块：民间故事《猎人海力布》关注故事的事件、故事叙述人称的口吻，《牛郎织女（一）》关注情节的具体化，《牛郎织女（二）》改编为连环画；口语交际《讲民间故事》关注讲故事时丰富故事的细节，同时还要加上动作和表情；习作《缩写故事》着重训练故事的摘录、删减、概括、改写；语文园地的"交流平台"就讲故事的叙述人称选择、故事情节的创设、设悬念、补细节等技巧进行交流，"词句段运用"中就如何在表达上更具体生动进行示例，"日积月累"的内容是古诗《乞巧》。这些内容都紧扣单元主题展开，整个单元就形成一股合力，通过阅读、习作、口语交际和语文知识对民间故事的提取和表达进行整体的学习，这是一种较为

成功的设计。

（二）编排以口语交际能力发展和素养养成为主线

《课程标准》强调发展学生口语交际的能力和情感态度价值观，主要围绕口语交际的倾听、表达、交流三方面展开，着重打造言语表达能力与言语倾听能力，细化倾听和表达的策略技巧，贯穿口语交际素养的养成。将口语交际的能力和素养要求分布和落实在各个学年段中，明确列出具体的能力和素养要求。口语交际的话题安排整体上呈螺旋状分布，表现出层次性和连续性。

第一，从口语表达能力上，从敢说、能说再到会说、善说就是一个不断推进、螺旋上升的过程。部编版小学语文教材中逐步安排了提升口头表达能力的具体要求与策略。低段时侧重于破胆，让孩子在口语交际中大胆表达、清楚表达、自信表达："大声说，让别人听得见。""讲故事的时候，声音要大一些，让别人听清楚。""讲清楚图意。吐字要清楚。"中段时侧重于会说，逐步加大了口语表达中说什么、怎么说的具体要求，要求注意言说对象，紧扣话题、信息完整、条理清晰地表达："说清楚想法和理由。""发言的时候先表明你的观点，再说清楚理由。""围绕话题发表看法，不跑题。""弄清要点，转述时不要遗漏主要信息。注意人称的转换。""准确传达信息。清楚、连贯地讲述。""分类整理小组意见，有条理地汇报。""对象和目的不同，介绍的内容有所不同。"高段时逐步加大口语表达说好善说的目标指向和能力要求，在加强对口语表达内容的提炼、概括，利用条件增强表达效果等方面进一步提出要求："发言时要控制时间。""讨论后做总结，既要总结相同意见，也要说明不同意见。""选择恰当的材料支持自己的观点。""分条讲述，把理由说清楚。""注意说话的场合和对象。""引用原文说明观点，使观点更有说服力。"

第二，从口语交际的倾听能力上，从"注意听"到"听主要信息"再到"判断、辨析信息"，也体现出在倾听能力培养上的科学引领，要求上呈螺旋式递进，侧重培养学生倾听时对语言信息和情感信息的有效提取、理解、辨析和统合的能力。"注意听别人说话。""注意听，记住主要信息。""一边听一边思考，想想别人说的是否有道理。""判断别人的发言是否与话题相关。""听人说话能抓住重点。""准确把握别人的观点，不歪曲，不断章取义。"

第三，从口语交际的交流素养上看，着重强调了交流中的文明礼貌和彼此尊重。尊重这一点被反复提及，就是用这种反复强化希望能内化为学生的一种自觉修养。"尊重不同的观点。""尊重别人的观点，对别人的发言给予积极的回应。""尊重不同意见，讨论问题时，态度要平和，以理服人。""一个人说完，另一个人再说。""有不明白的地方，要有礼貌地提问。"这些素养要求的明确提出，对口语交际教学过程中有着明确的导向作用。

第四，为口语交际的能力提升尽量提供多种支撑，细化和强化听说能力具体策略。以口语表达要逻辑清晰为例，教材中逐年安排了以下内容："按照顺序说。""卡片提示讲述内容。""清楚、连贯地讲述。""分类整理小组意见，有条理地汇报。""引用原文说明观点，使观点更有说服力。""分条讲述，把理由说清楚。""列提纲，按照一定的顺序讲述。""有条理地表达，如分点说明。""提前打腹稿，想清楚先说什么，后说什么，重点说什么。"用卡片、分条、列提纲、分点、打腹稿等具体策略，让口语表达逻辑清晰的能力训练有了切实的落脚点和支撑。

第五，充分关注口语交际手段，增强表达效果。"口语交际"为了更好地达到彼此的交际意图，需要掌握语言的和非语言的交际手段。语言类的交际手段包括语音、语气、语调、语速等方面，非语言类的交际手段包括表情、动作、姿态等。部编版小学语文教材在口语交际的编排中充分关注了语言和非语言的交际手段。语言类交际手段包括语调、语气、重音、节奏、停顿、重复等。比如四年级上册的口语交际《安慰》，设计了三个学生遇到不顺心事，需要有人安慰的交际情境，并提出安慰者要注意设身处地考虑对方的心情，把握自己的语调进行安慰。但是如何驾驭语调上，还可以进一步细化和探究。在语气、停顿、重复的具体操作策略上也存在类似的情况。如六年级上册的口语交际《演讲》也只是提出要"语气、语调适当，姿态大方。利用停顿、重复或者辅以动作强调要点，增强表现力"（温儒敏，2019e：31），但缺乏相关技巧的具体指导。表情、动作、姿态等非语言类交际手段，部编版小学语文教材中也有涉及。如：一年级下册口语交际《一起做游戏》中出现"一边说，一边做动作，这样别人更容易明白"（温儒敏，2016b：97）；四年级上册口语交际《讲历史人物故事》提醒"使用恰当的语气和肢体语言，可以让讲述更生动"（温儒敏，2019b：118）；五年级上册《讲民间故事》提示"讲故事的时候，可以配上相应的动作和表情"（温儒敏，2019c：43）。虽然教材在非语言类交际手段如何掌握上还可以进一步加强和细化，但是相关口语交际手段的明确提出对口语交际教学就有了积极引领，同时也给了师生在教学过程中开发教学内容留下创作的空间。表7-4列出了部编版小学语文教材各年级的口语交际能力和素养要求。

表7-4　部编版小学语文教材各年级口语交际能力和素养要求一览表

一年级上册	说话的时候看着对方的眼睛。 大声说，让别人听得见。注意听别人说话。 有时候要大声说话。有时候要小声说话。 大胆说出自己的想法。
一年级下册	听故事的时候，可以借助图画记住故事内容。讲故事的时候声音要大一些，让别人听清楚。 礼貌用语：请，请问，您，您好，谢谢，不客气。 给别人打电话时，要先说自己是谁。没听清时，可以请对方重复。 一边说，一边做动作，这样别人更容易明白。
二年级上册	吐字要清楚。有不明白的地方，要有礼貌地提问。 按照顺序说。注意听，记住主要信息。 要用商量的语气。把自己的想法说清楚。 按顺序讲清楚意图。认真听，知道别人讲的是哪幅图的内容。
二年级下册	说话的语气不要太生硬。避免使用命令的语气。 清楚地表达想法，简单说明理由。对感兴趣的内容多问一问。 主动发表意见，一个人说完，另一个人再说。 注意说话的速度，让别人听清楚。认真听，了解别人讲的内容。
三年级上册	选择别人可能感兴趣的内容讲。借助图片或实物讲。 把了解的信息讲清楚。听别人讲话的时候，要礼貌地回应。 清楚地表达自己的看法。汇总小组意见时，尽可能反映每个人的想法。 有礼貌地向别人请教。不清楚的地方及时追问。
三年级下册	说清楚想法和理由。耐心听别人讲完，尽量不打断别人的话。 一边听一边思考，想想别人说的是否有道理。尊重不同的想法。 注意说话的语气，不要用指责的口吻。多从别人的角度着想，这样别人更容易接受。 运用合适的方法，把故事讲得更吸引人。认真听别人讲故事，记住主要内容。
四年级上册	围绕话题发表看法，不跑题。判断别人的发言是否与话题相关。 小组讨论时，注意说话的音量，避免干扰其他小组。不重复别人说过的话。 如果想法接近，可以先表示认同，再继续补充。 选择合适的方式进行安慰。借助语调、手势等恰当地表达自己的情感。 用卡片提示讲述内容。使用恰当的语气和肢体语言，可以让讲述更生动。
四年级下册	弄清要点，转述时不要遗漏主要信息。注意人称的转换。 准确传达信息。清楚、连贯地讲述。 根据讨论的目的，记录重要信息。分类整理小组意见，有条理地汇报。 对象和目的不同，介绍的内容有所不同。

续表7-4

五年级上册	发言时要控制时间。讨论后作小结,既总结相同意见,也说明不同意见。 讲故事的时候,可以适当丰富故事的细节。讲故事的时候,可以配上相应的动作和表情。 选择恰当的材料支持自己的观点。尊重别人的观点,对别人的发言给予积极的回应。 分条讲述,把理由说清楚。听人说话能抓住重点。
五年级下册	认真倾听,交流时边听边记录。根据整理的记录有条理地表达。 主持讨论时,要引导每个人发表意见。尊重大家的共同决定。 列提纲,按照一定的顺序讲述。根据听众的反应,对讲解的内容做调整。 避免不良的口语习惯。用心倾听,做一个好的听众。
六年级上册	语气、语调适当,姿态大方。利用停顿、重复或者辅以动作强调要点,增强表现力。 先说想法,再把具体的理由讲清楚。设想对方可能的反应,恰当应对。 准确把握别人的观点,不歪曲,不断章取义。尊重不同意见,讨论问题时,态度要平和,以理服人。 有条理地表达,如分点说明。对感兴趣的话题深入交谈。
六年级下册	引用原文说明观点,使观点更有说服力。分辨别人的观点是否有道理,讲的理由是否充分。 提前打腹稿,想清楚先说什么,后说什么,重点说什么。注意说话的场合和对象。 听出别人讲话中的矛盾或漏洞。抓住漏洞进行反驳,注意用语文明。

二、编排内容

(一)话题选择紧扣口语交际的基本类型

部编版小学语文教材口语交际的内容编排以话题为载体,涵盖了口语交际不同类型。巢宗祺等主编的《全日制义务教育语文课程标准(实验稿)解读》认为"口语交际"可以概括为以下几类话题。"介绍"类:自我介绍,介绍朋友宾客,介绍我的家,介绍我的家乡,介绍我的一张照片,介绍我国的一个民族,介绍我国的一座城市,介绍一处名胜古迹,介绍世界名城,介绍一种动物,等等。"独白"类:说小笑话,说故事,说相声,说说广告,说说自己的奇思妙想,说说自己的愿望,说读后感观后感,说经验谈教训,说目击情况,发布小小新闻,等等。"交往"类:道歉、做客、祝贺、待客、转述、劝阻、商量、请教、赞美、批评、安慰、解释、采访、辩论、借物、购物、指路、问路、看病、打电话、接电话、约请、推荐与自我推荐、当导游,等等。

"表演"类：演童话剧，演小剧本，当众演讲，主持节目，等等。"讨论"类：……对不对，……好不好，……行不行，怎么办，小小建议，小小讨论，小小辩论，等等（巢宗祺，雷实，陆志平，2002：77）。部编版小学语文教材口语交际的话题基本上涵盖了口语交际介绍、独白、交往、表演、讨论等几个类型，具体分类大致如下。

（1）介绍类：《我的暑假生活》《名字里的故事》《我们与环境》《讲历史故事》《我最喜欢的人物形象》《自我介绍》《推荐一部动画片》《同读一本书》。

（2）独白类：《身边的"小事"》《有趣的动物》《做手工》《小兔运南瓜》《看图讲故事》《讲民间故事》《听故事，讲故事》《趣味故事会》《走进他们的童年岁月》。

（3）交往类：《我说你做》《我们做朋友》《用多大声音》《注意说话的语气》《商量》《请教》《安慰》《朋友相处的秘诀》《请你支持我》《意见不同怎么办》《请你帮个忙》《打电话》《一起做游戏》《劝说》《转述》。

（4）表演类：《演讲》《说新闻》《怎么表演课本剧》《我是小小讲解员》《我们都来讲笑话》。

（5）讨论类：《爱护眼睛，保护视力》《图书馆借阅公约》《长大以后做什么》《制定班级公约》《春游去哪里玩》《该不该实行班干部轮流制》《父母之爱》《聊聊书法》《即兴发言》《辩论》。

从部编版小学语文教材各年级口语交际话题分类统计（见表7-5）可以看出：从口语交际的设置类型上看，交往类和讨论类的设置占半数以上，这两类的话题在部编版小学语文教材口语交际话题总数中所占比例为53.2%。可见部编版小学语文教材口语交际能力的培养注重口语交际的交际性，强调语言实践中的双向互动性。加大交往类和讨论类话题的设置占比，有助于培养学生与人交流交往的能力和意识。独白类较之以往人教版的教材所占比重有较为明显的下降，由原来的占比接近半数降低到19.2%，这符合《课程标准》中对口语交际"交际性"的定位与理解。小学阶段的儿童较擅长抒发自己的内心感受，独白类口语交际的安排虽然有助于学生走进口语交际之门，但过多的独白类口语交际安排可能会加重学生以自我表达为中心的交往习惯。介绍类和表演类占27.6%，约占总数的1/3，这两类内容是侧重于学生口语表达能力的专项训练。介绍和表演是提高学生口语表达能力的有效途径。各种类型口语交际的合理设置，为满足学生的现代社会生活需求奠定了基础。

表7-5 部编版小学语文教材各年级口语交际话题分类统计一览表

分类	数量	占比
介绍	8	17.0%
独白	9	19.2%
交往	15	31.9%
表演	5	10.6%
讨论	10	21.3%

（二）话题选择贴近学生日常生活和能力训练的需求

从口语交际的话题选择上看，以学生为主体展开，内容贴近学生的日常生活和校园生活。《你说我做》《自我介绍》《我的暑假生活》《名字里的故事》《制定班级公约》《春游去哪里玩》《该不该实行班干部轮流制》《我是小小讲解员》等话题的设置，紧扣学生日常现实生活、成长需求，引导学生通过实际体验与自身经历进行表达，利用讨论解决面临的实际问题。这就为口语交际创设了一个个真实的话语情境，无缝对接学生日常生活中的交际需求，以便学生更有效地将教材上学习口语交际技能运用于日常交际中，充分发挥口语交际交流的目的。

但是贴近学生日常并不是单纯地将交际的背景设定为日常生活即可，而是要求教材中训练的能力应与日常生活中实际所需使用的能力相符合。例如部编版小学语文五年级下册口语交际《走进他们的童年岁月》。这个口语交际的话题是了解父辈或他人的童年生活，要求"要认真听、耐心地听别人讲话，一边听一边作简单的记录，不要随意打断别人，不明白的地方或感兴趣的内容可以适当追问"（温儒敏，2019d：13），并且提供了解他人童年生活的问题清单示例。这个话题的内容并不是直接指向学生的日常生活，但是它训练的口语交际能力却是日常生活中需要使用的倾听与言说的基本能力。"认真倾听，交流时边听边记录。根据整理的记录有条理地表达。"（温儒敏，2019d：13）故而选择的话题不一定贴近学生的日常生活，但训练的能力却一定是学生在生活中需具备的能力。

（三）话题选择受到单元人文主题的统领

部编版小学语文教材的人文主题会统领单元内部各个模块的主题选择。这样的主题组元的基本模式也直接影响着口语交际的内容选择。如五年级下册第八单元的人文主题是"风趣和幽默是智慧的闪现"。该单元的语文要素是"感受课文风趣的语言","看漫画，写出自己的想法"。阅读模块选择了《杨氏之子》《手指》《童年的发现》，这些文本组合在一起的共同特点就是"风趣幽默"。杨氏之子"未闻孔雀是夫子家禽"的机智，丰子恺《手指》中幽默风趣的语言风格，费奥多罗夫《童年的发现》中的梦想天真与童趣，这些文本的选编都紧扣单元主题。习作模块《漫画的启示》侧重漫画中的"可笑之处"展开习作练习。在"风趣幽默"的单元主题之下，本次口语交际的内容选择是《我们都来讲笑话》。笑话这一话题的选择非常切合本次的单元主题，教材对如何讲笑话进行了一些适当的提示："要熟记笑话的内容。""尽量表现出笑话中人物的神态、语气和动作。""克服口头禅、重复等不良的口语习惯。""要沉住气，自己不要笑场。"（温儒敏，2019d：115）这样的设计，既将口语交际融合在整个单元主题之下，又根据单元主题适当开发和落实了口语交际的能力要求，可谓一举两得、相得益彰。

三、呈现方式

部编版小学语文教材口语交际情境的基本呈现方式是图文结合。图文之间相互配合、照应，共同创设口语交际的具体情境。在部编版小学语文教材中，图文结合的具体情况在不同学段有不同的体现。

（一）低段充分发挥图画的叙述功能，文字表述为辅

部编版小学语文教材低段口语交际话题的交际情境采用以图画为主、文字为辅的呈现方式，图画承担起口语交际情境创设的叙述功能，符合低段学生识字少但具备读图能力的年龄特点。小学生在学会用文字来认知世界和表达自我之前，可以借助图像来获取信息和表达信息，通过画面直接获得人物、事物、场景、事件、序列和细节等，从图像中直接获取意义，理解信息。他们一边通过图像直观获取信息，一边根据已有的生活经验补充解释这些图像，以便获得更为完整和合理的理解；在对画面所描绘的人物、事物和事件的阅读过程中，学生可以将图像转化成口语。教材以图画呈现口语交际话题，创设口语交际的情境，有效地利用了学生的这种读图能力，支持了学生口语表达能力的发展。

部编版小学语文教材选择以图画呈现口语交际话题的同时，还精心设计了画面的情节、人物的动作、神态与表情，为学生创设了有效的口语交际情境。

如部编版小学语文一年级上册的口语交际《小兔运南瓜》，在插图的第二幅图中设计了"?"。这个设计非常巧妙，充分引导学生对如何将南瓜运回家的

过程展开想象，进行补充。画面中人物的前后表情也很到位，发现大南瓜想把南瓜运回家的犹豫与思考，以及运回南瓜时妈妈和小兔的欣喜都通过画面有效传递出来。这就对学生要开展口语交际的内容"哪些方法可以把南瓜运回家"进行了有效的指示和引领，学生就可以借助画面的指示，对人物、动作、情绪（最明显的）和人物关系、故事发生的背景等信息进行合理的补充，使得"小兔运南瓜"的情节符合动作发生的背景，故事情节更具连贯性。这样的图画设计不但让学生有话可说，还训练了学生口头讲述故事的能力与技巧，拓展了学生的认知。这是一种较为成功的设计。

（二）中段语言文字表述成分增加，画面叙述逐步让位

中段口语交际的交际情境逐渐呈现以文字表述为主、画面叙述逐步退位的态势。这种变化主要是考虑到一二年级学生按照教材要求已经认识了 1600 个汉字，初步具备了一定的文字阅读能力。更关键的是语文课程的根本任务就是正确理解与运用汉语言文字，在读写听说中提高学生汉语言文字的理解与表达能力是课程的应有之义。学生要学会从借助画面提取信息、理解话题、构建口语交际情境逐步过渡到直接从语言文字中提取信息、理解话题、构建口语交际情境。教材对这部分的设计就充分关注了课程目标的要求和学生的能力要求。

部编版小学语文三年级下册口语交际《春游去哪儿玩》的编排就较充分体现出这样的设计特点。口语交际的话题是"春游去哪儿玩"，口语交际的情境是："春天里，好玩的地方可多了，我们去哪儿春游呢？""每个人可以选一个地方，说说这个地方有什么好玩的，可以开展哪些活动？"（温儒敏，2018b：11）教材中有两幅插图，但是这两幅插图的功能作用更多的是审美，而不是借助图面叙述口语交际情境。学生开展本次口语交际活动时对"春游地点推荐，理由说明"完全不会受限于插图提供的人物和背景，而更多的是根据自己的生活场景和生活经验来开展。对本次口语交际活动开展的内容、过程、要求、目的等信息都是通过文字表述来完成。

（三）高段文字表述是主角，借助思维导图展开

高段口语交际的情境主要是通过文字表述，图画将进一步退出口语交际编排设计，更多是起到审美和点缀的功能。如六年级上册的四次口语交际《演讲》《请你支持我》《意见不同怎么办》《聊聊书法》设计基本上没有出现图画了，只是在《聊聊书法》中有一幅王羲之的《兰亭集序》（局部）。这是编者对语文课程根本目的就是正确理解与运用汉语言文字思想的进一步延续，也是基于编者对学生阅读能力和思维特点的准确把握。因为高段学生已经掌握了

80％的常用汉字，具备了相应的阅读能力，已经可以不借助画面的形象性来解读口语交际的情境，图画在这个阶段更适合作为教材审美上的点缀。

特别值得注意的是，这个阶段学生思维的创新性、灵活性处于较为活跃的状态，条理性、逻辑性正处于形成期，在准确清晰地提取信息和表达信息方面都需要进一步提高。基于此，高段口语交际文字的表述，更多会借用思维导图展开，将不同的观点进行清晰的呈现。思维导图是一种集图形与文字于一体的学习辅助工具，与单纯的文字描述不同，它能够将复杂、灵活、多元的内容，通过更为直观的形式将彼此的层次关系清晰展现出来，在帮助学生激发思维、理清思路、拓展语言表达素材方面有着特殊的优势。以六年级下册的口语交际《辩论》为例，教材中蓝色标注部分就是采用思维导图的方式进行呈现。通过思维导图直观地将辩论前、辩论时需要准备的具体要求分步分层分点逐一呈现。辩论前充分准备的内容包括"有针对性的搜集资料、选择事例要有说服力、根据观点对材料进行梳理、归纳"（温儒敏，2019f：89），教材对这些辩论前需要准备的内容进行了清晰的表述，表述的语言简明扼要，要求明确到位，有助于教师口语交际教学活动的有效开展，也有助于学生在口语交际中更全面、清晰地表达与交流。

部编版小学语文教材口语交际内容在呈现上尽量采用图文结合的方式，努力创设交际情境。采用图文结合，主要遵循小学生阅读与思维的特点；创设交际情境，主要考虑口语交际的情境性需求。部编版小学语文教材低段充分发挥画面的叙述功能，引入交际情境；高段更倾向于以文字描述为主，借助思维导图创设交际情境。两者符合不同年级段口语交际内容的特点与学生能力提升的需求，这是部编版小学语文教材编写所遵循的基本原则。

第四节 口语交际的教学案例及评析

阅读提要

通过研习部编版小学语文教材口语交际的教学案例，理解口语交际教学的基本要求。

一、教学案例:《我说你做》①

所用教材:部编版小学语文一年级上册
版次:人民教育出版社,2019 年 1 月,第 1 版第 3 次印刷

(一) 教学内容

1. 教材内容及学情分析

《我说你做》选自部编版小学语文一年级上册第一单元口语交际,这是学生小学阶段第一次接触口语交际的教学,着重落实《课程标准》中"倾听·表达"的基本要求,对引领学生进入口语交际之门意义重大。

学生有生活口语表达的基础,但没有接触过口语交际的教学。加上一年级的学生好动好玩、注意力集中时间短的特点,故采用游戏的方式,按照口语交际的基本要求进行教学,以促进学生口语交际能力的提升。

2. 教学目标

(1) 在游戏中,学生明确在下指令和听指令时说和听的基本要求,大声说,认真听。

(2) 通过长短指令的对比,学生理解下指令要尽量做到简洁明确,才能更好地做出动作。

(3) 在听指令和说指令的过程中,学生养成认真倾听、真诚交往的人格品质。

3. 教学重点

在游戏中,学生明确在下指令和听指令时说和听的基本要求,认真听,大声说。

4. 教学难点

(1) 通过长短指令的对比,学生理解下指令要尽量做到简洁明确。
(2) 学生在听指令时能准确获取关键信息。

5. 教学课时

1 课时。

---

① 本案例由 2018 级 9 班小学教育专业严燕玲同学设计,是绵阳师范学院"小学语文教学设计与实训"课程实践成果之一,荣获四川省师范生教学技能大赛三等奖。

（二）教学方法

情境创设法、对话法、对比法、探究法等多种教学方法。

（三）教学过程

1. 创设情景，导入新课

师：上课！这节课我们学习口语交际——我说你做。请坐正！

（生听指令坐正）

师：真精神！那老师就邀请大家一起去游戏王国玩闯关游戏。关卡有点难，老师带来了一个小帮手。同学们最喜欢的小猪佩奇，来一起打个招呼吧。

师生共说："你好，佩奇！"

（PPT 显示佩奇说："一起玩游戏吧。"）

师：佩奇，在游戏中学习。

师：注意啦，玩游戏的时候可要好好利用我们的小耳朵，还有我们的小嘴巴。

在闯关的时候老师还会在游戏当中教会大家会听、会说的本领。大家有信心成功闯关吗？

生：有。

【设计意图：课堂以小朋友非常熟悉的动画人物形象佩奇导入课堂，引起学生注意，将兴奋点转移到课堂之中。为了进一步抓住学生的兴趣点，课堂设计了游戏王国闯关游戏，在趣味性情境中开展本堂课的教学，极大激发了学生学习新知识新内容的强烈欲望。该导入设计语言简洁明了、开门见山，既明确了该课的主要教学内容，又与下课前的总结相呼应，还为课中突破教学重难点做好铺垫。】

2. 戏中明理，展开教学

（1）"请"字游戏。

老师说指令，学生立即做出动作。必须是有"请"这个字才能做动作。

师：老师指令"请你挥挥手，请你跺跺脚，请你摇摇头"。

（生照做，准确无误）

师：挥挥手。（没有说"请"字，却有同学做动作）有人做错了吧。这个指令能不能做动作？

生：不能。

师：谁来说一说玩这个游戏成功的小秘诀是什么？

生：仔细听。

生：认真听口令。

师：你总结得真好，一看就是认真听老师说话的好孩子。（板书"认真听"）

师生齐读：认真听。

师：这是第一个小秘诀，我要认真听，听清楚指令再做动作。

师：现在加大一点点难度。"请你快快地拍手，慢慢地拍手，重重地拍手，轻轻地拍手。"

（生照做）

师：同样都是拍手，怎么不一样呢？

生：因为老师说的不一样，有重重地和轻轻地……

师：老师说的是快快地拍手，慢慢地拍手，重重地拍手，轻轻地拍手。最后都是拍手，但前面的要求却不一样。谁能告诉我这个时候听口令要注意什么？

生：注意听清楚老师是说的"重重地"还是"轻轻地"。

师：会听的孩子才会更有收获。听清楚老师的关键内容才会准确做出动作。刚刚拍手的动作指令有哪些关键内容？

（学生自由说，老师板书"听关键"）

生说完，师总结：要听清楚关键内容才能更好做动作。

（2）动物指令。

师：一、二、三……要坐端。（组织课堂）

师：拥有小秘诀之后我们来看看大家能不能顺利通关第二关呢？（PPT 呈现佩奇在森林图片）

师：佩奇走到一片森林里，森林里有很多小动物。只有做对动物指令才能通关。谁敢和我一起挑战？自信又勇敢的孩子老师最喜欢了。

（生纷纷举手）

师：太棒了孩子们！我已经迫不及待要说指令啦！（老师拿出动物手卡指令）

师：仔细听！"小猫叫。"（说得很小声，只有一小部分同学做出了动作）

（师询问原因，生答声音太小了，听不清楚）

师：那我说指令的时候应该怎样？

生：大声说，让别人听得清。

（师板书"我要大声说"）

师生共读：我要大声说。

师：那能不能大声嚷嚷呢？

生：不能。

师：音量大小应该——

生：不大不小的，刚刚好。

（师总结第一句下指令要领，做到大声说。随即引导过渡第二关"青蛙蹲"）

师：对了！指挥官发号指令的时候要大声说，大家才能听得清，做得对动作。这是我们第二个通关小秘诀，玩游戏不仅仅要会听还要会说。谁掌握了这个小秘诀？请用你的坐姿告诉我。

师：第二个指令来咯，"青——蛙——蹲——"（声音故意拖得很长，说得很慢）

师：谁来说一说老师这个口令说得怎么样？

生：老师说拖得很长，太慢了。

师：那我应该怎么做呢？

生：说快一点。

师：那你来说。

生：青蛙蹲。（出示 PPT 动态图）

（第三句口令，师设计语速过快的下指令方式，引导学生掌握适当语速）

师：好的，那我这个口令就说快一点："兔子蹦。"（说得特别快）我说快了，这样行不行？

生：不行，又说得太快了。

师：同学们一起试一试，应该怎么说。

生："兔子蹦。"（PPT 出示）

生：说慢点。

师：可是刚刚大家给我建议说快一点啊！

（生答要不快不慢）

师：大家都很厉害呀。

（生纷纷举手）

（3）小试牛刀。

师：前面两个游戏我们收获了两个通关小秘诀，现在来考考大家掌握得牢不牢。"请你抬起一条腿。"书上的小伙伴们在玩这个游戏，我们来比一比谁做得更好，好不好？

生：好。

师：请你抬起一条腿。

（生照做无误）

师：佩奇也想来发一个指令，瞧瞧我们班的孩子能不能做对。（PPT展示："请我们班的爱学习的，认真听课的乖孩子们把你们自己的一条腿抬起来。"）

（生照做）

师：上面的长指令和下面的短指令你最喜欢哪一个？哪一个说得最简单，你反应最快？

（生答短指令）

师：那谁来挑战说一个更简单的指令？

生：抬腿。

师：这个口令说出来同学们一下子就把自己的小脚抬起来了，又快又准。所以说话要大声说还要说简洁，能听懂才能做对动作。下面我宣布这三关大家闯关成功！

【设计意图：《课程标准》中指出小学低段的口语交际应培养学生倾听、表达和应对的能力，使学生具有文明和谐地与人际交往的素养。三个游戏层层递进，由易到难，由师生互动到生生互动，设计巧妙地将该课教学的重难点融入课堂对话。每个环节收获一个技巧，不仅要认真听，大声说，还要听关键，说适中，才能更好地参与游戏动作交流。最后让学生自己说一说更简短的指令，启迪学生思维，锻炼学生自我表达的能力，使学生做到敢说、能说、会说。】

3. 课堂总结，课外拓展

师：说一说本节课你学到了什么？

生：别人说话的时候我们要"认真听，听清楚"。

生：自己说话的时候要大声说，但是要注意场合，控制好音量。

师：对了，亲爱的同学们，我们在玩"我说你做"游戏时，听，要很用心——听关键；说，要有信心——说大声；玩，要有童心——玩得开心。这些小技巧同样也适用于平时的生活当中，只是我们还需要一颗真诚的心！（板书爱心状）老师将这节课的内容总结如下：小朋友们认真听，大声说话有信心，朋友交往用真情，口语交际我能行！

师：下课后每小组设计一组"你说我做"的游戏动作指令，并在大课间活动时玩一玩，看看哪组游戏最有趣，能吸引最多的同学。

【设计意图：语文是一门融听说读写于一体的"综合性课程"，广泛运用于日常生活。该节课收获的不仅仅是方法和技巧，还有至关重要的交际素养。《课程标准》中提出学生要具有文明和谐与人交流的能力，紧扣交际素养的"真诚之心"，联系本节课内容，升华主题。并设计"心"形板书与之呼应。总结时让学生自己说一说，既顾及学生年龄特点需反复强化、及时回顾教学重难点的要求，又锻炼了学生口语表达的能力，一举两得。】

二、案例评析

这个案例是小学口语交际教学的探索性案例设计，充分体现了口语交际的基本特性，主要表现在四个方面。

一是情境性，明确口语交际《我说你做》发生的具体情境，是小朋友之间玩游戏。教师开门见山，通过"请"字游戏，直接将学生带入游戏情境中。并且之后的"动物指令""小试牛刀"的教学活动也都是在游戏的情境下展开、推进，整堂课的游戏情境就是本次口语交际的交际情境。

二是交际性，整个课堂教学中师生之间、生生之间的互动与回应就是一个言语的交际过程。课堂教学内容"大声说，认真听""听关键，说恰当""真诚交往"等，都紧扣口语交际的交际性展开。课堂教学之后开展指令游戏，也增加了学生之间的言语交际与互动。课堂教学对口语交际的交际性展示充分。

三是实践性，每一个下指令和听指令的游戏过程，都是学生参与言语实践的过程。学生既是指令的实施者也是指令的发出者，同时体会不良的指令方式并提出改进意见，如小声、冗长、拖音等进行教学，这也是言语实践的重要方式。在课外拓展环节，设计"'你说我做'的游戏动作指令，并在大课间活动时玩一玩"，这也是口语交际实践性的具体落实。

四是综合性，在听指令、做动作的游戏活动中有效综合倾听能力、表达能力、素养提升于一体，是一项设计合理的综合性言语实践活动。倾听上，从"请"字游戏让学生提炼出要认真听，并且要听关键内容才能更好地做出动作。表达上，通过轻重、快慢、长短等不同指令的对比，帮助学生掌握下指令和听指令的基本要领，紧扣听说的言语能力展开。素养上，在听指令和说指令的过程中，学生提升认真倾听、真诚交往的人格品质。

特别值得一提的是，口语交际教学要紧扣言语表达和理解能力的提升而展开。《我说你做》教者在教学目标定位和教学内容生成上，都充分关注了这一点，但在该方面的拓展和生成上有待进一步完善。

思考 · 探究

1. 选择部编版小学语文教材中的任意一册，结合学段特点和《课程标准》的要求，探究在教材中如何落实口语交际能力要求。

2. 结合口语交际的内涵、特点、能力要求等，观摩与评价一堂小学语文教学名师的口语交际课。

综合性学习是世界课程改革的基本趋势，也是语文课程的有机组成部分。综合性学习是语文走向实践的关键一环，对学生灵活学习语文和运用语文发挥着重要作用。

第一节　语文综合性学习概述

阅读提要

了解语文综合性学习的基本内涵，弄清语文综合性学习的基本定位，掌握语文综合性学习的基本特征。

一、语文综合性学习的内涵

（一）学习

"学"本义是学校，有合力兴学、培养学子之义。《说文解字》中说"学，觉悟也"（许慎，2016：100），意思是察觉、明白、理解、领悟；《说文解字》中又说"习，数飞也"（许慎，2016：109），意思是"鸟屡次飞翔"，小鸟多次练习飞翔，即反复实践练习之义。从汉语源起上看，"学习"一词本义上有

"在实践中习得"的意思。"语文综合性学习"从名称上就包含了人们对这一学习领域实践性走向的基本认知。

（二）综合

"综"在汉语词汇中有"总和、聚合"之义，"综合"是将事物或对象的各个部分与属性联合为一个整体来对待，强调事物的整体性。从学科技术方法论的角度来看，综合是在思维中把对象的各个部分、侧面、属性，按照内在联系有机地统一为整体，以掌握事物的全貌、本质和规律的方法。据此，语文综合性学习中的"综合"分为综合的内容、综合的目的和综合的方式。综合的内容包括科内综合、科科综合、科外综合。科内综合，即语文内部各要素之间的综合；科科综合，即利用语文与其他学科在某一要素上的共同联系，实现跨学科的综合；科外综合，即语文和生活的综合、语文和实践的综合等。综合的目的是"促进学生语文素养的整体推进和协调发展"。综合的方式是语文内部各要素、跨学科之间以及与社会生活、实践经验的各个要素之间找寻某种内在的联系，并在此基础上实现各要素的有机融合（乐中保，2008：28）。

（三）语文综合性学习

关于语文综合性学习的定义，不同学者有不同的认知。

语文综合性学习是一种立足于语文课程之上，通过学生自主地开展语文实践活动以促进其语文素养的整体推进和协调发展的学习方式。

（郑国民，阎苹，刘永康等，2004：263）

语文综合性学习是基于学生的直接经验，密切联系学生自身生活和社会生活，体现对语文知识的综合运用的学习形态。

（王文彦，蔡明，2002：185）

语文综合性学习是一种综合性、生活化、密切联系学生自身生活和社会经验化、个性化的课程，综合性学习的方式主要有三种：观察—表达、问题—解决、活动—探究。

（陆志平，2002：95）

语文综合性学习就是以语文课程的整合为基点的，加强语文课程与其他课程、语文课程与社会、语文课程与学生生活的联系，通过学生自主学习、合作学习、探究学习，全面提高学生语文素养的一种学习方式。

（张晓光，2010：7 - 8）

语文综合性学习是在真实的或接近真实的情境中展开的、整合了两种或两种以上语文要素（读写听说）的言语实践活动。

（申宣成，2011：47）

综上，语文综合性学习的定义界定如下：语文综合性学习以语文学科为主轴，注重语文学科与其他学科、学生生活、社会生活之间的整体联系，以活动为主要形式，以多种多样的学习方式，培养学生言语的实践能力，综合发展学生的语文能力，全面提高学生的语文素养。

二、语文综合性学习的特征

语文综合性学习呈现出如下三个明显的特征。

（一）语文性

第一，培养学生的语文能力和素养，是语文综合性学习的基本目标。

语文性，语文综合性学习的基本特性，是考量语文综合性学习成效的主要指标。语文课程的基本目标直接引领着语文综合性学习活动的目标定位、内容生成、方法选择以及教学评价。既然培养学生语言文字的运用能力是语文课程的根本目的之所在，那么在活动中综合性地运用语文、学习语文也应是语文综合性学习的核心和关键。《全日制义务教育语文课程标准（实验稿）》制订组负责人巢宗祺明确指出："语文综合性学习的基本目标应当指向语文，首先要保证在语文的某一个方面或几个方面取得比较确定的成效"，"活动的每一个环节的成果设计都要首先落到语文的目标上"（巢宗祺，2005：25）。比如，薛运锋关于《桥》的语文综合性学习目标的设计中，"通过实地参观、访问、查阅图书资料和互联网获取信息、筛选信息，使学生了解桥的发展，认识古今中外的名桥，拓宽学生的视野，受到美的熏陶感染。从而了解'桥'凝聚着劳动人民的智慧和力量，培养学生学科学的意识"（巢宗祺，2005：26）。这篇课文在语文综合性学习的目标定位"了解桥的发展""认识古今中外的名桥""培养学生学科学的意识"上，显然不够妥帖，科学意识的培养应放入科学课程更适宜，语文综合性学习的目标指向应该是语文意识的培养。巢宗祺建议，语文综合性学习《桥》应该定位在阅读有关"桥"的一些重点文本，表达交流"桥"的有关知识，或者探究"桥"的造字法，梳理"桥"的词语诗句等；应该进行的是语文直接相关的活动，目标指向语文能力和语文素养的提升。

第二，在跨领域的学习过程中始终贯穿语文经历，它是一种语文学习活动。

学生的语文经历主要存在于两类活动中。一是纯粹的语文活动，如阅读书籍，提取信息，搜集资料，以书面或口头的方式发表观点等，整个活动过程直接关涉到读写听说的语文能力。二是作为一种研究活动。在研究活动中，读写听说等语文活动是帮助完成研究任务的一种学习方式，如做研究计划书，写观察记录，写研究报告等，整个研究活动中都紧扣"语文"的活动展开。以宋鹏君执教的《和虫虫交朋友》（倪文锦，2010：176－179）语文综合性学习案例为例进行说明。这个案例中，活动过程缘起是学生将蜘蛛带入教室，宋老师误认为这只蜘蛛是昆虫，有毒，并将之打死。学生与之争辩，引发了为期一学期的语文综合性学习活动。活动过程大致如下：（1）引导学生阅读《昆虫记》，学习研究昆虫的方法。要求从实验准备、实验步骤、实验结果、最终结论等方面归纳法布尔的研究步骤和结论。（2）分组完成一份自己的研究计划书。在自然中进行观察研究。完成"身边的小虫子"记录表，包括名称、长相、生活习性、疑问等。（3）基于疑问的研究。（4）昆虫词语知多少。（5）创作昆虫谜语。（6）创作昆虫有关的童话、剧本。在这一个案例中，语文学科与生物学的综合，活动过程中阅读《昆虫记》，写观察日记，积累昆虫的词语，创作谜语、童话、剧本，这些研究活动都紧扣着"语文"的经历展开，目标在于提升学生的语文能力。

第三，围绕"语文性"这一核心特征，拓展跨学科的内容。

语文综合性学习的基本要求就是活动内容要打破语文学科的藩篱，实现语文学科与其他学科的综合、语文学科与社会生活的综合，拓宽语文学习的领域。与此同时，又要求所拓展的跨领域跨学科的内容必须围绕语文性这一核心特征展开，语文综合性学习活动设计中的活动目标、活动量、活动对象、活动成果，都需要紧扣"语文性"，守住"语文"的边界（李海林，2006：7－8）。以"新产品上市"为主题的语文综合性学习设计为例，活动内容涉及新产品方面的一些知识和情况，如"市场需求""人们对食品的需求"等，这些知识和情况是开展语文活动的必要条件，可以由教材直接提供，并未要求学生必须通过调查来获得，而将学习的重心放在产品新闻广告的撰写上，并对如何撰写新闻广告提出了具体的要求："（1）突出主题，推出你的产品。（2）中间一段进一步引申，产品的实际、效果、试用者评价等。（3）最后一段要小结，包括'相信本产品将……'。"（李海林，2006：8）这样的设计充分体现出语文综合性学习的特性。一方面，语文综合性学习跨越了语文学科的范畴，关联到语文以外的生活知识和生活场景，打破了语文学科的藩篱，达到语文学科与社会生活相综合的要求。另一方面，凸显了语文综合性学习的"语文性"，活动所涉及的新产品相关知识和数据直接由教材提供，为语文教学活动的开展提供了必要的知识（背景）和条件。因为获得这个知识并不是语文教学的目标之所在，语文教学的目标在于让学生利用这些知识学会如何撰写新闻广告。如何写，这是语文教学的范畴；学会写，则是在提高学生的语文能力。这样的目标指向就是语文性的体现。

（二）综合性

第一，语文课程内部各方面的融通整合。

语文课程内部的融通整合，主要体现为语文知识的综合运用、听说读写能力的综合发展。在日常生活中，学生将所见所思所感所想用语言表达出来，对生活中所遇见的人事进行讨论、辨析，对学习生活中的活动主题进行策划、开展、总结等，这些活动过程中所涉及的语文知识和语文能力相互融通、彼此整合，具有综合性。

第二，语文课程与其他课程（领域）融通整合。

语文综合性的重要指向就是要打破学科壁垒，加强语文课程与其他课程之间的联系，这符合长期分科课程之后人们对课程综合化的理解和诉求。基础教育课程设置中有分科课程和综合课程两种基本形态，课程的"分"与"合"应该是一个辩证的有机整体，两者相互渗透、相互转化。课程的分科有助于对事物进行深入的探究和把握，为课程的综合打下扎实的基础；课程的综合有助于人们掌握事物的全貌、本质和规律，有助于人们创造性地理解和把握人生与世界。基础教育长期以来的分科教学，注重各学科自身的结构和逻辑顺序，对学科内部认识与实践有其自身的优势。但同时也呈现出学科本位的专、偏、深、碎，脱离现实生活等不足。因此，人们纷纷从全局观出发，倡导课程之间的有机整合，寻求课程的综合性发展，打破课堂内外、语文学科与其他学科之间的界限。学生在不同的课程内容和方法的相互交叉、渗透和整合中开阔视野，提高学习效率，初步养成现代社会所需要的语文素养。

第三，语文课程与生活之间的整合。

打破语文学科的固有界限，冲破学校与社会之间的隔阂，加强语文课程与社会生活、学生自身生活之间的联系，让课程回归儿童经验和社会生活。日常生活和经验是语文学习丰富的资源库，强调语文与生活的联系，就是要拓宽语文学习的管道和途径。同时，语言文字是人类沟通交流的最基本方式。学习语文的最终目的是在日常生活沟通交往中能更好地运用语言文字表情达意。语文与生活之间没有天然的界限，两者相互融合、相互促进。语文综合性学习就是要充分调动和开发生活中的语文资源进行语文的学习，让学生在真实的言语实践过程中学习语文，运用语文。

语文综合性学习通过课程内部、课程之间、课程与生活之间的有机整合，以自主、合作探究的学习方式，利用学校、家庭和社区等各个方面的资源丰富语文学习的素材，拓展语文学习与运用的空间，以整体推进与全面提高学生的语文素养。

（三）实践性

语文综合性学习还有一个鲜明的特征就是实践性，在真实的生活情境实践中掌握运用语文的基本技能和基本规律。密切联系学生的自身生活和社会经验，在更广阔的生活场景和社会情境之中，以"观察—表达""问题—解决""活动—探究"等综合性学习方式开展活动，在活动中提升学生的语文运用能力和言语实践能力。

第一，在"观察—表达"的过程中提升言语表达能力。

在语文综合性学习中，学生在观察大自然、观察万物中心有所感、情有所动、思有所触，然后通过口头语或者书面语的方式表达出来，在"观察—表达"的过程中提升了言语表达能力。教师从观察对象、观察角度、观察方法、观察态度、观察眼光等方面展开指导，引导学生能更好地反映客体的具体形象，更准确地抓住事物的本质特征，更全面地了解事物本身；并提醒学生观察事物时注意察思结合，注意记录自身体验和感受。世间万物就是言语表达的直接对象，通过对事物的观察可以就让言语表达变得"言之有物"，通过观察的逻辑顺序可以让言语表达变得"言之有序"，在观察中可以激发作者的灵感、思想，可以让言语表达变得"言之有理"，在观察中会触动作者的情感，可以让言语表达变得"言之有情"。因此，通过语文综合性学习"观察—表达"的学习方式，从言语表达的内容、逻辑、情感、思想方面，全面提高学生的言语表达能力和言语素养。

第二，在"问题—解决"过程中涵盖言语实践能力。

语文综合性学习延用和推行了综合性学习"问题—解决"的学习方式。这种学习方式的采用，可以有效促使学生的学习从"知识—文本"向语言实践活动转化。"问题"可以是社会的热点、重大事件以及生活中的困惑等真实的问题，也可以是学生学习中遇到的难点等与原有认知相冲突的问题。问题的提出正是语言建构的过程，它需要紧密联系真实的生活情境。借助语言从真实的社会和生活状态中梳理出需要解决的问题，这是一个动态生成的过程，也是实践性、探索性极强的过程。"问题的解决"需要进行相关资料的查阅、调研、搜集、归纳、整理，还需要与同伴之间合作、交流、探讨，并给出解决的方案，策划和撰写研究报告，分享问题研究的结果。"问题—解决"的过程中，涵盖了多方面的言语实践能力，有助于培养学生的语文能力和语文素养。

第三，在"活动—探究"中贯穿语文的运用能力。

语文综合性学习，是综合实践活动课程的理念在语文学科中的具体体现。因此，常有人把语文综合性学习与"活动"或"实践活动"相关联，在教学过程中也常常以"活动—探究"的方式展开。语文综合性学习秉承了知识综合运用能力强、实践性显著的特点，其有效开展有助于学生将语文知识、技能、概念等有效地运用于自身生活和社会生活的各个领域。

在语文综合性学习的活动设计中，活动量、活动对象和活动成果等方面都贯穿着语文知识、能力和素养的培养。探究的学习方式与以往学科教学的方式有所不同，最显著的区别在于它有着较强的实践性，实践是开展一切探究性学习活动的手段和基础。探究为主的学习方式有效地摒除了以往知识传授为主的学习模式，鼓励并倡导学生积极参与各种语言实践活动，强调在真实情景中运用语文的各方面能力。

此外，关于语文综合性学习还有开放性、自主性、合作性、整合性、真实性等不同的提法，考虑到这些特点要么是上述三个显著特征的延伸，要么包含于其中，这里就不一一展开。

第二节　语文综合性学习的目标与内容

 阅读提要

掌握《课程标准》中语文综合性学习的目标与内容，理解语文综合性学习知识、能力、态度目标的差异，探究语文综合性学习的基本属性在语文综合性学习的目标及内容上的呈现。

《课程标准》在课程基本理念中明确提出了语文综合性学习的意义与价

值："综合性学习既符合语文教育的传统，又具有现代社会的学习特征，有利于学生在感兴趣的自主活动中全面提高语文素养，有利于培养学生主动探究、团结合作、勇于创新的精神，应该积极提倡。"（中华人民共和国教育部，2012：3-4）《课程标准》在课程总目标中提出"在发展语言能力的同时，发展思维能力，学习科学的思想方法，逐步养成实事求是、崇尚真知的科学态度"以及"能主动进行探究性学习，激发想象力和创造潜能，在实践中学习和运用语文"。小学三个学段的语文综合性学习的目标与内容基本要求如下：

第一学段（1~2年级）

（五）综合性学习

1. 对周围事物有好奇心，能就感兴趣的内容提出问题，结合课内外阅读共同讨论。

2. 结合语文学习，观察大自然，用口头或图文等方式表达自己的观察所得。

3. 热心参加校园、社区活动。结合活动，用口头或图文等方式表达自己的见闻和想法。

（中华人民共和国教育部，2012：9）

第二学段（3~4年级）

（五）综合性学习

1. 能提出学习和生活中的问题，有目的地搜集资料，共同讨论。

2. 结合语文学习，观察大自然，观察社会，用书面或口头方式表达自己的观察所得。

3. 能在教师指导下组织有趣味的语文活动，在活动中学习语文，学会合作。

4. 在家庭生活、学校生活中，尝试运用语文知识和能力解决简单问题。

（中华人民共和国教育部，2012：12）

第三学段（5~6年级）

（五）综合性学习

1. 为解决与学习和生活相关的问题，利用图书馆、网络等信息管道获取资料，尝试写简单的研究报告。

2. 策划简单的校园活动和社会活动，对所策划的主题进行讨论和分析，学写活动计划和活动总结。

3. 对自己身边的、大家共同关注的问题，或电视、电影中的故事和形象，组织讨论、专题演讲，学习辨别是非、善恶、美丑。

4. 初步了解查找资料、运用资料的基本方法。

（中华人民共和国教育部，2012：14）

一、语文综合性学习的目标分析

（一）语文综合性学习的知识目标

语文综合性学习的知识目标，呈现出一些不同的特征要求，从教育心理学对知识的分类来看，分为陈述性知识和程序性知识。陈述性知识是描述客观事物的特点及关系的知识，也称为描述性知识，主要包括三种：符号表征、概念、命题。程序性知识是一套关于办事的操作步骤的知识，也称操作性知识。这类知识主要用来解决"做什么"和"如何做"的问题，用来进行操作和实践（陈琦，刘儒德，1997：251）。在语文综合性学习领域的知识涉及陈述性知识，更要重视开发程序性知识。以写观察日记为例，《课程标准》中提出"观察大自然，用口头或图文等方式表达自己的观察所得"。综合性学习过程中用口头或图文表达自己生活中观察的情况，就涉及书面表达中文字字形、词语、句子、段落、篇章、标点符号、题目的认知、书写、运用，口头表达中发音、语流、语调、语气、姿态语言等陈述性知识；还会涉及如何选择观察对象，如何确定观察角度，如何完成观察过程，如何进行观察记录，如何展示观察结果以及如何培养观察习惯等操作性知识。在调查报告、策划活动等语文综合性学习活动中也涉及陈述性知识和程序性知识两个方面的目标达成。另外，基于综合性的特质，语文综合性学习知识目标还可能会有附加知识的习得，比如，观察大自然，增加了学生对自然知识的理解和掌握。这类跨学科知识的习得，虽然不是语文综合性学习的直接目标之所在，但是也体现出综合性学习知识层面上的综合与多样。

（二）语文综合性学习的能力目标

语文综合性学习的能力目标应该紧扣语文学科属性展开，关键是要发展和提升学生语言的学习与运用能力，具体包括在信息的获得、归纳、整理、传递中学习与运用语言，在作品的认知、理解、鉴赏中学习与运用语言，在对事物的批判、分析、评价中学习与运用语言，在与社会的交流、沟通、互动中学习与运用语言。

《课程标准》中针对语文综合性学习的各个阶段都提出了"搜集资料""获取资料""查找资料"的要求，最直接的原因在于学生在根据主题需要搜集资料的过程中有效地学习和运用了语文。以语文综合性学习《中华传统节日》为例，学生从小就在传统节日的氛围中长大，有切身的经历和感受，但对中华传统节日的认知广度、深度及丰富性、全面性远远不够，学生需要更深入地认知和了解传统节日，就需要搜集和整理传统节日资料。搜集和整理资料的过程就直接带动了语文的学习和运用。因为搜集资料时需要根据主题（关键字）展开，需要对所搜集资料的性质、价值、来源等进行辨析，需要根据主题需求对材料进行归纳、识别、辨析和筛选，尽量选出典型、新颖、真实的资料。资料的收集和整理也为后期分析、讨论、演讲宣传等语言表达做好准备，为制作手抄报、调研报告、研究报告等创作打下基础。在这样的过程中，还可能附加地提升和发展了学生的思维能力、想象能力、创造能力、合作能力、探究能力、交流能力等综合能力。

（三）语义综合性学习的情感态度目标

语文综合性学习的出发点就是充分发挥语文学科的育人价值。在达成知识目标、能力目标的同时还要达成情感态度价值观的目标。语文综合性学习的学习内容、学习方式等方面的调整，不但会对学生获得未来发展所需的语文知识、语文能力产生影响，对学生态度和价值观也会产生积极影响。具体而言，在"观察—表达""问题—解决""活动—探究"等综合性学习活动中，学生要投身自然环境，运用语言进行观察和表达，要走进社会生活，运用语言发现问题并解决问题，要在活动设计与组织中运用语言进行探索与研究。这样的过程突出了学生语言学习的主体意识，调动了学生语言学习的参与性、主动性、自主性，特别注重探索精神和研究意识的培养，让学生成为语文综合性学习活动的真正主体。学生在自然、社会、活动中，获得了学习语言和运用语言的真实情境，在语言实践中提升语言理解和表达能力的同时培养了日常观察习惯、问题意识，以及主动思考、合作探究的精神。这样就在学生学习和运用语文的过程中有效地融入了情感态度价值观，让学生在现实生活中学会辨别是非、善恶、美丑。

二、语文综合性学习的内容分析

（一）基于语文学科属性的内容生成

语文综合性学习是以语文学科为核心展开的综合实践活动，其内容生成要有语文经历和语文能力的要素，要紧扣阅读、写作和口语交际三个方面展开。

阅读上，语文综合性学习要给学生提供相关适宜的阅读材料，并在阅读策略和方法上进行指导，还应为他们在图书馆、网络上获取更多阅读材料提供有效建议。学生在带任务的阅读中可以更好地从各种形式的文章中构建意义，获取活动主题相关的各种知识，积累和拓展相关词汇，提高自己理解、利用、反思和使用书面语的能力，并在积极主动的言语构建中开发思维、想象、创造等各种潜能，以便学生能更好地参与学校和生活的各项活动。

写作上，语文综合性学习走向大自然、走向生活、走向社会，开阔了学生的视野，为学生的写作提供了丰富的素材，并且让学生在实践中感悟生活、获取灵感、丰盈情感，激发了学生的写作欲望。语文综合性学习为写作带来了极大的创作空间，教师需要对学生的写作策略和方法进行有效指导，指导学生对写作是否文从字顺、结构合理、观点正确、逻辑清晰等进行反复推敲，以便提高学生的写作技能和策略。《课程标准》中提到的"观察大自然，用口头或图文等方式表达自己的观察所得""结合活动，用口头或图文等方式表达自己的见闻和想法""学写活动计划和活动总结"，都指向在语文综合性学习中学习写作和运用写作，积极引领学生在生活中学会用语言文字清晰地表达思想、传递观点，并成为一个真正的独立的学习者和社会的积极参与者。

口语交际上，语文综合性学习的实践运用自主、合作、探究的学习方式，为学生提供了大量真实的口语交际情境和口语交际的机会。学生需要在真实的交际情境中清晰明确地表达自己的意图，准确地理解对方的意图，并做出积极的回应。《课程标准》中语文综合性学习直接涉及口语交际中商量、讨论、演讲等的运用。以口语交际的小组讨论为例，讨论的教学内容就包括了讨论的内容、论证、互动、语言等方面。教师需要指导学生讨论时尽量做到：内容方面观点正确新颖，信息多元丰富，术语规范正确；论证方面合乎逻辑，思路清晰，分清事实和观点，论证角度多元丰富；互动方面能主动寻求支持并交流信息，口头语言和肢体语言配合默契；语言方面清晰明了，简洁生动，通俗易懂，能运用句式变化，增强表达效果。学生在语文综合性学习的过程中，增强了口语表达能力、交流沟通能力、评价反思能力，努力成长为未来社会有话语言说能力的表达者和有思辨能力的倾听者。

语文综合性学习的实践活动中，学生通过言语交流、阅读评价、写作表达，将自身置身于学习思考之中，在观察自然、组织活动、解决问题时，都需要通过书面或口头形式做出回应。学生的语文能力以及记忆能力、理解能力、分析能力、思维能力、评价能力、创造能力等综合能力就在此过程中得到提升。

（二）基于学生经验和兴趣的内容生成

语文综合性学习在课程内容的组织方式上，以学习领域为中心加强与自然、社会的有机整合，自然观察中观察对象的选择、观察视角的确定、观察中的体验感受，活动开展中活动主题的确定、活动项目的策划、活动成果的展示等，都与学生原有的认知经验、知识储备和兴趣爱好相关。而且语文综合性学习就是要充分调动学生已有的认知经验和激发学生的学习兴趣，让学生成为主动的学习者。以最常见的春游活动为例，有教师的设计是让学生搜集自己认为最合适的春游地点的有关资料，然后在班上进行介绍，再讨论确定春游地点。这个语文综合性学习活动的内容就是基于学生的经验和兴趣，"自己认为最合适的"，要么是自己向往已久的地点，要么是曾经游玩过、听说过的地点，对那个地点有认知经验，接下来找资料、介绍、讨论等一系列语文经历都有了一个扎实的基础，这就是基于学生兴趣和经验的内在需要。整个语文学习的过程就变得更主动，更自主，更有效。在活动成果环节的安排是："可以写日记或游记，还可为自己的作品配画；可以写景点介绍，编辑小报；可以编辑含有说明文字的影集或写生画册；可以用电脑制作演示文稿。这些成果都可以班为单位汇编成册，由学生自己写前言、后记，在学校展出，邀请家长参观。"（曾郁，2014：42）"写日记、游记""编辑小报""编辑影集画册""制作演示文稿""写前言后记"等，这些创作都是基于学生对此次春游的经验，表达自己对此次春游的直观体验和感受，加之有读者（参展）的欣赏，更进一步激发了学生的创作动机和热情。

（三）基于社会生活的内容生成

语文综合性学习不但将课程内容与学生自身经验紧密结合，还重视与社会生活相联系，《课程标准》中多次强调，语文综合性学习要能提出社会或生活中的问题，要能用语文知识和能力解决问题："能提出学习和生活中的问题"

"对自己身边的、大家共同关注的问题组织讨论""在家庭生活、学校生活中，尝试运用语文知识和能力解决简单问题"。该类型的语文综合性学习以问题为中心展开，将学生的学习视角引向了生活和社会，生活中的百花筒和社会上的热点、焦点都成了学生语文学习可以涉足和探究的内容。不少教师在语文综合性学习设计时，就充分关注地方文化、家乡特色、民风民俗等资源开发和利用；还积极将学生的视角引向社会大事件，如疫情防控、冬奥会、俄乌战争等。这些日新月异的社会生活极大拓宽了语文学习和运用的领域。以目前世界上正在发生的俄乌战争为例，语文综合性学习的开展就可以引导学生查阅俄乌战争的资料，通过网络、媒体等方式了解最新战况，收集专家和主流媒体的评论资料。可以采访周围人对俄乌战争的立场和观点，还可以组织班级辩论赛，就俄乌战争局势和各方的利益进行分析和判断。这些与社会生活紧密相连的课程内容，有助于培养学生的分析能力和树立学生正确的价值观，有助培育学生的自我价值认同感和存在感，为他们更好更自信更负责地参与学校和社会生活做好准备。

第三节　语文综合性学习编排的基本情况及特点

阅读提要

　　熟悉部编版小学语文教材语文综合性学习的编排基本情况，掌握语文综合性学习编排体例、编排内容及呈现方式上的特点，并能根据相关的理念自主探究语文综合性学习编排的特点。

　　部编版小学语文教材根据"减量增质"编排的设计思路，只安排了四次综合性学习，分别是三年级下册的《中华传统节日》、四年级下册的《轻叩诗歌的大门》、五年级下册的《遨游汉字王国》、六年级下册的《难忘小学生活》。相比原来人教版小学语文教材安排的 15 次综合性学习，数量上大幅度减少，设计理念上更紧扣语文元素，紧密联系学生生活经验。对部编版语文教材的综合性学习编排情况进行探究，有助于师生更好地驾驭和理解编者的意图，更好地开展语文综合性学习。

一、编排体例

（一）单元组合的呈现方式

单元组合的方式是指以单元人文主题为统领，阅读、写作、口语交际、综合性学习等板块混合编排。在一个完整的学习单元里，阅读板块、写作板块、口语交际板块都围绕一个人文主题，在读写听说里开展综合性学习。这一编写思路，为师生在语文学习的阅读、写作、口语交际过程中开展综合性学习提供示范。阅读选文的内容紧扣单元的人文主题，在阅读板块的基础上延伸出写作、口语交际和综合性学习等板块的编排内容，这是我国语文教材比较常见的编排方式。这种编排方式集中地体现出以阅读范文为中心的教学理念和思路，认为阅读可以为写作、口语交际、综合性学习等领域的教学提供可模仿的模板，同时阅读中积累的语言和拓展的知识面，又为写作、口语交际、综合性学习提供创作的素材。

三年级下册的综合性学习《中华传统节日》的编排就是以单元组合的方式呈现。该单元的人文主题是"深厚的传统文化，中国人的根"（温儒敏，2018b：33），该人文主题直接引领着本单元阅读文本的选择、习作内容的安排、口语交际的生成以及综合性学习的活动内容。阅读板块选了《古诗三首》（《元日》《清明》《九月九日忆山东兄弟》）和《纸的发明》《赵州桥》《一幅名扬中外的画》这几篇和传统文化相关的文本；课文学习之后直接安排了相应的综合性学习活动。如《古诗三首》课后安排的综合性学习活动是"了解我国重要的传统节日，以及节日的习俗"。活动要求是："自由组成小组，先商量一下，打算了解哪些传统节日，怎么了解，用什么方式记录"（温儒敏，2018b：36），并提供了记录表格。《纸的发明》课后安排的综合性学习活动是："你们小组开展了哪些活动？了解了哪些传统节日？小组内交流一下。""整理收集到的资料，再商量商量，打算怎样展示活动的成果，还可以补充哪些资料。"（温儒敏，2018b：39）本单元出现综合性学习板块，活动主题就是"中华传统节日"，活动要求是"写一写过节的过程""展示活动成果""评价活动成果"。整体来看，本次综合性学习的任务"收集传统节日的资料，交流节日的风俗习惯，写一写过节的过程"（温儒敏，2018b：33）分解在阅读、习作、口语交际不同板块之中，充分体现了读中做、写中做、说中做的基本设计思路。教材的这些编排设计，明显体现出阅读与写作、口语交际紧密结合，阅读为写作、口语交际、综合性学习提供模板和素材的基本思路。

四年级下册的综合性学习《轻叩诗歌大门》的编排，纳入了单元组合的整体设计，但是设计的思路和《中华传统节日》有所不同，综合性学习的元素明显增强，更明显地体现出在阅读、写作、口语交际中展开综合性学习的思想。该单元阅读板块的选文有《短诗三首》《绿》《白桦》《在天晴了的时候》。单元导语是"诗歌，让我们用美丽的眼睛看世界"，诗意地引导师生进入诗歌世界。要完成的阅读要素是"初步了解现代诗的一些特点，体会诗歌表达的情感"，"根据需要收集资料，初步学习整理资料的方法。合作编小诗集，举办诗歌朗诵会"（温儒敏，2019b：35）。从语文要素的设计上看，除了了解诗歌的特点与情感表达，该单元重点在落实综合性学习的教学目的与要求。从《短诗三首》课后习题来看，除了引导学生对字词的理解和体会诗歌的情感和韵味，还安排了"活动提示""开展综合性学习，感受诗歌的魅力"，要求学生收集喜欢的现代诗并摘抄。这是落实和培养语文综合性学习收集资料的能力要求。在如何收集资料方面，教材建议通过阅读报纸、杂志、书籍等方式收集，对四年级的学生而言还略显宽泛，可以进一步细化。关于"摘抄"，教材提出要"字迹工整，并要记录出处和作者"，要求明确清晰。对课文《绿》，教材着重抓住文本主题"绿"的感知和体验，回应了单元导语，同时阅读链接了一段宗璞《西湖漫笔》中写"绿意"的文字。这段散文可以和艾青的诗歌《绿》进行对比研读，让学生感受诗歌的韵律美，更凸显教材的语文性。《白桦》的课后练习除了朗读和词语感知的要求，还要求摘抄和分享与植物有关的诗歌，这也是综合性学习的目标之一。除了课文学习，同样有"活动提示"的设计：分享最近收集的诗歌，并尝试着写诗。写诗的要求是"把自己的感受表达出来""注意分行"。诗歌的本质是情感的自然流露，这里逐步在引导学生表达与创作。《在天晴了的时候》是一篇略读课文，集中将诗歌阅读的要求由教师教转变为学生自主学，同时还鼓励学生尝试写"雨后天晴"的诗歌，这里也体现了以读促写、范文引路的教学思路。编者在"综合性学习"中，明确表明前面的随文收集、诗歌创作是综合性学习的一部分，接下来开展"合作编小诗集"和"举办诗歌朗诵会"两项活动。这两项活动围绕"诗歌"主题，紧扣综合性学习贯穿写作和口语交际的能力训练内涵展开。"诗集"的制作过程中涉及选材、编排、插图、命名、设计封面、编排目录等，这是一个集合作、探究、审美、逻辑、创造等多种能力为一体的综合性学习活动。"朗诵会"同样涉及沟通、交流、商量等口语能力以及朗诵、表情、手势等姿态语言的训练。在该单元的设计中，综合性学习的元素非常明显，显现出积极落实综合性学习各项学习要素的设计思路，但将综合性学习设置在阅读文本的作业系统中，始终没有脱离阅读引领综合性学习的设计模式。

（二）独立单元的呈现方式

部编版小学语文教材从五年级下册开始综合性学习以独立单元的方式呈现，编排时不再放置在阅读板块的作业系统中，而是真正意义上以综合性学习为核心进行设计，以综合性学习活动带动阅读、写作、口语交际的开展。

五年级下册第三单元在目录中的呈现就是"第三单元综合性学习：遨游汉字王国"，整个单元就只有综合性学习的内容，充分体现出综合性学习的独立地位。单元导语是"横竖撇捺有乾坤，一笔一画成文章"。该单元的语文要素一是"感受汉字的趣味，了解汉字文化"。这一点与三、四年级组合单元的安排明显不同，目标指向不是阅读或写作要完成的教学目标，而是指向综合性学习在知识上的目标。语文要素二是"学习搜集资料的基本方法。学写简单的研究报告"。这也是综合性学习的目标，而且"研究报告"是对学生尝试学术研究的积极引领。对此次的综合性学习，还安排了一个活动主题的开场白——汉字是最古老、最广泛使用、最有特别的书法……以唤起学生对此次探究性学习的兴趣和热情。活动分为"汉字真有趣"和"我爱你，汉字"两个部分。活动建议明确具体且操作性强，小组讨论选择开展"猜字谜活动"或"趣味汉字交流会"，并制订活动计划。该单元还提出"'阅读材料'供参考"，这一点非常重要，直接摆正了阅读和综合性学习之间的关系：综合性学习不是阅读板块的延伸，而是为了更好地开展综合性学习需要用到"阅读"。在活动开展部分，教材给出了"搜集资料"的具体操作步骤，如"搜集汉字故事，可以到语言类或文化类的书架上找"，为学生的资料搜集提供有效的支架。教材中提供的阅读材料包括《字谜七则》《门内添"活"字》《有意思的谐音》《"枇杷"和"琵琶"》《有趣的形声字》，为"汉字真有趣"提供了具体的诠释，为学生搜集资料提供参考。在"我爱你，汉字"中，活动建议是"为汉字的规范使用做一些力所能及的事情"，这可以激发学生的责任感和使命感，增强综合性学习活动对情感态度价值观的引领。阅读材料中提供了《汉字字体的演变》《甲骨文的发现》《书法欣赏》《制定国家通用语言文字通用法的必要性》《关于"李"姓的历史和现状的研究报告》等学术论文和研究报告。尤其是研究报告还添加了旁批，对如何完成学术报告做了非常详细的注解，注重研究报告基本写作方法的引导，方法指导准确到位，旨在实现综合性学习的目标。

二、活动设计

部编版小学语文教材综合性学习以"活动—探究"为基本的实践方式展开，在活动中提升学生的语文运用能力和言语实践能力。诚如有学者所言："语文综合性学习板块的编写设计是以实践活动作为载体逐步展开的，通过相关活动的设计编写让学生们能够在实践操作的过程之中掌握教材编写者和教师预设的知识和技能。"（陈芹，2014：24）部编版小学语文教材综合性学习活动设计的编排情况大致如表8-1所示。

表8-1　部编版小学语文教材综合性学习活动设计编排一览表

教材位置	活动目的	活动主题	活动方式	活动指导	活动成果
三年级下册	收集传统节日的资料，交流节日的风俗习惯，写一写过节的过程。	中华传统节日	1. 收集传统节日的资料。 2. 交流节日的风俗习惯。 3. 写一写过节的过程。	1. 商量决定了解哪些传统节日。 2. 根据逻辑顺序和关键字，写清楚一段话。 3. 提供资料记录表格。	1. 创作过节作品。 2. 展示活动成果。 3. 评价活动成果。
四年级下册	1. 根据需要收集资料，初步学习整理资料的方法。 2. 合作编小诗集，举办诗歌朗诵会。	轻叩诗歌大门	1. 根据需要收集资料。 2. 初步学习整理资料的方法。 3. 分享最近收集的诗歌并尝试写诗。	1. 通过报纸、杂志、书籍等方式收集。 2. 摘要字迹工整，并记录出处和作者。 3. "合编小诗集"要注意选材、编排、插图、书法、书名、封面、目录。 4. 举办诗歌朗诵会，用恰当的语气读出诗歌表达的情感。表情、手势要自然。	1. 合编小诗集。 2. 举办诗歌朗诵会。

教材位置	活动目的	活动主题	活动方式	活动指导	活动成果
五年级下册	1. 感受汉字的趣味，了解汉字文化。 2. 学习搜集资料的基本方法。 3. 学写简单的研究报告。	遨游汉字王国	1. 搜集字谜，开展猜字谜活动。 2. 搜集体现汉字特点的古诗、歇后语、对联、故事等资料，举办趣味汉字交流会。 3. 收集与汉字有关的资料，开展简单的研究。 4. 收集生活中用字不规范的情况，开展简单的研究。	1. 搜集资料：一是查找图书。在学校阅览室、图书馆或书店，可以按类别找书。如，搜集汉字故事，可以到语言类或文化类的书架上找。二是网络搜集。在网上搜集资料，关键字很重要。如搜集汉字故事，可以检索关键字"汉字故事"，不能仅仅检索"故事"二字。 2. 研究报告的标题要体现研究的主要内容。写出研究目的。写清楚研究方法。把搜集到的资料整理出来。对资料进行简要的概括与分析。	1. 举办趣味汉字交流会。 2. 撰写研究报告。
六年级下册	1. 运用学过的方法整理资料。 2. 策划简单的校园活动，学写策划书。	难忘小学生活	1. 填写时间轴。 2. 分享难忘回忆。 3. 制作成长纪念册。 4. 编排成长纪念册。 5. 策划毕业联欢会活动。 6. 写信（给老师，给同学，给母校，给自己）。	1. 把印象最深的人或事填写在相应的时间点上，可加照片。 2. 选取时间轴上有代表性的内容与同学分享。 3. 如何制作成长纪念册：收集、筛选成长资料，根据需要，给收集的资料分类。 4. 如何编排成长纪念册：扉页、取名、正文、小标题、资料选取。 5. 毕业联欢晚会策划书：活动名称、活动目的、活动地点、活动分工、活动流程。	1. 成长纪念册。 2. 举办毕业联欢会。 3. 书信。

从上述表格来看，部编版小学语文教材在综合性学习板块的编排时，充分关注以"活动—探究"的方式开展综合性学习，旨在让学生在实践中丰富语文知识，提升语文能力，在实践中学习语文和运用语文。"观察—表达""问题—解决"这两种基本的综合性学习方式没有单独编排，而是融于"活动—探究"的方式之中。

在语文综合性学习的实践过程中，活动方式丰富多样，包括搜集和整理资料、交流、创作、展示活动成果等。

（1）搜集和整理资料。搜集和整理资料一直贯穿在四次综合性学习之中，学生不但要学会根据活动主题搜集整理资料，还要逐步学会资料收集和整理的基本方法。这符合《课程标准》的基本要求，也符合学生自主学习的要求，搜集和整理资料不但是综合性学习能够开展的必要准备，也是学生以后学习、创作的基本环节。

（2）交流。当在活动开展过程中遇到各种选择和问题时，如从哪些方面展开资料收集，活动成果采取什么方式展示等，往往采用协商、交流、讨论的方式开展。如，《中华传统节日》的活动设计中就多次提到同学之间的交流、商量、合作："自由组成小组，先商量一下，打算了解哪些传统节日，怎么了解，用什么方式记录，然后各自开展活动。"（温儒敏，2018b：36）"你们小组开展了哪些活动？了解了哪些传统节日？小组内交流一下。""整理收集到的资料，再商量商量，打算怎样展示活动的成果，还可以补充哪些资料。"（温儒敏，2018b：39）"你还知道哪些'我国宝贵的历史文化遗产'？和同学交流。"[1]（温儒敏，2018b：41）这是口语交际表达、倾听、交流等能力在综合性学习中的呈现与运用，在活动的真实言语情境中锻炼学生的合作意识、沟通素养和交际能力。

（3）创作。部编版小学语文教材活动过程和活动成果往往会运用到创作的表达方式，具体涉及"写节日的过程""创作诗歌""编诗集""写研究报告""写信"等多样形式。一方面，综合性学习活动的开展为这些创作提供了必要的写作素材。另一方面，学生也在活动的驱动下有了写作的动机和欲望，在写作实践中提高了写作能力。

（4）展示活动成果。活动成果的展示，是综合性学习开展的有机组成部分，是带动活动开展和评价综合性学习效果的重要手段。部编版小学语文教材在综合性学习的编排中也精心设计了成果展示环节，具体有：《中华传统节

---

① 此引文中"商量""交流""商量商量"的下点为作者添加。

日》中直接要求展示活动成果；《轻叩诗歌大门》中展示编写的小诗集，举办诗歌朗诵会；《遨游汉字王国》中开展猜字谜活动，举办趣味汉字交流会；《难忘小学生活》中举办毕业联欢会。这些设计中都要求活动成果以不同的形式展示出来，充分发挥了活动成果展示的评价功能。通过成果展示，促进了学生之间的相互借鉴、交流、改进，同时促进了学生的思维能力、评价能力和反思能力的发展。

三、编排特点

（一）活动主题灵活选择

部编版小学语文教材的编写过程中，活动主题选择灵活，分别涉及传统文化、诗歌、汉字、小学生活这四个方面的内容，主要考虑以下三方面的因素。一是活动主题呼应教材编写的总思想。弘扬和传承传统文化是当下国家高度关注的文化举措，也是本次部编版教材遵循的基本编写理念之一。《课程标准》明确提出，"教材要注重继承与弘扬中华民族优秀文化和革命传统"（中华人民共和国教育部，2012：32）。综合性学习主题的选择，直接呼应了部编版教材对传统文化的关注和重视。从另一个角度而言，传统文化主题的选择满足了综合性学习的开放性、综合性、跨学科等选题的要求。二是活动主题源自语文课程学习内容的延伸。部编版教材编排了对诗歌、汉字的实践探究活动。用综合性学习的方式进行语文学科内容的探究，让学生接触和学习更多优秀诗歌作品，朗诵诗歌并创作诗歌，探究更多汉字趣味、特点，在自主、合作、探究的过程中更好地理解与运用语言文字，开阔文学视野，提高对汉字感知能力，用心守护和传承汉字，凸显出语文综合性学习语文本位的价值追求。三是活动主题来源于学生的真实生活需要。在毕业之际，围绕"难忘小学生活"开展一次综合性学习活动，下分两个子目录"回忆往事"和"依依惜别"。这个主题的选择非常贴近学生当时的精神需求、情感需求和成长需求，真正做到综合性学习活动发生在真实的情境之中，可以充分调动学生已有的认知经验，让学生成为主动的学习者。

（二）活动指导具体可操作

部编版小学语文教材综合性学习的活动指导具体明确，可操作性强，这是教材着力打造的亮点。这套教材编排的四次综合性学习，都有"活动建议"，对活动过程中"做什么、怎么做"提供了更多的建议和参考。如《中华传统节日》的展示活动成果，教材就以气泡图的形式提出了展示成果的具体建议："请大家品尝我家做的月饼。""我们来写几副春联。""我们小组朗诵中秋节有关的古诗。""我来讲讲怎么包粽子。""成果展示时，本组的同学可以补充，其他小组的同学可以提问，最后评一评哪个小组的活动开展得最好。"（温儒敏，2018b：44）成果展示时主要包括展示、补充、提问、评价四个环节，彼此之间紧密相连，增强了活动展开的连贯性和操作性。

部编版小学语文教材在活动指导的可操作化方面做出了积极的探索，尤其值得称赞的是《难忘小学生活》活动指导的设计。"回忆往事"部分教材提出"填写时间轴""制作成长纪念册""编排成长纪念册"等具体活动。"填写时间轴"的活动指导是："借助时间轴回忆六年的小学生活，记录值得我们细细回味的点点滴滴。可以把印象最深的人或事填写在相应的时间点上，还可以把照片贴在旁边。"教材对如何"制作成长纪念册"进行了详细说明："一、收集、筛选成长资料，选出最能反映你小学生活的有代表性资料。"同时有照片、作品、奖杯、寄语等具体所指。"二、根据需要，给收集的资料分类。"推荐可采用"编年体"和"栏目式"对资料进行分类，并提供了具体样本。"三、编排成长纪念册"，教材点明成长纪念册分为封面、扉页、正文等几个部分，并对怎样制作纪念册进行了详细解说："1. 给成长纪念册取一个贴切的名字，设计个性化的封面。2. 扉页为'卷首语'或'成长感言'，可以自己写，也可以请老师或家长写。3. 正文内容按照一定顺序编排，呈现的方式多种多样，如，每张照片配以简短、有趣的文字介绍，每个部分加一个合适的小标题。有的资料不能直接拿来就用，还需要进行修改。如，有的文章太长，可以从中节选一段最有价值的。"（温儒敏，2019f：100）这些活动指导具体明确，可操作性强，学生可以根据这些活动指导的操作步骤，完成成长纪念册的制作和编排。

（三）活动过程紧扣语文本位

部编版小学语文教材综合性学习的编排还有一个鲜明的特点，就是活动过程紧扣语文本位。综合性学习的活动过程中涉及资料收集、整理，活动策划、组织、开展、活动成果展示、评价等，除这些综合性学习的基本元素之外，部编版小学语文教材的综合性学习编排紧扣语文本位，将语文知识学习和语文能力提升成为必要的组织元素。在四次综合性学习中，语文元素阅读、写作、口语交际融于一体，贯穿始终。同时，综合性学习活动拓展了阅读、写作、口语交际的学习空间，增强了阅读、写作、口语交际学习的效果。在阅读上，可以通过阅读延伸出多种形式的语文综合性学习，进而在语文综合性学习的真实需求中促进学生自主阅读。在写作上，在综合性学习的活动成果展示中学生常常会运用到写作技能，尤其是教材在收集汉字资料、调查汉字用字情况时，要求写简单的研究报告，积极引领学生尝试做"学术研究"和"学术表达"，对学生的写作能力提出了新的要求。在口语交际上，口语交际融于活动过程之中，学生要解决活动开展中产生的各种问题，彼此之间需要更多的沟通交流、协商讨论、补充说明、评价建议等，学生在口语交际中的表达能力和倾听能力以及交际素养就可以得到相应的发展。通过语文综合性学习的编排，融听、说、读写于活动之中，在提升学生的语文能力和语文素养的同时整体提升学生知识、思维、审美、创造的综合素养。

整体而言，部编版小学语文教材综合性学习板块的编写，结合《课程标准》对语文综合性学习目标和内容的定位，编排的活动主题灵活多样，活动指导具体可操作，活动过程紧扣语文本位，能充分发挥语文综合性学习实践性、综合性、语文性等方面的价值与功能，真正意义上以综合性学习为核心进行设计，有助于促进学生语文能力和素养的提升。

第四节　语文综合性学习的教学案例及评析

　　通过研习部编版小学语文教材综合性学习的教学案例和点评，理解综合性学习教学的基本要求。

一、教学案例：《中华传统节日》①

　　所用教材：部编版小学语文三年级下册

---

　　① 本案例由成都市泡桐树小学（天府校区）蒋婉霞老师设计。

版次：人民教育出版社，2018 年 11 月，第一版第一次印刷

（一）教学内容

1．教材内容及学情分析

《中华传统节日》是部编版小学语文三年级下册第三单元的综合性学习主题，是本教材中首次出现综合性学习活动。该综合性学习活动主要围绕生活中国的传统节日展开，这和该单元的人文主题"中华传统文化"密切相关。

学生不是第一次接触传统节日这一主题，他们不仅在课堂上学习过与传统节日有关的课文，还在传统节日时同父母一起欢度节日，对我国的传统节日有一定的了解。在整个综合性学习活动中，有能力通过多种渠道获取传统节日的信息：他们可以在课堂上自主阅读中华优秀传统文化的文章；在课余能同小伙伴一同了解传统节日，感受身边的优秀传统文化；在家也能同家人一起谈起传统节日，丰富自己对传统节日的认识。

2．教学目标

（1）能用不同的方式收集介绍我国的传统节日的资料，并记录这些节日的相关风俗。

（2）能就自己感兴趣的一个传统节日写一篇习作，写清楚过节的过程。

（3）以适当的方式展示综合性学习的成果。

（4）能对其他小组的展示活动做出评价，提出改进建议。

3．教学重点

（1）能用不同的方式收集介绍我国的传统节日的资料，并记录这些节日的相关风俗。

（2）能就自己感兴趣的一个传统节日写一篇习作，写清楚过节的过程。

（3）以适当的方式展示综合性学习的成果。

4．教学难点

（1）能就自己感兴趣的一个传统节日写一篇习作，写清楚过节的过程。

（2）以适当的方式展示综合性学习的成果。

5．教学课时

3 课时。

（二）教学方法

情境创设法，归纳法，对比法，分享式教学法，讨论法等。

（三）教学过程

1. 畅思考，话传统

（1）提问激趣，揭示主题。

师：同学们，你们知道哪些中国的传统节日？

（PPT 呈现问题，配上各种传统节日的标志图片）

生：我知道中秋节、元宵节和清明节。

师：哦，真不错，你一口气说了三个！还有补充吗？

生：我有补充，我知道端午节，人们在那天还会吃端午粽。

师：好棒，你不仅说节日，还说了那天人们会吃什么，老师表扬你。

生：我有补充，我知道春节，时间是在大年初一，那是人们辞旧迎新的节日，而且在那天人们会吃许多食物，像饺子、腊肉、香肠等，还会走亲访友去拜年，长辈们会给晚辈准备大红包。

师：请把掌声送给他，他在前两位同学的基础上还讲到春节的时间和特定的习俗。

师：那我们今天要走进小学的第一次综合性学习活动——《中华传统节日》。

【设计意图：以提问的方式创设轻松愉快的学习氛围，生动有趣，调动学生探究欲望，自然引入综合性学习主题，初步引导学生关注传统节日的时间、习俗和来历等。】

（2）情景创设，方法归纳。

师：请刚才回答了问题的孩子，将节日名称写到黑板上，除了黑板上的传统节日，你还知道哪些？

生：我还知道感恩节和圣诞节。西方的感恩节是要吃火鸡的。而圣诞节是外国人的春节，那一天他们也会穿上新衣服吃美食。

师：老师特别欣赏你的博学，你说到的也是传统节日，可不是——

生：中华传统节日！

师：是啊，感谢这位同学给我们带来的新思考，这个"传统"二字就很有意思了，什么是传统呢？同桌间讨论一下。

（经过讨论孩子们纷纷发言）

生：我和我的同桌讨论了一下，"传统"在"中华传统节日"中就是中国特有的，从很久以前一直延续流传到今天的节日。

师：传统和流传，你很擅长用近义词解释，是一种不错的方法，谢谢你。

生：我有补充，"传统"在词典上是这样解释的：世代相传具有特点的社会因素，如风俗、道德、思想、作风、艺术、制度等。我想，"中华传统节日"应该就是世代相传的具有中华文化内涵、充满中国特色的习俗节日。

师：掌声送给你，你真是个会总结的孩子。请大家再次给他掌声，因为在他不知道的情况下，还会找词典老师寻求帮助。

师：除了这种解决问题的办法，你还能想到什么方法呢？

生：我会问老师，问家长，或者去网络上查找资料。

生：我有补充，我们还可以查阅与中华传统节日有关的书籍。

师：两位同学补充得特别好。我们继续刚才的问题，还有哪些传统节日？

生：还有端午节。

生：还有重阳节。

生：清明节和乞巧节。

师：是的，中华传统节日从时间顺序上，就是春节、元宵节、清明节、端午节、乞巧节、中秋节、重阳节。我们看看书上理解这些节日的方法。

生：书上教我们用表格呈现。

师：是的，请四人一组为单位选择一个你喜欢的中华传统节日梳理一下。

【设计意图：创设问题情景，让孩子们时刻养成关注关键字的习惯，并且要懂得用不同的方法寻找自己需要的有效信息，为后面多渠道获取信息做好准备。关注积极发言而又出错的学生，包容错误并激励学生下一次还能积极发言。】

（3）收集信息，集思广益。

师：孩子们，请看看这个表格，告诉我们有哪些信息？

（打开实物投影，将语文上表格投影出来）

生：表格告诉我们，选择一个传统节日，我们可以将它的名称、时间和习俗按照表格的方式呈现出来。

师：感谢你，孩子，你说得很准确。我们正是要利用这个表格帮助我们清晰地认识某一个传统节日。

生：我有补充，泡泡上提示我们可以问长辈查找相关的资料。

师：你很会学方法，请你们两位都把自己方法的关键词写在黑板上。

生：我还有补充，那咱们一样可以在网上查找资料和在书籍上查阅得到自己想要的信息。

师：你真会迁移，老师为你点赞。我们的确要用这些方法去寻找自己需要的信息。

生：我还有补充，还可以问同学或请教老师。

师：老师欣赏你会回顾前面所学。请你们再利用一些时间丰富自己的表格。

（示意学生将谈到的方法写在黑板上）

【设计意图：教学目标中有对学生收集信息的能力做要求，在教学时教师就应该利用该方法指导孩子们思考总结如何有效收集自己需要的信息。每次孩子的回答都用作板书收集起来，也方便教师之后做总结和点评。】

（4）分享展示，相互点评。

师：哪些组已经做好了，请上台分享。

（邀请四人小组成员上台）

生（中心发言人）：我们组做好了。我们组准备的是中秋节。中秋节是每年农历的八月十五，在这一天的习俗有赏月、拜月、吃月饼。大家有什么建议吗？

生：请问中秋节为什么叫中秋节呢？

生：这个我们还不知道，要查阅后再告诉大家。

生：我有补充，中秋节是每年的八月十五，一个月是三十天，十五刚好是一半的时候，就是中间的意思，而"中秋"也就是说这个节日是在秋天的。

师：非常棒哦，刚才他还用到了猜测和推想去看待一个传统节日，期待你下来好好验证。

生：我有疑问，你们谈到了中秋可以赏月，请问你们怎么不加上月亮的特点呢？

生：好的，你的建议很中肯。我们都知道每个月的农历十五是月亮最圆的时候，那中秋人们在一起的时候也就是欣赏圆月的。

生：我有补充，那你们在习俗那里还可以加上团圆，因为中秋的圆月自然是有很多家人一起赏圆月，圆月圆月也就有盼团圆的意思。

师：你的建议真不错，一下就把中秋节隐含团圆的意思说了出来，老师喜欢你这样爱动脑筋。

生：我有补充，你们再加上《水调歌头》吧！

师：好主意！请会背诵的孩子背给我们听听。

（齐背诵《水调歌头》）

师：今天这个组为我们提供了一个范例，我们在用表格收集一个传统节日时可以搜集——

生：这个节日的来历、时间的选择、隐藏的故事，甚至是与其相关的诗歌、成语等。

师：你比老师还会总结，真了不起。那除了表格，我们还可以选择——

生：我们可以用思维导图的形式。

师：说得真不错！

生：我有补充，我们还可以做手抄报。

师：是的，这个主意不错！那么请所有的组都按照自己喜欢的方式做出自己小组的中华传统节日的信息集吧，回去后也可以准备该节日风俗中你最喜欢的部分，如美食、物件等，我们下次来分享。

【设计意图：采用分享式教学是综合性学习的最佳方式。这个过程中学生会人人参与，人人分享，可以调动起学生孩子们的思维，学生的质疑、应答和补充会让整个课堂更加生动。将课堂还给孩子，让孩子在快乐和自主中成为课堂的主人。】

2．齐分享，绘传统

（1）作品初展，实际演练。

师：通过上节课的学习，咱们了解了个别传统节日，你们有了哪些成果呢？

生：我们组制作了春节手抄报。

（打开实物投影，给学生展示）

师：请你们按照上节课的要求评价一下他们的制作吧！

（PPT对中华传统节日的来历、时间选择、故事延伸、习俗等做了介绍。）

生：请大家欣赏我们的手抄报，我们设计了除夕夜、"年"的故事、辞旧迎新和写春联的活动。

生：你们做的手抄报相当精美，配色好看，内容非常丰富，刚好我们组也选择的春节，你可以看看我们的。

（生拿出写好的春联）

生：我还带了写春联的红纸和毛笔。

师：你能展示一下吗？

生：好的，我给大家写一个"福"字吧！

（师请他上台为大家写"福"字）

师：请大家仔细观察。

（生在讲台前展示书写"福"字）

师：你们看到了什么？

生：我注意了他的动作：拿毛笔，倒墨汁，摆整齐，沾墨汁，提笔写。

师：你的观察真仔细！

生：我有补充，我看到了他准备好了红纸、毛笔、墨汁、墨盘和毡布。

师：是的，我们都看到了，你说得很完整。

生：我知道这是春节前的一次活动，写春联或写"福"字，在春节前就要写好并且要贴上，一般贴在门上。

生：我有补充，"福"一般倒着贴，寓意是"福到了"。

师：这可真有意思！

生：谢谢你们给我们的建议，让我们春节这个板块更加完整了。

【设计意图：继续采用学生展示和讲解的分享式教学，让学生愿意聆听他人的建议，学会礼貌地评价他人的实践成果，为接下来的习作搭建了支架。让学生在操作中体会传统文化习俗带给人的快乐，并且会关注写某个片段时的场景。】

3. 适点拨，写传统

师：孩子们，刚才这个活动是写"福"字的过程，我们简单整理一下，又是一个思维导图，也就是说我们可以将刚刚那个过程用一篇文字复现。此时，你懂得了什么？

生：我们可以利用思维导图写出某一个节日的某一个活动！

师：是的，你真会思考，还有哪些可以写的呢？

生：春节时包饺子。

生：中秋节时赏圆月、吃月饼。

生：乞巧节互赠香包。

生：端午节做香囊。

生：端午节时包粽子。

生：老师我们刚好带了端午节包粽子的材料，能够演示给同学们看看吗？

师：当然可以，请上来。

（打开实物投影，让学生展示包粽子）

师：他们演示完毕后，有没有同学能利用刚刚写"福"字的方法讲解一下？

生：他们在准备时在折粽叶，还将泡好的糯米舀到折好的粽叶空隙里，再用绳子捆起来，扎一个结。

生：老师我帮他总结吧，就是折、包、装、捆、扎。

师：你的总结很到位，还有补充吗？

生：说到包粽子的过程，我回想起以前学过的《端午粽》了，我们可以根据不同的口味做不同的粽子馅。

生：我有补充，人们吃粽子是为了纪念伟大的爱国诗人屈原。

（教师在学生说的时候在黑板上画上表格）

师：同学们说的这些关键信息，咱们可以列表格做个框架。

生：老师，那我们可以分成三步——包粽子前、包粽子、包粽子后——来分析。

师：这个过程很不错！老师也要向你学习。

生：那我们自己补充上刚刚说的关键词吧！

师：是的，其余的孩子们，你看假如我们要写端午节，就可以将处理粽子的活动安排这样写出来。你学到了什么？

生：那要是我写春节，就可以将写"福"字的过程细致地写下来。

师：会迁移，还有吗？

生：意思是我们要写传统节日相关的文章。可以结合这个节日某一件特别的事来写。

生：我有补充，重点写这件事，开头应该简单介绍一下这个节日，比如时间、名称的由来。

生：我有补充，写完事件后加上与这个节日相关的其他事物，会让文章更丰富。

师：孩子们说得真有道理。你看我们的"虎头""蛇尾""猪肚"的文章框架已经写好了。请看表格，回家后你们可以试试，写写你们组的那个中华传统节日。

【设计意图：练笔前需要帮助学生梳理信息，形成习作框架，这样方便学生准确地写出自己主题的中华传统节日。教师在引导的过程，逐步让学生自行总结、归纳、梳理，让学生学习语文时更有主动性。同样是借助了表格整理信息，方法的指引贯穿整个课堂。】

4. 齐分享，咏传统

（1）习作分享，诗词点评。

师：孩子们。上节课大家都回去写了自己的传统节日的文章，有没有主动分享的？

生：我写的是春节……（根据上节课的要求写的是"春节写'福'字"）

（师呈现上次表格）

生：你写的过春节写"福"字，能够基本达到上述表格中的写作要求。

你还写了爆竹，很有趣。

师：我有补充，你的写作让我想到了《元日》这首古诗。

生：我也想到了，不如我们开一个中华传统节日吟诗会吧！

师：当然好啦。你们准备好了吗？

生：我们都收集好了。

师：《元日》起。

（学生齐吟《元日》）

师：那咱们今天的比拼，老师就当个观众喽。

（学生自由唱诗歌，吟诗歌，舞诗歌。将该单元三首诗歌《元日》《清明》《九月九日忆山东兄弟》一起纳入其中）

师：好了，我们把与中华传统节日相关的古诗都加入自己的手抄报吧！

生：好的。

师：我们将传统节日的古诗整理了出来，那你们知道与传统节日相关的故事吗？请各个小组准备一下，下次我们来展演。

【设计意图：古诗本身就是传统文化的表现形式之一，不过展开本次吟诗会需要学生回家收集与中华传统节日相关的诗歌，重在准备的过程，以及如何评价。】

5．互点评，演传统

师：孩子们，你们知道了哪些与中华传统节日相关的故事呢？

生：我知道与端午节相关的《屈原投江》。

师：还有吗？

生：我知道了与乞巧节相关的《牛郎织女》。

生：我有补充，我知道与春节相关的《郁垒神荼》。

生：我有补充，我知道与重阳节有关的《桓景》。

生：老师，我们可以表演与这个节日相关的某些活动场景吗？就像端午赛龙舟，我们还自己做了一条简易龙舟。

师：当然可以！我真佩服你们的动手能力。

师：各位演员可以就位了吗？

生：可以了。

（学生就与自己相关的传统节日表演节目）

【设计意图：综合性学习要充分调动学生的参与度，给他们一个展示的舞台，让学生尽情地在表演中学到更多课堂外的东西。整个学习过程需要学生通过小组合作，一起做好前期准备，在课堂中仅仅是提供舞台，这样会得到许多

学生多样化的成果。】

6. 展成果，游传统

师：孩子们，经过上两节课的学习你们已经为咱们的《中华传统节日》准备了很多素材，那么今天我们就利用课余时间进行一次展评吧！

生：耶！

师：展评之前请各小组的同学将自己的作品都整理好，以方便评委们投票。

生：那老师，咱们的展评规则有哪些？

师：问得正好！请孩子们仔细听，我们这一次展评分为自评、同学评和老师评，我们会邀请路过咱们教室的老师和同学参加，获得最多积分币的小组当选"人气节日组"，另外还有老师评选的"实力节日组""创意节日组"等。

（学生以四人小组为单位就自己所选节日，精心布置展评区）

【设计意图：学生前期的准备、分享和讨论，一定要和教师后期的评价一一对应，在展评过程中注重学生的每一样成果，让他们在被欣赏和围观时获得成就感。因为学生的选材不同，角度不同，呈现的成果也是大不相同的，这也给此次综合性学习带来"百花齐放"的效果。】

7. 评活动，品传统

学生自行统计他人评分，教师发放小组内评价单、个人评价单给学生填写。

选出优秀小组："人气节日组""实力节日组""创意节日组"。

选出优秀个人："中华传统节日推广大使""中华传统节日诵诗员""中华传统节日小作家""中华传统节日绘画大师""中华传统节日小演员"。

二、案例评析

在《中华传统节日》的教学案例中，教师和学生的角色扮演特别到位。综合性学习活动中教师是总导演、总指挥，合理规划整个活动的每个环节，明确每个活动环节的任务和目标。学生是演员，是活动每个项目的参与者和表演者，是活动的真正主角。在教师的总体指挥和引导下，我们看到了一群思维活跃、见多识广的小学生，他们共同诠释着综合性学习活动的优势和价值，主要表现在以下四个方面。

一是学习活动的探索性。儿童的好奇心都是与生俱来的，他们愿意用新奇的视角去探索和学习。综合性学习活动正好满足了学生探索的需求。在本次综合性学习中，我们可以看到学生们想完善某个中华传统节日资料的热情，他们觉得自己的补充会让整个节日更加鲜活、更有趣味，这样的完善和补充本身就是一个充满探索的过程。接下来绘传统节日的画作，吟传统节日的诗歌，演传统节日的故事，也都是充满探索和挑战的过程。

二是学习内容的生成性。综合性学习基于学生的经验和兴趣生成学习内容。在本次综合性学习活动中，通过提问"知道哪些中国的传统节日"和梳理"中华传统节日的时间、习俗和来历"，巧妙地启动了学生对传统节日的已有认知和经验。为了了解更多传统节日的信息，学生的资料搜集自然成了一种必需，学生学会通过各种方式搜集资料本身就是此次综合性学习的内容，可谓融学习内容于无形之中。每个学生分别了解哪个传统节日，如何了解传统节日，了解传统节日的哪些方面，如何展示活动的研究成果，又与学生不同的兴趣爱好密切相关，也让此次综合性学习内容的充满生成性。

三是学习过程的语文性。此次综合性学习活动的整个过程都贯穿着语文学习的经历。在学生探寻传统节日时，教师更多关注了学生使用语言的完整性和逻辑性。在学生收集和分享传统节日的资料时，引导学生根据表格完成传统节日的名称、时间和习俗等内容，锻炼了学生有目的阅读资料和借助思维导图整理资料的能力。展示端午节的包粽子、书写春节"福"字等活动，为学生的习作提供了直接的素材。用搜集到的有关传统节日的诗词，开展吟诗会，为学生吟诵能力的提升提供机会。整个综合性学习活动中，融语文的读写听说为一体，指向学生语文能力和语文素养的提升。

四是学习活动的综合性。综合性学习的初衷就是加强语文学科内部的融通整合，打破学科与学科之间的壁垒，打破学科与社会生活之间的隔阂。此次语文综合性学习，除了活动过程之中读写听说的有效整合，将生活中端午节的包粽子、做龙舟，中秋节的赏圆月、吃月饼，乞巧节的赠香包、拜魁星有效导入课堂，完成了语文即生活的有效衔接，还将表演、绘画等其他学科的内容也融入其中，充分彰显出此次学习活动的综合性。

思考·探究

1. 结合学段特点和《课程标准》的要求，探究部编版小学语文教材六年级下册《难忘小学生活》的编排特点。

2. 结合教材，理解语文综合性学习的"综合性""语文性""实践性"。

巢宗祺，雷实，陆志平. 全日制义务教育语文课程标准（实验稿）解读
　［M］. 武汉：湖北教育出版社，2002.

巢宗祺. 关于语文课程性质、基本理念和设计思路的对话［J］. 语文建设，
　2012（5）：4-11.

巢宗祺. 语文综合性学习的价值与目标定位［J］. 人民教育，2005（5）：24
　-28.

陈惇，孙景尧，谢天振. 比较文学［M］. 北京：高等教育出版社，2007.

陈琦，刘儒德. 当代教育心理学［M］. 北京：北京师范大学出版社，1997.

陈倩. 汉语书面语价值再认识——从口语和书面语的关系谈起［D］. 合肥：
　安徽大学，2015.

陈芹. 小学语文教科书综合性学习板块编制研究——以人教版、苏教版、北师
　大版为例［D］. 上海：上海师范大学，2014.

陈燕. 汉字学概说［M］. 天津：天津人民出版社，2003.

程培元. 教师口语教程［M］. 北京：高等教育出版社，2004.

辞海编辑委员会. 辞海［M］. 缩印本. 上海：上海辞书出版社，2000.

戴汝潜. 汉字教与学［M］. 济南：山东教育出版社，1999.

邓彤. 知识与能力的变奏——写作教学"双基"模式研究述评［J］. 中学语
　文教学，2019（5）：10.

董小玉. 现代写作教程［M］. 北京：高等教育出版社，2000.

杜甫. 杜甫诗意图册［M］. 仇兆鳌，注. 陆俨少，绘. 杭州：浙江人民美术
　出版社，2014.

方卫平，王昆建. 儿童文学教程［M］. 北京：高等教育出版社，2004.

高瑞卿. 阅读学概论［M］. 长春：吉林教育出版社，1987.

顾明远. 教育大辞典：第9卷［M］. 上海：上海教育出版社，1992.

何佳慧. 部编版与人教版小学一年级语文教材识字内容选编比较［D］. 延吉：延边大学，2020.

洪宗礼. 九年义务教育三年制初级中学教科书语文：第三册［M］. 3版. 南京：江苏教育出版社，2000.

胡适. 胡适全集：第1卷［M］. 合肥：安徽教育出版社，2003a.

胡适. 胡适全集：第20卷［M］. 合肥：安徽教育出版社，2003b.

胡适. 胡适文集：第1卷［M］. 北京：人民文学出版社，1998a.

胡适. 胡适文集：第2卷［M］. 北京：人民文学出版社，1998b.

黄伯荣，廖序东. 现代汉语：上册［M］. 增订6版. 北京：高等教育出版社，2017.

加达默尔. 哲学解释学［M］. 夏镇平，宋建平，译. 上海：上海译文出版社，2004.

江平. 小学语文课程与教学［M］. 1版. 北京：高等教育出版社，2004.

江平. 小学语文课程与教学［M］. 3版. 北京：高等教育出版社，2017.

蒋国才. 文字学知识在语文教学中的运用［J］. 语文教学与研究，1993（5）：4，19.

江中柱，闽定庆，李小荣，等. 林纾集5［M］. 福州：福建人民出版社，2020.

卡西尔. 人论［M］. 甘阳，译. 上海：上海译文出版社，2004.

课程教材研究所. 20世纪中国中小学课程标准·教学大纲汇编：语文卷［M］. 北京：人民教育出版社，2001.

乐中保. 语文综合性学习中"综合"的本质内涵解析［J］. 现代中小学教育，2008（1）：27-29.

李海林. 活动量、活动对象和活动成果的语文性——对一个语文综合性学习的案例分析［J］. 语文教学通讯，2006（26）：7-9.

李海林. 论真实的作文［J］. 中学语文教学参考，2005（5）：1-2.

李海林. 言语教学论［M］. 上海：上海教育出版社，2000.

李吉林. 习作重在表达真情实感［J］. 人民教育，2012（8）：51-54.

李珍珍. 第一学段写话与第二学段习作教学衔接研究［D］. 昆明：云南师范大学，2020.

梁芸. 小学语文教科书口语交际部分比较研究［D］. 上海：上海师范大学，2021.

廖振华. 浅谈汉字结构的艺术美［J］. 衡阳师专学报（社会科学），1985
　（3）：110－115.

林静. 强调语文课程的综合性、实践性，提升学生语文素养——北京师范大学
　郑国民教授专访［J］. 中国教师，2013（19）：3－8.

刘靖年. 汉字结构研究［D］. 长春：吉林大学，2011.

刘树屏. 澄衷蒙学堂字课图说［M］. 北京：新星出版社，2017.

刘勰. 文心雕龙［M］. 黄叔琳，注. 上海：上海古籍出版社，2015.

刘正伟. 名家解读：语文教育意蕴篇［M］. 济南：山东教育出版社，2009.

卢偓. 现代汉语音节的数量与构成分布［J］. 语言教学与研究，2001（6）：
　28－34.

鲁迅. 鲁迅文集①［M］. 北京：团结出版社，2017.

陆志平. 语文课程新探［M］. 长春：东北师范大学出版社，2002.

马海飞. 汉字拓展性学习的思考与探索——以统编教材《"贝"的故事》为例
　［J］. 语文教学通讯，2019（3）：67－70.

倪文锦. 小学语义新课程教学法［M］. 北京：高等教育出版社，2003.

倪文锦. 语文新课程教学法·小学［M］. 北京：高等教育出版社，2010.

欧阳修. 欧阳修集编年笺注（一）［M］. 成都：巴蜀书社，2007.

潘文国. 字本位与汉语研究［M］. 上海：华东师范大学出版社，2002.

钱基博. 钱基博国学必读（上册）［M］. 长春：吉林人民出版社，2017.

邱娟飞. 关于小学口语交际教材建设的问题与探索［J］. 内蒙古教育，2008
　（12）：3－5.

裘锡圭. 文字学概要［M］. 修订本. 北京：商务印书馆，2014.

全国人大教科文卫委员会教育室，教育部语言文字应用管理司. 中华人民共和
　国国家通用语言文字法学习读本［M］. 北京：语文出版社，2001.

荣维东. 语言文字运用：语文课程定位的新亮点——《义务教育语文课程标
　准（2011年版）》解读［J］. 语文学习，2013（3）：4－7.

申宣成. 表现性评价在语文综合性学习中的应用［D］. 上海：华东师范大
　学，2011.

说词解字辞书研究中心. 小学生必背古诗词75＋80首［M］. 北京：华语教学
　出版社，2019.

斯凯瑞. 倒霉的弗兰伯先生［M］. 张喆，耿栋，译. 贵阳：贵州人民出版
　社，2010a.

斯凯瑞. 轱辘轱辘转 [M]. 漆仰平, 译. 贵阳：贵州人民出版社, 2007a.

斯凯瑞. 会跳的图画词典 [M]. 于姝, 译. 贵阳：贵州人民出版社, 2007b.

斯凯瑞. 好忙好忙的小屁孩 [M]. 李晓平, 张喆, 译. 贵阳：贵州人民出版社, 2010b.

斯凯瑞. 热热闹闹的世界 [M]. 康宁, 译. 贵阳：贵州人民出版社, 2009.

斯凯瑞. 斯凯瑞的空气大书 [M]. 李晓平, 译. 贵阳：贵州人民出版社, 2010c.

斯凯瑞. 斯凯瑞最受欢迎的故事 [M]. 李晓平, 译. 贵阳：贵州人民出版社, 2008.

斯凯瑞. 幸运的蚯蚓爬爬 [M]. 李晓平, 译. 贵阳：贵州人民出版社, 2010d.

松居直. 我的图画书论 [M]. 郭雯霞, 徐小洁, 译. 上海：上海人民美术出版社, 2009.

苏霍姆林斯基. 给教师的建议 [M]. 周蕖, 王义高, 刘启娴, 等译. 武汉：长江文艺出版社, 2018.

泰戈尔. 新月集飞鸟集 [M]. 郑振铎, 译. 北京：北京理工大学出版社, 2020.

佟乐泉, 张一清. 小学识字教学研究 [M]. 广州：广东教育出版社, 1999.

王国维. 人间词话 [M]. 上海：上海古籍出版社, 1998.

王宁. 科学地选择识字教学中的初期积累字——谈小学识字教学的科学性 [J]. 江苏教育小学教学版, 2010 (2)：9.

王泉根. 儿童文学教程 [M]. 北京：北京师范大学出版社, 2009.

王荣生. 语文科课程论基础 [M]. 上海：上海教育出版社, 2003.

王尚文. 论语文课程的复合性 [J]. 课程·教材·教法, 2006a (12)：32 -36.

王尚文. 漫话文学语言 [M]. 上海：华东师范大学出版社, 2019.

王尚文. 现代语文：初一 (下) [M]. 北京：中国计划出版社, 2004a.

王尚文. 语感论 [M]. 上海：上海教育出版社, 2006b.

王尚文. 语文教学对话论 [M]. 杭州：浙江教育出版社, 2004b.

王尚文. 语文教学要走在"语文"的路上 [J]. 中学语文教学参考, 2004c (10)：11 -13.

王尚文. 语文品质谈 [M]. 上海：华东师范大学出版社, 2018.

王尚文. 语文是什么？——呼吁"语文"一分为二 [J]. 语文学习, 2004d

（4）：4-5.

王尚文. 中学语文教学研究 ［M］. 北京：高等教育出版社，2002.

王文彦，蔡明. 语文课程与教学论 ［M］. 北京：高等教育出版社，2002.

王云峰，马长燕. 小学语文教学基础 ［M］. 北京：中国人民大学出版社，2016.

王运熙，顾易生. 中国文学批评史：下册 ［M］. 上海：上海古籍出版社，1985.

魏靖宜. 日本光村版小学《国语》教科书听说领域编写研究 ［D］. 重庆：西南大学，2016.

温儒敏. 义务教育教科书语文一年级：上册 ［M］. 北京：人民教育出版社，2016a.

温儒敏. 义务教育教科书语文一年级：下册 ［M］. 北京：人民教育出版社，2016b.

温儒敏. 义务教育教科书语文二年级：上册 ［M］. 北京：人民教育出版社，2017a.

温儒敏. 义务教育教科书语文二年级：下册 ［M］. 北京：人民教育出版社，2017b.

温儒敏. 义务教育教科书语文三年级：上册 ［M］. 北京：人民教育出版社，2018a.

温儒敏. 义务教育教科书语文三年级：下册 ［M］. 北京：人民教育出版社，2018b.

温儒敏. 义务教育教科书语文四年级：上册 ［M］. 北京：人民教育出版社，2019a.

温儒敏. 义务教育教科书语文四年级：下册 ［M］. 北京：人民教育出版社，2019b.

温儒敏. 义务教育教科书语文五年级：上册 ［M］. 北京：人民教育出版社，2019c.

温儒敏. 义务教育教科书语文五年级：下册 ［M］. 北京：人民教育出版社，2019d.

温儒敏. 义务教育教科书语文六年级：上册 ［M］. 北京：人民教育出版社，2019e.

温儒敏. 义务教育教科书语文六年级：下册 ［M］. 北京：人民教育出版社，2019f.

闻一多. 闻一多经典 ［M］. 南京：江苏凤凰文艺出版社，2018.

吴立岗. 学习统编版语文教材习作内容编制的体会 ［J］. 小学教学研究，2020（22）：28 – 30.

吴忠豪. 小学语文课程标准与教材研究 ［M］. 北京：教育科学出版社，2016.

吴忠豪. 小学语文课程教学 ［M］. 北京：中国人民大学出版社，2011.

武永明. 阅读能力结构初探 ［J］. 语文教学通讯，1990（9）：10 – 13.

夏家发，刘云生. 小学语文教学研究 ［M］. 北京：教育科学出版社，2014.

夏丏尊. 夏丏尊散文集 ［M］. 哈尔滨：北方文艺出版社，2019.

徐林祥. 百年语文教育经典名著：第十卷 ［M］. 上海：上海教育出版社，2017.

许慎. 说文解字 ［M］. 杭州：浙江古籍出版社，2016.

许慎. 说文解字注 ［M］. 2 版. 段玉裁，注. 杭州：浙江古籍出版社，2006.

杨启亮. 论教法在素质教育实践中的张力 ［J］. 课程·教材·教法，2001（6）：21 – 25.

叶黎明. 论写作知识呈现方式的变革 ［J］. 课程·教材·教法，2010，30（2）：51 – 56.

叶丽新. 丰富关于"写作"的基本认识——来自国外母语课程标准的信息 ［J］. 语文教学通讯，2017（1）：5.

叶圣陶. 叶圣陶谈阅读 ［M］. 南京：江苏人民出版社，2020.

叶圣陶. 叶圣陶语文教育论集 ［M］. 北京：教育科学出版社，2021.

《易学百科全书》编辑委员会. 易学百科全书 ［M］. 上海：上海辞书出版社，2018.

曾郁. 语文综合性学习 ［J］. 贵州教育，2014（Z1）：40 – 45.

詹启生，刘美，刘新颖，等. 高校心理委员倾听能力问卷的编制 ［J］. 中国心理卫生杂志，2021，35（9）：788 – 794.

张化万. 统编教材写话与习作设计的新亮点 ［J］. 小学语文教师，2019（2）：69 – 72.

张甜甜. 部编本语文教材阅读版块的变化特点研究 ［D］. 南京：南京师范大学，2019.

张晓光. 小学语文综合性学习研究——基于中美比较的视角 ［D］. 保定：河北大学，2010.

张中原，徐林祥. 语文课程与教学论新编 ［M］. 南京：江苏教育出版社，2007.

郑国民，阎苹，刘永康，等. 中学语文教学研究 ［M］. 北京：中国广播电视
　　出版社，2004.

中国大百科全书总编辑委员会《教育》编辑委员会. 中国大百科全书·教育
　　［M］. 北京：中国大百科全书出版社，1985.

中国社会科学院语言研究所词典编辑室. 现代汉语词典 ［M］. 7 版. 北京：
　　商务印书馆，2017.

中华人民共和国教育部. 义务教育语文课程标准（2011 年版） ［S］. 北京：
　　北京师范大学出版社，2012.

中华人民共和国教育部. 义务教育语文课程标准（2022 年版） ［S］. 北京：
　　北京师范大学出版社，2022.

中华人民共和国教育部. 义务教育语文课程标准（实验稿）［S］. 北京：北京
　　师范大学出版社，2001.

钟启泉. 对话与文本：教学规范的转型 ［J］. 教育研究，2001（3）：33 − 39.

周有光. 字母的故事 ［M］. 上海：上海教育出版社，1954.

周振甫. 技能的训练和理论的研讨 ［J］. 语文建设，2015（25）：1.

周振甫. 文心雕龙今译 ［M］. 北京：中华书局，1986.

朱光潜. 谈文学 ［M］. 南京：译林出版社，2020.

朱永新. 叶圣陶教育名篇选 ［M］. 北京：人民教育出版社，2014.

朱作仁. 小学语文教学心理学导论 ［M］. 上海：上海教育出版社，2001.

后 记

  《小学语文课程与教材论》是本人长期以来对小学语文课程与教材领域的研究成果，其中教材论部分，全部以部编版小学语文教材为研究对象撰写而成。本书在撰写过程中得到浙江师范大学王尚文教授的悉心指导，得到双流中学九江实验学校刘悦老师，绵阳师范学院小学教育专业的宗和丽、陈子菊、陈玲嘉、刘洁、罗树林、杨莹、钟诗瑶、蒋李林静、舒悦、秦丹、邓慧敏、杨秀芝、唐瑶、周思琪、朱玉琼、文茹冰、杨桔萍等同学的无私帮助，还得到夫君张天明先生的大力支持，在此向他们表示衷心的感谢。

  尤其要感谢的是四川大学出版社的编辑敬铃凌老师。敬老师对此书的修改和出版提出了不少中肯的建议，她认真的工作态度和严谨的作风都让我非常感动和敬佩。在此，谨向敬铃凌老师和四川大学出版社致以最诚挚的谢意。

  本书的出版还得到绵阳师范学院各位领导的大力支持和鼎力相助。本书得到绵阳师范学院"申硕"工程书籍出版的立项资助、绵阳师范学院 2020 年校级教材建设项目（Mnu-20ZBJC01）的立项资助，是国家级一流本科专业建设点（小学教育）、四川省社科高水平科研团队项目"四川基础教育学科教学改革研究团队"（川社联发［2017］43 号）、四川省第二批线下一流本科课程"小学语文课程与教学"、绵阳市教科所 2021 年度校地共建专项课题"统编版小学语文教材插图的创新性研究"（MJGJ2021-B13）、2022 年绵阳市教育科研课题"中华民族精神在语文教育中的传承研究"（绵教体函［2022］139 号）研究与建设的阶段性成果。

　　由于本人才疏识浅，时间和精力十分有限，虽已全力以赴，但书中肯定仍存在一些不足不妥之处，恳请各位专家和读者不吝赐教，以便日后进一步修改和完善。

赵海红

2023 年 1 月 28 日于绵阳雏凤山麓